汉语初级
口语课交互教学方式

本书认为交互式的语言教学方式在激发学习者的
学习动机和发挥学习者自身的主动性
以及促进教学者的观念和角色转变等方面都能够发挥其重要的作用
对提升汉语教学的水平和适应汉语国际教育发展也都有着积极的作用

王丕承　著

知识产权出版社
全国百佳图书出版单位

图书在版编目（CIP）数据

汉语初级口语课交互教学方式 / 王丕承著. -- 北京:知识产权出版社, 2015.3

ISBN 978-7-5130-3403-6

Ⅰ.①汉… Ⅱ.①王… Ⅲ.①汉语－口语－对外汉语教学－教学研究 Ⅳ.①H195.3

中国版本图书馆CIP数据核字(2015)第055770号

内容提要

本书针对目前汉语口语教学中口语课课型特点不突出、课堂上学生开口率过低以及学生练习的机会少等现象，在对外国来华留学生进行问卷调查的相关数据进行了统计分析的基础上，提出了解决这些汉语口语教学中普遍存在的实际问题所应采取的交互式语言教学的方式。这是在了解了留学生的学习意愿，在相关的先进教育、心理和语言教学理论指导下，结合了自身的海内外汉语教学实践经验的基础上，分析了问题的成因之后所提出的、有针对性的解决方案，贯彻了"以学习者为中心"的教学理念，并且顺应了语言教学的发展潮流。本书认为交互式的语言教学方式在激发学习者的学习动机和发挥学习者自身的主动性，以及促进教学者的观念和角色转变等方面都能够发挥其重要的作用，对提升汉语教学的水平和适应汉语国际教育发展也都有着积极的作用。本书可作为对外汉语教材。

责任编辑： 许　波

汉语初级口语课交互教学方式
HANYU　CHUJI　KOUYUKE　JIAOHU　JIAOXUE　FANGSHI

王丕承　著

出版发行:	知识产权出版社 有限责任公司	网　址:	http：//www.ipph.cn
电　话:	010－82004826		http：//www.laichushu.com
社　址:	北京市海淀区马甸南村1号	邮　编:	100088
责编电话:	010－82000860转8380	责编邮箱:	xubo@cnipr.com
发行电话:	010－82000860转8101 / 8029	发行传真:	010－82000893 / 82003279
印　刷:	北京中献拓方科技发展有限公司	经　销:	各大网上书店、新华书店及相关专业书店
开　本:	787mm×1092mm　1/16	印　张:	14.25
版　次:	2015年3月第1版	印　次:	2015年3月第1次印刷
字　数:	216千字	定　价:	48.00元

ISBN 978－7－5130－3403－6

前　言

　　课堂教学作为语言教学的中心环节，其重要性自不待言，在对外汉语教学界对此有着共同的认识。"吕必松主张，在第二语言教学的四大环节中，课堂教学是中心环节，在全部教学活动中处于中心地位，其他环节都必须为它服务。教学原则的制定、教学方法的选择、教学内容的选择和安排、成绩测试的内容和方法等，都要适应课堂教学的需要。"（崔永华,2008:169）汉语教学要进一步发展，对课堂教学的研究具有充分的必要性，对其的改进应处于当关注的中心地位。

　　汉语口语交际技能的掌握，是学习者，尤其是来华学习的留学生比较重视的，甚至认为是最重要的。"在与学习者的访谈中，他们表示：'说'仍然是最重要的因素，在任何一个语言学习者眼中，能不能说好某种语言，能不能在日常生活中流利地使用，是是否掌握了这种语言的最重要的标准。"(李柏令主编,2010:59)作为汉语教学中培养口语交际技能最主要的口语课，自然责无旁贷地要担负起这样的责任。

　　口语课是分技能教学模式❶之下所设置的一门培养专门技能（口语交际技能）的一门课程，其在中国国内的汉语教学中是人们认为相对比较容易教的一门课程，因为学习者身处目的语环境之中，借助于目的语环境，学习者

---

　　❶ 对于分技能教学模式，有学者认为："这是基础汉语教学阶段的一个教学模式，受到听说法、功能法、交际法等多种教学模式的影响。该模式认同交际技能的培养是语言教学的根本目的，认为分技能教学是语言教学的最佳途径，因而主张以汉语交际技能为培养目标，以汉语综合课为教学的核心内容，按照语言技能项目分类设置课程。"(郑世珏,张萍,2013:57)

可以有很多习得口语技能的机会❶。但是从学习者的反馈来看，口语课的教学效果和教学评价并不理想。在海外则与此相反，口语课成为最难教的一门课程，因为缺少目的语环境，学生很少有机会进行语言实践。

这样，就形成了口语教学在海内外都得不到重视的局面：在海外由于没有目的语环境，以及教学条件等原因，无法很好地开展口语教学；在国内则由于教学观念、教学传统等原因，无视口语教学的重要性和学生对口语交际能力提高的迫切需求，把学生推给社会，过分依赖目的语环境，使学习者的口语交际能力提高缓慢，最终的学习效果不理想，没有达到口语教学的目标和学习者的期望。

重视交际能力培养的教学理念深入人心，对外汉语口语课也把培养学习者的汉语口语交际能力列为教学目标。也许我们会主观地认为在口语课上已经贯彻和实现了汉语口语课程的教学目标，可是，学习者实际上是否真正兴致盎然地进行了交际呢？口语表达活动在学生之间是否充分、有效地开展了呢？有学者就提出，"不少人将课堂上有出声的对话视为交互教学成功的表现。然而，仔细一观察常常会发现是学生们在轮流读对话或背对话，他们几乎用不着关心对方在说什么。这些对话中没有什么信息的交流，更谈不上感情的交流。"（吴本虎，2000:F6）尽管这位学者提到的是在英语教学中出现的现象，但是我们也需要反思一下，这些现象在对外汉语教学中是否也存在呢？实际情况就需要通过调查来了解。

研究英语教学的学者还提出，"学生不适应'以学生为中心'的自主学习方式，依然有依赖教师精讲多练的倾向；教师仍有'唱独角戏'的现象，以'教师为主导'的方式往往变成'以教师为中心'的传统教学方式。"（朱晓申等，2007:302）在对外汉语教学领域，与中国学生学习外语的情况不同，外国留学生本身没有类似问题，倒是一些教师和实习教师，易于产生这样的

---

❶ 其实，这样的看法也存在着问题。目的语口语技能的掌握对学习者而言，其重要性自不待言，但其难度也是自不待言的，有学者就指出："对大多数二语学习者来说，如何获得与母语者流利交谈的口语能力是一个真正的挑战。在很多方面，看懂一门语言和能说一门语言是两回事。随着社会的发展和经济全球化，学习者对口头表达的要求越来越高，对更快、更好地获得口语表达能力的愿望越来越强，口语课堂教学承受了相当大的压力。"（翟艳，2013:1）目前的教学方式是否真正实现了口语课的教学目标，还需要我们深思。

倾向。

在谈到中国的课堂教学时，有学者指出，"老师在那里苦口婆心、口若悬河地讲个不停，学生却昏昏欲睡、活受罪。教师讲得枯燥，学生学得乏味；教师成了'痛苦制造者'，学生则成了'痛苦承受者'"(王坦等,2007:10)教师"一言堂""满堂灌"的情况依然存在于中国学生的课堂上，这种情况对汉语教学也有不可忽视的影响。

对外汉语口语课的课堂教学中是否存在类似的问题？如果存在问题，是否可以通过改变教学观念、改进教学设计得到解决？这些研究课题值得我们去进一步研究探索。自从进行分技能设置课程的教学改革以来❶，对外汉语口语教学取得了明显的进步，但通过对口语课教学的实地课堂观察，我们发现在实习教师和新手教师中还存在一些问题，如口语课课型特点不突出、课堂上学生开口率过低、课堂上学生练习的机会少等。❷这仅仅是我们通过课堂观察以后得出的主观性评价，更为重要的，还是需要通过实证性的调查研究证实这些问题的存在，并且通过调查学习者的意愿来寻找解决问题的出路。就此我们对初级的对外汉语口语课进行了课堂观察，并根据课堂观察发现的问题有针对性地设计了问卷开展调查，希望通过实证的研究方式进一步发现目前口语课教学中存在的问题，寻找到解决问题的途径。

在汉语口语教学的课堂上，学习者开口率低的问题也同样存在着。有学者提及，"在口语教学中，我们一直强调提高学生的开口率，但是在以灌输和喂养为知识传播方式的教学中，学生不仅开口少，而且极富机械性。能

---

❶ 分技能的课程设置实际上也存在着一些问题，因为分技能教学模式"认为分技能教学是语言教学的最佳途径，因而主张以汉语交际技能为培养目标，以汉语综合课为教学的核心内容，按照语言技能项目分别设置课程。"（崔永华,2008:167）从这里的论述可以看出，分技能设置课程的教学目标与课程设置的实际设想和具体情况是矛盾的，这也就是"以汉语交际技能为培养目标"与"以汉语综合课为教学的核心内容"的矛盾，因为"汉语综合课"是以语言结构教学为教学的主要内容和目标，不是以汉语的交际技能为课程的主要目标。有学者就认为："目前对外汉语教学普遍采用的分技能设课的方式，就是基于PPP教学法的理念。""这种教学法经过了多年的教学实践,具有注重语言的系统性,条理性,易教易学,项目分级容易等优点,对教师来说操作起来也比较容易。但是近年来这种模式受到越来越多的争议,因为它过分强调语言规则,而且将语言技能分成听说读写译等各自独立的能力进行培养,使得很多学习者虽然学习了多年外语,却很难将学到的语言知识转化为可以应付交际活动的言语能力,结果变成了外语聋哑症。"(张美霞,2009:42–43)
❷ 我们在口语课课堂观察中发现的极端的例子是，一位学生在两节100分钟的口语课上只开口了4次。

够充分认识到这种教学弊病的教师，也可能缺乏有效的指导方法，而做了很多本该由学生做的事，如自己念句子、让学生填空、过多地安排跟读活动和全班活动、对课堂控制过死等……"(翟艳,2013:75)我们发现，要解决口语课学生开口率低的问题，实际上并不是单纯地让学生多说，这需要从教学观念到教学的具体操作方面都要有根本性的变革，要提出一套切实可行的教学策略使教师们可以在课堂上采用。对开口率的理解不应当只是让学习者开口就行，而是要看以什么方式开口的。教学中要采取有针对性的教学方式。

在探索口语课教学新出路的过程中，学习者的期待是我们最应当重视的。"倪传斌(2007)通过对外国留学生汉语学习需求的分析和对国内外二语教学文献的梳理，得出结论……在课堂上，外国留学生希望了解课堂教学目标和教学过程，需要按自己的认知方式整理所学的知识，愿意参加汉语学习策略的培训。'与其他同学交谈'是他们最喜爱的教学活动，'3~5人一组'是他们偏爱的分组方式，'电视、录像、电影'是他们推崇的教辅工具。"(李柏令主编，2010：23)我们注意到互动式语言教学作为一种新趋势，越来越受到人们的关注，被认为是可以满足学习者期待的良好方式。采取交互式的口语教学方式也与口语交际和口语教学的特性有关。"口语涉及口头理解和口头表达。口头理解是接收型的，要能听懂互动的话语。口头表达是输出型的，要能进行互动性的话语交际。"(赵金铭,2013:Ⅱ)还有学者提出，"互动式教学作为一种新的教学关系体系，在教学活动中发挥着越来越重要的作用。互动式教学模式被引入对外汉语教学是一种必然趋势。"（孙冬惠,李勉东,2009:93）美国研究汉语教学的学者王晓钧也提到，"继传统教学法、功能交际教学法之后，近期出现了互动性综合教学法（Interactive and Integrated Approach）。"（2005：106）在解决口语课当前存在的问题方面，我们试图通过调查分析，探讨通过这种互动式教学解决问题的可行性，主要是学习者对这种教学方式的接受度❶，以期改进初级汉语口语课的课堂教学。

交互式教学方式是从最深层的教学观念到最表层的教学操作，对交际教

---

❶学习者对一种教学方式的认可和接受是最为重要和关键的，如果学习者不能接受则该教学方式，只能归于失败。

学法的系统的、全面的超越和发展。交际教学法较多地关注语言层面的教学，而且占教学主导地位的还是教师，还是以教为主。而交互式教学把学生真正地放在首位，交互是主要发生在学生之间的，以学生在交互中的学习为主。而且，交互式教学的"交互"不仅局限于语言本身，也存在于文化、社会等方面的交互。

　　交互式语言教学，虽有较多倡导，但未见更多积极的回应。如果我们对于来自学生的不满意视而不见，对教学发展的形势和需求也视而不见，只满足于已有的成绩，固步自封，会被时代和教学的发展所淘汰。因此，我们试图通过实证性的调查研究，发现问题，探寻解决之道。

　　本书是在完成马燕华教授主持的一项研究时所写的一章内容的基础上扩展而成的，因此作者在这里首先要感谢马燕华教授的鼓励与支持。本书的形成经历了一个破茧而出的痛苦过程，恳请读者批评指正。

作者

2015年1月

目　录

第一章

引 言

1.1 对交互性教学方式的界定及有关认识

1.1.1 对交互性教学方式界定

本书选择了"交互"这一概念，没有选择许多学者采用的"互动"的概念，是因为"交互"的概念涵盖的范围更广，而人们通常习惯提及的"互动"只是交互性关系中的一个方面，在"交互性"的关系中，除了"互动"还有"互教"、"互学"、"互助"、"互补"等，其内涵更为丰富。"交互"这一概念更适合我们对交互性教学方式的丰富性、复杂性、全面性的理解。❶有学者辨析了"交互"与"互动"两个概念之间的差别。"'交互'适用于事物之间的相互作用，如语言本体各层次之间的相互作用，'互动'则更适用于表达人际交流，如会话中说话者之间互动，也可称为'人际互动'，英语统称为interaction。"（王初明，2009：58）这样定义两个概念和辨析两者之间的差别，存在争议。

我们认为，互动最核心的本质是：既不忽视个体，同时又重视个体之间的关联。对交互的本质特征，《欧洲共同语言参考框架》中认为，"所谓互

---

❶但是，在本书的行文中，由于引用的部分参考文献中有"互动"的提法，为了行文的方便和一致性，本书有时也顺应性地使用"互动"一词。

动，是指语言的使用者在同一位或数位对话人交际时交替扮演讲话者和受话者的角色，从而共同构建对话话语，并根据合作的原则共商对话主题。"（欧洲理事会文化合作教育委员会编，2008：72-73）

交互表现为过程性和动态性。"任何一个互动行为的发生都要表现为一个完整的过程，教学过程中发生的互动行为也是如此。"（王媛，2011：321）在学习的过程中呈现语言交际，学习者在学习的过程中才能感知、习得程序性的交际知识，而非陈述性的语言知识。程序性知识是动态的，必然要在过程中才能获知，也必然要在过程性的活动中才能掌握。

交互不可能是单向的，必然是双向，甚至是多向的。这样不仅避免了教学中教师的单向灌输，也可以充分调动和发挥各方面资源的作用。"'互动'不可能是单向的，必然包含合作协调。通过用目的语交流、沟通协商，完成任务的过程，促进交际各方在目的语的掌握使用上相互取长补短，促进各方中介语系统的扩展、修订、重构。"（魏永红，2004：60-61）"正如Rivers（1987）所说：学生的注意力集中在运用语言去表达和接收真实的信息（这种信息对说话人和听者都是很重要的），这就是互动。"（龚亚夫，罗少茜，2006：23）语言的表达和接收不可能是单向的，必然是交互性的，所以语言学习也要通过交互性的方式来完成。

专门研究交互性外语教学的学者对交互性教学方式形成的是这样的认识："互动教学就是把教学活动看做是一动态发展着的教与学的统一的活动过程，在这个过程中，通过优化'教学互动'的方式，调节师生关系及相互作用，调节师生与其他媒体或教学工具的关系，形成师生、生生、生机互动以提高教学效果的一种教学模式。"（朱晓申等，2007：3-4）我们认为，这样的认识是比较全面的，也为本书作者所认同。

至于我们没有选择其他与教学相关的一些概念，如"路子"（approach）、"方法"（method）、"技巧"（technique）等，而是采用了"方式"一词，是因为方式这一概念更强调行为，更突出了实践性，具有直接联系事物内在本质的特点。有学者提出，"方式是指从结构和功能的统一上去表现事物在一定条件下和一定发展阶段上直接实现出来的本质属性。"（李芒，2006：21）该学者还指出，"所谓方式是指言行所采用的方法和形式。❶方式直接表述本质，它是本质的直接显现，是和本质直接同一的，而不是如同现象一样，常常由于各种中介，而表现为间接性。方式所表现的不是事物外在的、次要的属性，而是事物内在的本质属性。"（李芒，2006：序言1-2）❷鉴于"方式"可以体现行为主体的能动性和事物的本质特性，与本书所研究的教师变革教学行为以符合教学的本质属性的内容相契合的程度较其他概念高，所以采用此概念。

1.1.2　对交互性教学方式的有关研究形成的认识

传统的语言教学课堂上也有交互，但是与现今对交互的理解不可同日而语。"传统语言课堂以教师的'一言堂'为主，最常见的课堂人际互动表现为教师个体与学生群体之间的互动，但互动是否真正产生值得怀疑。'互动'是双向的，不能因为学生身在课堂就想当然地以为他真的在倾听。听了有没有思考，是否引起反馈更是另一回事。何况，教师的很多提问答案是现成的、预期的，只是看学生记住没有，能否复述，决非真实互动。因此，传统课堂的互动与实际生活中的差距很大。"（魏永红，2004：147-8）

对交互的研究已经有了很大的发展，成为了语言教学研究的重点，甚至是关注的"焦点"，许多语言教学理论都涉及课堂教学中的交互。"单是针对课堂互动的研究就有频率假说（frequency hypothesis）、输入假说（input hypothesis）、互动假说（interaction hypothesis）、输出假说（output hypothesis）、话语假说（discourse hypothesis）。协作话语假说（collaborative discourse hypothesis）、主题化假说（topicalization hypothesis）。由此也可以看出，课堂上的互动成为研究者关注的焦点。"（魏永红，2004：65）

在诸多"假说"中，"互动假说"是与交互性教学方式最为直接相关的。"互动假说1983年由朗（Long, M.）提出……其基本假设是：当交谈中

---

❶《现代汉语词典》，修订1版，302页，北京，商务印书馆，1980——原注。

❷另外，该作者还辨析了"方式"与近义的"方法"、"形式"等的区别："作为日常的一个词汇，方式兼有方法、手段、形式等意思，如《现代汉语词典》中所给出的方式释义。但是这里的方式与哲学语言中所定义的存在方式、思维方式、学习方式等概念中的方式，其含义是不同的。"（李芒，2006：21）本书对"方式"概念的理解也是从更为深广的含义角度来确定和选取的。

沟通、理解发生困难时，交谈的双方必须依据对方理解与否的反馈，进行诸如重复、释义、改变语速等语言上的调整（linguistic adjustments, modification of the interactional structure），也就是说要进行意义协商，调整的结果导致语言输入变得可以理解，从而促进习得。"（魏永红，2004：79）可以看出，"互动假说"注重的是意义协商，但是侧重点仍然在于输入，而对输出的关注度仍然不足。

克拉申的"输入假说"虽提及交互，但仍然着眼于输入。"根据 Krashen 的理论，交互在二语习得的输入过程中可产生如下作用：第一，帮助学习者得到更多的输入；第二，使各种输入更易于理解，即提高输入的质量；第三，减低情感过滤。"（朱晓申等，2007：56）可是，要真正实现课堂教学中的交互，尤其是言语交际实践中的交互，必然是要涉及语言输出的，而且是以语言输出为主、为目的的。

对交互性教学方式的作用，许多海内外的学者都加以肯定。"交互教学法认为：因为能保证学习者有大量的机会参与信息交流的话语活动，课堂互动是在课堂中培养第二语言能力的最有效的方式。"（朱晓申等，2007：3）"课堂教学是师生共同进行的一项互动，课堂互动本身就是一种语言的交流活动，是学生实践语言的极好机会。只要学生能够参与课堂互动，就能直接获得尝试运用语言的经历，同时还能参与管理自己的学习，这会使其学习态度变得更积极、更负责。"（朱晓申等，2007：11）"由于互动式交际通常是面对面的，所以，在互动交际中，文本语言、副语言信息和上下文关系存在大量重复，交际各方在随时监控这些重复的信息，使之与交际主题相呼应。这些重复信息因此能做到比较明确，比较系统。"（欧洲理事会文化合作教育委员会编，2008：80）

交互性的教学方式是多样的，具体的运用效果还要依靠使用者依据具体教学情况作出正确的选择。"每一种互动方式都有其优点，也有其不足，只有根据教学任务和需要合理选择，恰当组合，形成动态因素互动的立体交流网络，才能获得教学互动的最佳效果。"（刘玉静，高艳，2001：52）

信息技术和现代教育技术的发展，拓宽了我们对交互的认知，我们应当认识到交互本身的方式也是多种多样的，其中人机交互也是交互性语言教学方式中的一种。"人机交互是计算机区别于其他任何媒体的主要特征之一。计算机多媒体使人机交互的内容和方式更加丰富多样。在传统的语言和文化教学过程中，无论是教师讲授，还是使用电子化教育手段，学生通常处于被动状态。在多媒体网络技术环境下，学生不仅可以接收信息，而且还可以主动地选择和使用信息。"（张红玲等，2010：70）人机交互实际上扩大了人们交互的范围，这尤其有利于学习者开展交互性的学习。人机交互实质上是多种信息交互方式之中的一种，有学者概括了信息交互的三种形式。"信息交互体现在学生与某种教学要素之间，通过各种符号进行有关学习的学习交换的过程。信息交互可以通过交互的信息来观察。信息交互包括三种形式：学生与学习资源的交互、学生与教师的交互、学生与学生的交互。这三种形式的信息交互相互补充、相互影响、相互作用，最终的网络外语教学的结果和效果会因不同的学习者、不同的教师以及不同的学习资源而不同。"（张红玲等，2010：184）也有学者提出了远程学习中交互的三个层面。"北京师范大学的远程教育专家陈丽以 Laurllard 于 2001 年提出的信息学习过程的会话模型为原型，建立了远程学习的教学交互模型（陈丽，2004）。教学交互模型由三个层面组成：学生与媒体的操作交互、学生与教学要素的信息交互以及学生已有概念和新概念的概念交互。这三个层面的教学交互在学习过程中可能同时发生，学习者的学习在这三个层面的教学交互的共同作用下完成。"（张红玲等，2010：183）虽然，具体的内容各有差异，但是在反映出交互的方式是多样的这一点有共同之处。

　　网络提供了更为多样、灵活的交互学习方式，是人机交互的发展形态。"网络外语学习环境提供了人和计算机之间一个极为自然和灵活的学习、沟通方式，另一方面，网络学习环境深化了教学交互发生的层面，实现了各种异步交流，引发学习者的高级思维，在促进知识建构方面有重要意义。它可以形成人机互动。互相交流的操作环境以及身临其境的场景。计算机的交互可通过 BBS、网络聊天、电子邮件、新闻组、博客等形式来实现。"（张红玲等，2010：70）网络交互带来了新型的交互方式❶和交互界

---

❶ 有学者提出了"操作交互"的概念："操作交互是指学习者与媒体界面的交互，是指简单的人机交互，如问答式对话交互、菜单交互、功能键交互、按钮交互等。"（张红玲等，2010:183）

面。"目前，多媒体网页形式是最常见的网络教学交互界面，学习者可以通过文字、声音、图形、图像等形式与计算机交互，通过文字输入、移动鼠标、点击按钮等简单的界面操作自主选择学习内容、学习进度和学习过程。"（张红玲等，2010：183）

当然，最常见的交互仍然是人际交互，但是对此的理解也应当全面。有学者就提出，人际交互也包括学习者与自己的交互。"概念交互其实质是学习者的自我交互，是学习者意义建构的过程。意义建构是指在学习中，学习者不断进行同化和顺化，学习者内部发生新旧知识经验的交互作用而达到的超越新知识又改造旧经验的重组。"（张红玲等，2010：185）

除了人际、人机的交互以外，学习者与学习资源之间的交互也是同样重要的。"学习者可以通过与学习资源的交互，安排自己的学习内容，开展自主的学习活动，观测自己的学习进度，了解自己的学习效果。在网络外语教学中，学习者与学习内容的交互因为涉及语言知识的顺应和同化，可以是简单的选择交互，也可以是较为复杂的文本交互或是语音交互。而对于学习进度、学习记录、学习评价这些非关键性学习资源的交互只需采用简单的选择交互。"（张红玲等，2010：185）在这里我们言其重要，是因为学习者与学习资源的交互可以使学习者获得学习的自主性。

强调"交互"时，实际上是为了突出操作层面（课内、课外）的交互，而不仅只是在内容层面是交互的。若论内容，电影、电视剧等视听媒介，网络聊天、打电话等实际交际和会话形式的教学材料都是交互性的，但交互是要在课堂教学中落实，教学操作中没有交互，一切交互的内容也是徒然，教学操作方式交互才能接近于真实的交际。

对于交互式语言教学的原则，不同的学者提出了自己的主张。"她（W. M. Rivers）提倡的交互性教学原则主要包括：学生主体、交际能力、创造性学习、语言学习环境、测试的学习功能、各种介质和目的语文化对外语学习的重大影响、课外学习和课堂学习的整体性、连贯性和重新定位教师的形象及师生关系等。"（宫力，2010：14）"Brown在《根据原理教学：交互式语言教学》中指出：在交际性语言教学中，交互实际上是交际的核心，是交际的全部意义之所在；通过交际本身来学习交际是最好的方法。Brown明确提出了交互式教学的几个重要原则，即自动性、内在动机、策略输入、面对风险、语言和文化的联系、交互性语言以及交际能力。"（宫力，2010：14）

交互式语言教学方式由于其更接近真实的交际情景，因而可以帮助学习者解决学习和真实交际中的问题和障碍。"Wells（1981）认为，学习者在听说活动中会遇到理解困难，但能够通过交互学习以及在交互中借助实物、真实的情景和其他非言语交流工具等方法来解决这些问题。"（朱晓申等，2007：113）课堂教学中的模拟交际，类似于实际的交际，真实的语言交流更接近语言活动的本质。

1.2　交互性语言教学方式的理论基础

1.2.1　交互性教学方式以人本主义❶的教育理念为其教育学基础

教育学中的人本主义教学理念是由人本主义心理学发展而来的。"人本主义源于人本主义心理学，强调教育过程中沟通、理解、氛围以及学习者个体的自我实现，主张研究人的本质、特征、内在情感、责任、潜在智能、目的、爱好、情趣等人所经历与体验的一切方面，反对把研究重点放在人的外部行为倾向上……外语教学中的人本主义包括情感、社会关系、责任感、智力、自我实现等。（王琦，2006）"（张红玲等，2010：26）可以看出，人本主义教学理念把人的因素放在了学习诸多因素中的第一位，重视学习者的因素在学习中的重要性。"人本主义理论强调的是语言学习中的情感因素而不是认知因素，注重为语言学习者提供安全环境而不是增加焦虑，是促进个体的全面发展而不仅仅是语言能力的发展。"（严明主编，2009：13）可见，在

---

❶人本主义实际上是相对于科学主义而言，并且为了纠正科学主义的偏失而提出的。"科学主义与人本主义的主要分歧在于：科学主义重视理性，注重经验和逻辑分析的方法，注重人的知识和智力的发展；而人本主义则主张非理性主义，强调知觉、体验、释义等方法，注重人的情、意的发展。反映在教育上，前者注重人的社会化发展，后者注重人的个性化发展；前者注重认识能力的提升，后者注重情感态度的培养；前者注重科技知识的获得，后者注重人文精神的修养。如何使二者互相取长补短，协调发展，始终是哲学与教育哲学研究中的重要课题。而且，事实上已经出现了科学主义与人本主义相融合的趋势。"（黄晓颖，2008：5）显然，我们对人本主义和科学主义的区分不要绝对化，也不要过分强调二者之间的对立。

语言学习方面人本主义教学理念还有助于打破传统语言教学中只注重语言本身的学习的情况，促进学习者的全面发展其实更有利于对语言的掌握，能够达到更好的学习效果。

人本主义教学理念突出了情感在教学中的重要作用，更强调学习者的全面发展，这实际上带来的是对教学观念的全面更新。"人本主义教学理论则把学习者的情感、动机摆在了突出的位置上，在教学活动中更加注重教学的人文化和对学生全面发展的关注；形成了一种以学生的'自我'完善为核心、以情感作为教学活动的基本动力、以良好师生关系为基础的，把教学活动的重心从教师引向学生，把学生的思想、情感、体验和行为看成是教学的主体的教学新模式。"（严明主编，2009：12）可以看出，人本主义教学理念带来的观念变化有利于建立教学的新模式。

人本主义心理学的代表人物罗杰斯强调了有意义学习的重要性。"人本主义心理学家罗杰斯（Carl R. Rogers）以研究学习理论而著称于世。他认为有意义的学习具有四个要素：一、包括个人情感和认知在内的全身心参与（personal involvement）；二、自觉自愿（self-initiated）地参与；三、具有渗透性（pervasive），能影响学习者的行为、态度乃至人格；四、由学生自我评价（evaluated by the learner）。（Rogers & Freiberg，2006：42-3）"（仇鑫奕，2010：179）实际上，有意义的学习突出了学习者在学习中的主体地位，也顺应了重视和强调学习重要性的潮流。

人本主义教育理念强调学习者自身作用的发挥。"当学生自己选择学习方向、参与发现自己的学习资源、阐述自己的问题，决定自己的行动路线、自己承担选择的后果时，就能在最大程度上从事有意义学习"。（施良方，1994：390）这里突出了学习者的自主性，而学习者发挥了自主性就可以进行有意义的学习。

人本主义教学理念给了学习者更多的选择学习方式的自由。这样做实质上是遵循了学习的规律，因为学习者最了解自身的学习风格和学习需求，由他们来自由地进行选择，比教师或其他人越俎代庖要适宜得多。而且这实际上还体现了尊重学习者，把学习的主导权交还给学习者的思想。"在推崇自由学习的同时，罗杰斯也认为，应当尊重学生个人的学习风格，让学生拥有选择是在教师指导下学习还是自由学习的自主权，并允许学生随时自由地选择加入传统学习小组还是自由学习小组。这对我们充分认识课外活动的开放性有很大启发。"（仇鑫奕，2010：177）人本主义教学理念强调开放性的学习，使学习者自我开发的空间更为广大。

人本主义教学理念实质上突出了"以人为本"的观点，对更好地发挥学习者的作用有着重要的意义。"Stevick（1990）从三个方面提出'以人为本'的教学意义：第一层意义是指注重学生的需求，了解学生的兴趣及学习外语的目的，而不仅仅是学习外语语法、语音、词汇等方面的知识；第二层意义是指课堂上权力的平衡，即学习者具有独立性、自主性、责任心和创造力，例如学习者对同一个问题可以有不同的回答，及开放性的答案。对同一种任务也可以使用不同的解决方法，甚至可以参与任务的设计，教师不再是决定一切的权威，第三层意义是指学习过程中的方法差异，学习语言的过程区别于学习其他技能的过程，应考虑到学习者的情感因素，组织令学生愉快的语言交流活动，创造良好的学习氛围，这里所说的良好的学习环境，不仅指轻松愉快的课堂气氛，还包括友好的师生关系（王琦，2006）。"（张红玲等，2010：303）

人本主义教学理念实际上强调了对学习者能力的培养，特别是注重对学习者学习能力的培养。"罗杰斯主张教育目标应是促进变化和学习，培养能够适应变化和知道如何学习的人，而不再像过去一样只重视学生知识内容的学习及知识结果的评判。正如罗杰斯所说：'只有学会如何学习和学会如何适应变化的人，只有意识到没有任何可靠的知识，唯有寻求知识的过程才是可靠的人，才是有教养的人。毕竟在现代世界中，变化是唯一可以作为确立教育目标的依据，而这种变化又取决于过程而不是取决于静止的知识。"（严明主编，2009：56）人本主义的这种注重学习能力的理念，实际上是为了适应现代社会迅速变化的种种情况而提出的，也是有效应对教育教学面临的挑战的良方。

"'对于常常改变的情景，需要持续地组织新的和引起争论的学习'（罗杰斯，1969）。应该指出的是，当今世界政治、经济、科学技术等，一切都在迅速变化着，呈现在我们面前的是一个全新的教育情境。要适应这种多变的情境，就应把学生培养成'能充分发挥所有潜能的人，有创造性的人，行为恰当并能适应社会的人。'"（严明主编，2009：62）虽然技术的进步和更新的速度在加快，但人的作用反而越来越重要，不仅因为技术进步本身就是由人来发起和完成的，还因为技术进步可以为人的作用的更好发挥创造更充分的条件。只有充分发挥学习者的作用，使他们具备应有的能力才能很好地面对教育面临的挑战，也才能使他们真正能够有效地应对社会发展带来的挑战。

对于人本主义教学理念，有学者提出，"这（人本主义教学理念的产生）是教学观的一个根本性的改变，任何教学改革归根到底是教学观念的改变，其实质是学生观的更新。怎样看待每一个学生，是否相信他们的学习潜能，是否尊重他们的独立人格，是否帮助他们发挥潜能、发展个性和实现价值，是教学改革所涉及的更深层的问题。"（严明主编，2009：61）我们甚至可以认为，人本主义教学理念可以带来和促进教育的变革，因为它可以促使人们反思以往教育教学中仅仅注重科学性而忽视人的主体性作用的偏失。

人本主义的教学理念注重激发学习者的责任心，"罗杰斯曾经主张：'当个人必须认真地决定什么样的标准对他是重要的，什么样的目标对他是必要的时候，他才能真正地领会到自己的责任心和对自己的指导。'"（严明主编，2009：62）我们由此也可以看出，责任心的培养使人本主义教学理念获得了广阔的教育视野和教育作用的延续性，因为对于学习者来说，责任心无论在学校学习的过程中还是今后步入社会都是不可或缺的重要品质。

突出学习者的主体地位，充分发挥学习者的作用，可以给他们的学习和我们的教学带来许多好处。"通过学生的自我指导、自我选择和自我评价，可以增强学生学习的自觉性、主动性和创造性，增强学生学习的责任感，培养学生自学的能力，养成良好的自学习惯。"（严明主编，2009：62）可以说，人本主义教学理念把握住了和充分体现了教育培育人的本质。交互性教学方式突出强调的是学习者在学习中的作用，在这一点上与人本主义教学理念是相契合的，所以在这一意义上我们认为，人本主义教学理念是交互性教学方式的教育学方面的理论基础。

1.2.2 交互性语言教学方式与建构主义理论之间的联系

建构主义对知识和知识获取（学习）的看法有其独到之处。"建构主义以心理学、哲学和人类学为基础，认为知识是暂时的、发展的和非客观的，是经过学习者内心建构和合作获得；知识是由学习者自己建构的，而不是由他人传授的；人的知识是与经验共同发展的，知识是经验的重组与重新构建，是一种连续不断的心理建构过程，是体验、发现和创造的过程。"（程晓堂，2004：19）对知识的建构性学习可以给学习者带来惊奇、快感和趣味性，而且知识的探索更是一种创造性的过程。建构主义的这种新理念给教学带来很大的变化。

建构主义理论主张学习是通过学习者主动而非被动的建构来实现的，强调要发挥学习者的积极性。"建构主义的核心思想是：学生通过积极建构学习新知识（student develop new knowledge through a process of active construction）。他们不只是被动地接受或照搬从教师或课本获得的信息。相反，他们通过理解学习主题并与他们已经具备的关于该主题的知识（或他们认为自己已经具备）联系起来的方式积极思考。"（Good & Brophy，2002：517）我们还可以看出建构主义重视学习者已有的知识和经验在学习中的作用，不把学习者看成是"一张白纸"任由教学者任意涂抹。可以这样说，建构主义对学习者在学习中作用的认识与以往有所不同。"建构主义的理论认为学生是认知的主体，是知识意义的主动建构者，提出要把学生看作一个发展中的个体，一个积极的学习主体。学生是主动与环境进行交互（interaction）作用的人，而不是受外界所操纵的被动者。因此，传统的'传授—接受'模式中教师主动、学生被动的做法，不符合学习规律。"（朱晓申等，2007：155）如果不能发挥学习者在语言学习中的主动作用，使之处于被动，只能导致教学效果的不佳。

建构主义还注意了学习环境和条件的真实性在学习中的作用，在真实性环境中的学习被认为是最有效的学习途径。"建构主义学习理论认为学习者要想完成对所学知识的意义建构，即达到对该知识所反映事物的性质、规律以及该事物与其他事物之间联系的深刻理解，最好的办法是让学习者到现实世界的真实环境中去感受、去体验（即通过获取直接经验来学习），而不是仅仅聆听别人（例如教师）关于这种经验的介绍和讲解。"（朱晓申等，2007：87）建构主义突出强调了学习者的亲身实践在学习中的重要作用。"从心理学上讲，听的和看的内容也恰恰是最容易遗忘的东西——真正让学生有印象的知识就是他们以自己的亲身经历从意义建构中得来的内容。我们大家都熟悉这样的一段英语俗语：What we hear, we forget; what we see, we remember; what we do, we understand/learn. 这既是认知心理现象的总结，也是建构主义学习理论的支撑。"（朱晓申等，2007：81-2）强调实践性也成为了建构主义的理论基础。突出实践在学习中的作用，也是符合学习的规律和最终要应用于实践的学习的根本目标的。

我们说建构主义在教育教学领域是带有革命性变革的理论，是因为建构主义的许多理论主张与传统的教学理论大相径庭。有学者总结了建构主义课堂与传统课堂的不同之处，我们将其列表归纳如下（见表1-1）。

表1-1　传统课堂与建构主义课堂的差异

传统课堂	建构主义课堂
课程由部分到整体,强调基本技能	强调大课程概念,由整体开始扩展以包括部分
仅限于固定的课程	重视学生对问题的追求和兴趣,强调对课程的拓展
材料主要是课本和参考书	材料包括第一手的资料来源和操作性材料
学习基于记忆	学习构建在学生原有的知识之上的互动过程
教师以向学生传播知识为己任,学生是知识的被动接受者	师生平等对话,老师帮助学生构建自己的知识
教师是权威,教师的作用是指令性的	教师是平等中的首席,教师的作用是互动性的、指导性的
通过测试答案是否正确来进行评定	评定包括学生的作品、观察、观点和学业成绩测验,过程与结果一样重要
知识是静止不动的	知识是动态的、生成的,随着我们的经验不断变化
学生主要是单独学习	学生主要在小组中学习

（欧阳芬，2004：95-6）

建构主义不仅对学习和学习者形成了许多新的认识，对教师的教学也提出了新的要求。"无论他们的基本观点有何不同，建构主义者都强调教师必须走出传统的信息传递模式（教师或课本提供知识，学生记忆），采取教学知识建构模式。这就必须组织讨论，让学生对学习内容的意思和含义进行反思，并让他们有机会在继续探究、解决问题或做决定时运用它们。"（Good & Brophy，2002：518）就以上的论述可以看出，建构主义实际上在有关学习、学习者、课堂教学和教师的作用等许多方面都形成了不同于以往的理念，可以说在许多方面都是提出了变革性的新理念。

建构主义的教学理念实际上与交互性教学方式是紧密相连的。"建构主义同时主张通过互动与合作建构知识，特别强调要通过社会的互动与合作进行学习，认为孤立的学习不能导致知识能力的增长，只有通过与周围的人进行互动、与同伴合作才能激活内在各种因素。"（程晓堂，2004：19）建构主义注重教学的交互性特点，在课堂教学中强调的是基于"以学生为中心"的教学理念的交互性的学习过程。"建构主义的课堂教学策略又称为以学生为中心的教学（student centered instruction）。其特点在于强调学习是互动的对话过程，教育的核心是学生之间、师生之间的合作与对话。课堂教学围绕着学生生活中的真实内容和真实任务，以解决学生在现实生活中的问题为目标，让学生从真实的、综合的、复杂问题入手，发现解决问题所需的基本技能，通过与老师和同伴互动式的对话与合作获得支持和帮助，在真实的问题情景中一步步发展解决问题的能力，同时完成独自一人难以完成的学习任务。"（仇鑫奕，2010：161）有学者在论及建构主义的核心内容时，提及了"建构"与"交互"的相互关系。"我们不妨这样来概括建构主义的核心内容：以学生为中心，强调学生对知识的主动探索、主动发现和对所学知识意义的主动建构（而不是像传统教学那样，只是把知识从教师头脑中传送到学生的笔记本上）。以学生为中心，强调的是'学'；以教师为中心，强调的是'教'。这种'以学生为中心'的'教'、'学'模式从本质上就是'交互'的，我们甚至可以说，离开'交互'，'建构'就无从谈起。"（朱晓申等，2007：75）这种"交互"与"建构"不可分离的关系似乎是天然形成的，实际上乃是因为无论是建构主义还是交互性的教学方式都是合乎和顺应了当今世界社会和教育的发展趋势。

　　建构主义同时也强调合作在学习中的重要性。"建构主义理论主张为学生提供合作学习策略、自主学习方法和真实的外语学习环境，帮助学生在合作学习活动中自觉地运用所学的语言开展交际活动，鼓励学生在交际活动中一方面经历知识的可理解性输入和有意义产出的学习过程，另一方面培养负责自己的学习的能力以及在真实的情景中运用知识的能力，即自主学习能力。"（朱晓申等，2007：73）合作在交互性教学方式中有着核心价值，因为没有学习者之间的良好合作就谈不上交互性教学方式的真正开展。建构主义认为通过合作可以补充个体认知具有局限性的不足。"建构主义学习理论认为，每个人都在以自己的经验为背景建构对事物的理解，因此，只能理解到事物的不同方面。合作学习就是要使学生超越自己的认识，看到事物的其他侧面，从而形成更加丰富的理解，以利于学习的广泛迁移。"（程可拉，2006：188）担心学生的所学不够全面是没有必要的，首先，所谓"全面"只能是梦想，根本无法实现；其次，这种"全面"也不是学习者心目中所想要和需要的，"全面"对每个人的意义不同；再次，追求"全面"的"大而全"，就会忽视学习者个体以及其间的差异。

　　作为从儿童心理发展的研究启端的建构主义，实际上由于其理论符合教育的规律和现实的实际情况，所以也适用于所有年龄层的学习者，其理论是面向所有的年龄的学习者的。在大学教育阶段，我们应当注意到其成人的特性，不能采取标准化的教学方式。"在大学阶段，学习内容进入了建构主义学习理论定义的'知识不良结构领域'，学习的情境极为复杂，较难有明显规律可循，学习者随着年龄的增长，其知识面逐渐拓宽、获取知识的途径更加便利，也不会轻易满足于听从教师的单方面讲解，其对学习过程与意义形式的需求都会呈现明显的个性化特征，教师的标准化讲解就在很大程度上失去了意义。"（朱晓申等，2007：79-80）千篇一律、千人一面、照本宣科的教学已经不适应面向大学生教学的要求。大学阶段的学习要求教学方式要适合其个性化的特点，交互性教学方式正可以发挥其作用，适应大学教育特点的要求。作为成年人的大学生"在语言的产生过程中会更多比别人遇到障碍，他必须能够确认这些问题，然后通过求助于教师、同伴和辞书来解决，而不能'等'教师进行系统的讲解来弥补自己的缺陷，这也就是建构主义学习理论所强调的学习'个性化'的一方面。"(朱晓申等，2007：79)建构主义所倡导的个性化学习正好可以满足成人学习者对学习的需求，也是符合其年龄特点的方式，也就是强调学习者依靠自身的能力进行建构性的学习。

传统的教学观念突出强调教师的作用，但是建构主义更看重发挥学习者自身的作用。"事实是，即使进入了学习的高级阶段，以外语学习为例，仍然离不开与知识良性结构领域的新知识打交道，如对新词语、表达、语法、词法等概念性内容的记忆与机械性练习，教师的适当指点确实有重要的意义，但无法代替学习者的建构活动。"(朱晓申等，2007：84)可以说，如果要想使学习真正有实效，学习者的自主建构要贯穿于学习者学习活动的始终。

建构主义理念之下的课堂教学情景如何，有学者为我们描绘了这样的蓝图："以建构主义为理念的教学应为学生提供机会，让他们参与真实自然和有交际意义的活动，由他们去寻找知识，提出问题，建构自己的模式、概念和策略。这种模式下的课堂可视为一个小型社会，学习者可以在那里参与活动、构建语篇和进行反思。（参见龚亚夫，罗少茜，2003；方文礼，2003）。"(程晓堂，2004：19)建构主义的教学理念的实施可以带来课堂的社会化，带来课堂教学中师生之间、生生之间、小组成员之间、小组之间、甚至班级之间等多层面的互动。

1.2.3 社会建构主义理论与交互性语言教学方式

相较于建构主义理论，社会建构主义理论的观点更接近于交互性教学方式的理念。"大多数建构主义观点是社会建构主义（social constructivism）的变形。除强调学习过程是一个积极建构意思的过程外，社会建构主义者还强调，最好在两个或两个以上个体中进行长时间的主题讨论这一社交环境下进行这个过程。这种讨论有助于参与者以多种方式提高学习，从别人那里获取信息输入，让他们意识到以前不知道的东西，检查自己的观点并有可能重建它们。向别人表达自己的观点强迫他们更清楚地表达，这使他们深刻认识到他们的观点，并往往导致他们认识到一些新的联系，结果，认知结构发展得更完善（区别既明显，组织也更好）。"（Good & Brophy，2002：522）可以看出，社会性建构更有利于学习者的认知发展，更有利于学习者有效地开展学习。社会建构主义对建构主义的推进和发展在于，社会建构主义不仅认为知识要通过学习者自己进行建构才能真正获得，而且还认为学习者的建构活动要通过社会性交互才能够真正完成。"社会建构主义认为，知识是在人类社会范围里，通过个体间的相互作用及其自身的认知过程而建构的，是一种意义的建构。同时强调，知识的获得不仅仅是个体自己主动建构的过程，更注重社会性的客观知识对个体主观知识建构的过程中介，更重视社会的微观和宏观背景与自我的内部建构、信仰和认知之间的相互作用，并视它们为不可分割的、循环发生的、彼此促进的、统一的社会过程。"（严明主编，2009：118）"社会建构主义则接受社会'共识'的客观知识也是知识，只不过是这些客观知识，例如，欧氏几何，需要在某一适当的环境来还原，或在某种社会互动和文化背景下才能被了解或解读。"（严明主编，2009：89）社会建构主义对知识获得的认识，进一步发展了建构主义的认识。社会建构主义"认知分享"的概念从心理学的角度进一步深化了对建构社会性的认识："社会建构主义则认为：我们的认知完全是一种认知分享，即认知主体不是单个个体而是由各个个体组成的共同体，这种认知分享是个体间的分工合作……社会建构主义的基本信条是我们分享着我们经验的世界。"（严明主编，2009：87）

社会建构主义理论把学习看做是社会互动的过程，在接近实际社会生活状态下进行最为理想。"按照社会建构主义理论的观点，学习是一个充满活力的过程。在这个过程中，失误是不可避免的。通过学生自己的努力，会发现解决问题之道。学习也是一个社会互动的过程，这个过程应是在尽可能自然的状态中，同伴间互动、合作下发生的。"（龚亚夫，罗少茜，2006：17）社会性建构的过程中可以做到使学生自己有机会、有可能纠正失误，虽然有时候纠正是由别人发起和指出的，但是这种纠正最终要使学习者本人能够接受才能够真正发生作用，并且真正付诸行动而有所改变才能真正达到应有的效果。

社会建构主义的"主导思想是：承认社会性的客观知识存在并可被认

知，个体通过与社会的协商（主客体间的互动），充分利用符号、语言、活动等中介来主动建构自己的意义学习，获得持续发展。"（严明主编，2009：119）有学者对社会建构主义进行了归纳总结。"我们尝试将社会建构主义学习理论归纳为六个方面，即自律、自我、自信、自主、自择和互动。"（龚亚夫，罗少茜，2006：18）可以看出，互动是其中重要的方面。在社会建构主义的作用方面，社会建构主义被认为可以带来学习者的自我效能感和对学习的责任感。"社会建构主义者认为，课堂活动的意义在于学生通过完成各种任务，看到自己的学习效果和新建构的意义，取得成就感并获得自信心。因为这种成就是对他们的想象力、理解力、学习策略和努力程度的反映。这同时提高了他们的自我效能感（sense of self-efficiency）和作为学习主人（owner of learning）的责任感。"（龚亚夫，罗少茜，2006：19）

就语言学习而言，社会建构主义也有着重要的启示作用。"Vygotsky认为，语言学习是通过互动的社会建构，是一个教师对于学生的帮助与学习者互助的过程。所以语言学习过程中应注重'相互交流与对话'（dialogue process）。心理语言学和社会文化理论两者对于任务型语言教学都有启示，前者在于对于任务型语言教学的准备（planning），后者在于教师与学生在任务过程中所需的各种应变方法（improvisation）（van Lier教学的两个基本范畴，1991），从而促进交际效率和二语习得。"（龚亚夫，罗少茜，2006：32）

按照社会建构主义的教学理念形成的教学状况，有学者为我们进行了概括。"我们可以把社会建构主义教学模式概括为：'以学生为中心，在整个教学过程中由教师起组织者、指导者、帮助者和促进者的作用，利用情境、协作、会话等学习环境要素充分发挥学生的主动性、积极性和首创精神，最终达到使学生有效地实现对当前所学知识的意义建构的目的。'"（严明主编，2009：124）

对于交互方式的作用，社会建构主义是从语言学习要通过社会性的发展加以认识的。"在语言学习中，学习者同教师和同学之间的互动能够对语言学习起到积极的促进作用。Vygotsky（1962）特别强调在这一过程中语言学习的社会性（sociality）和人们之间的互动性。"（严明主编，2009：159）

如前所述，交互性教学方式强调意义协商的重要作用，而社会建构主义所强调的社会性实际上就是在强调社会协商和社会交互的重要性，在这个方面二者是基本一致的。"（社会建构主义）在学习过程中特别强调个体的社会协商和在协商中的发展，也把个体的持续发展作为学习的一个重要结果。根据维果斯基的观点，个人的认知结构是在社会交互作用中形成的，发展正是将外部的、存在于主体间的东西转变为或内化为内在的、为个人所特有的东西的过程。英国著名数学教育专家珀尔·欧尼斯特（Paul Ernest）也指出，社会建构主义的中心论点：只有当个人建构的、独有的主观意义和理论跟社会和物理世界'相适应'时，才有可能得到发展。"（严明主编，2009：119）在社会性的交互方式中，学习者构成了一种在交际中形成的、在完成交际任务时形成的社会共同体（小社区），这有助于交互性（意识、行为方式）的建立。学习和教学都不是个体性的行为，要在交互作用和合作中完成语言学习的特殊性，使得语言无法自学，所学习的语言大多无法不应用于交际。

1.2.4 语言教学交互理论是交互性教学方式的直接理论来源

语言教学中的交互理论是以"交互假设"❶为开端和基础的。"Long 的'交互假设'❷的核心是意义协商，它需要四个主要的过程，一是可以产生带来凸显的目的语的重现率；二是负面反馈；三是可提高理解的输入修正；四是内容可预测性。这些过程可引发学习者注意新的形式、新的形式与意义的联系、中介语与目的语的差距和输入、输出之间的悬殊。"（王荣英，2008：56）可以看出，"交互假设"作为交互理论的初期形态特别强调了意义协商在语言学习中的重要性。而意义协商实质上是交际双方或几方在交互的过程

---

❶ 也有学者把"交互假设"称为"互动假设"，例如："以 Long 为代表的学者提出了互动假设（Long，1981，1983a，1996;Pica & Doughty，1985），认为在会话中（或是学习者和本族语者，或是学习者与学习者）学习者所从事的不仅仅是一般的会话练习，更是意义的协商沟通（negotiation for meaning），语言的生成。协商的过程把输入信息和学习者内在的语言能力以及有选择的注意力都调动起来了，再加上语境的提示，学习者就能够对输入信息做出较迅速、准确的理解吸收。"（温晓虹，2011:545）

❷ "Long（1983b，1996）在 Krashen '输入假设'的基础上进一步研究发现，交际的双方为了交际顺利进行而相互进行'意义协商'（negotiation of meaning），产生'交互修正'（interactive modification），从而提出'交互假设'（Interaction Hypothesis）。"（王荣英，2008:55）

中不断协调对意义的不同理解，而在交互的过程中是离不开对对方话语的理解和对自己的看法的表达的，所以在意义理解和生成方面都有促进学习者学习的作用。对学习者在交互过程中的这种协调行为，有学者称之为"互动调节"。"Long（1983b）进而提出互动调节（interactional modification）促使输入的语言材料有效地被学生理解吸收。在互动活动中，双方的调节能够疏通交流中的障碍。"（温晓虹，2011：545）

语言教学的交互理论认为交互性的教学方式不仅可以使学习者得到更为广泛的习得机会，还可以对所输入的学习内容提高可理解程度。"Long（转引自 Elllis，1994）认为如果说话者有条件接受和参与交互调整，那么就会扩大第二语言习得的机会。他还强调双向交际将更能促进交互调整和意义协商，从而提高意义输入的可理解性。"（张红玲等，2010：192）

此外，语言教学的交互理论认为交互性的教学方式可以建立师生之间的良好关系，促进教学中的各个方面的相互配合。"交互式教学真正把教学看成'一种交往的过程'，在教学中教师引导学生去发现，在学生发现的要求下，促使教师去启发，师生之间、学生之间密切配合，不断进行沟通、交流、协调，从而共同完成教学目标。"（严明主编，2009：74）

还有学者提出了"多维互动教学模式"，实质上是把握住了交互性教学方式是在多个维度、多个层面展开的本质特性。"多维互动教学模式就是以学生为中心、教师为主体，在教学中通过师生合作、小组合作、人机合作、自我支持等方式来充分发挥学生的学习积极性和能动性，最终达到学生有效实现英语能力培养的课堂内外的互相促动，知识与能力的互相带动，师生间、学生间的互相推动以及教、学内容和方法的相互牵动。"（严明主编，2009：80）

1.3　目前交互性语言教学的研究现状

1.3.1　国外的相关研究

对于交互性语言教学，国外的研究开展得较早，但相比其他的教学方法，仍然不失为一种较新型的教学方式。

1.3.1.1　国外外语教学界的相关研究

国外语言教学界对交互性语言教学的研究开展较早，成果较多。"国外学者从20世纪80年代初就开始了有关交互式语言教学的研究，取得了丰硕的成果，除论文之外，还出版了不少专著和论文集，涌现出一大批颇有建树的专家（如 H. Douglas Brown、Wilga M. Rivers、Susan Gass、Rod Ellis、M. H. Long、Swain 等）。"（朱晓申等，2007：V）

国外的研究成果也陆续介绍到国内，一些代表性的论著也在国内影印出版，对推动国内语言教学的变革产生了影响。如 W. M. Rivers 编著的《交互性语言教学》（*Interactive Language Teaching*）、H. W. Brown 著的《根据原理教学：交互式语言教学》（*Teaching by Principles： An Interactive Approach to Language Pedagogy*）、M. H. Haley & T. Y. Austin 著的《基于内容的第二语言教与学——互动的思路》（*Content-Based Second Language Teaching and Learning： An Interactive Approach*）、P. L. Carrell， J. Devine， D. E. Eskey 编的《第二语言阅读研究的交互模式》（*Interactive Approaches to Second Language Reading*）等。

此外，海外华人学者刘国强（Guo-qiang Liu）研究了互动与中国儿童英语第二语言习得的关系，其英文论著《语言交流与第二语言习得：对一位儿童的英语作为第二语言习得的纵向研究》（*Interaction and Second Language Acquisition： A Longitudinal Study of a Child's Acquisition of English as a Second Language*）在国内出版，在此论著中他论述了交互对于第二语言习得的重要作用。

1.3.1.2　国外汉语教学界的研究

由于资料的限制，本书对国外汉语教学界的交互性汉语教学的研究成果了解有限。只能通过国内的学术期刊间接了解到国外汉语教学界的一些研究情况。

新加坡华人学者陈之权（2003）针对汉语教学的实际，结合 Robin Fogarty（1990）"*Design for Co-operative Interactions*"一书中提出的互动性教学策略，概括总结了12种互动性策略。"根据陈之权的研究，新加坡教学实践显示出学习难度越大，互动程度越高，带来的成就感和兴趣也越大，因此学习的效果也越显著。"（王晓钧，2005：109）该研究显示出了这种教学方式对于语言学习的积极作用。

美国研究汉语教学的华人学者王晓钧（2005）较早在国内的对外汉语教学专业期刊（《世界汉语教学》）上介绍了汉语互动性教学策略和教材编写的情况，但他主要依据的是前述陈之权（2003）的论文中提出的12项互动性策略。作为一种介绍性的文章，该文没有证明其所提出的互动性教学策略具体应用于汉语口语课教学的实效性。

1.3.2 国内的相关研究

1.3.2.1 国内外语教学界的相关研究

在国内，外语教学界对交互性教学的关注比较多，引进这种教学方式较早，研究成果也相对较多，并且有采用交互性教学法的教材出版。

据朱晓申等学者对1980年至2006年的研究成果分析，目前外语教学界对交互性教学的研究也不尽如人意。他们认为，"而我国对交互性语言教学的研究相对滞后，20世纪后20年仅有3篇介绍性的文章发表于外语类核心期刊，2000年后才陆续有学者关注这方面的研究，取得了一定的成果，但除了20多篇论文之外，迄今还未有专著或论文集出版……可以说国内外语界对交互性语言教学的研究不仅在起步上远远晚于国外同行，在进展上也十分缓慢。"（2007：26-27）

这些成果的研究内容，据他们的分析，"主要集中在国外相关研究成果的介绍和引进、写作教学、听力教学、多媒体网络教学、小组活动、教师的作用等8个方面，而对于交互性外语教学的其他方面如反馈、纠错、作业批改、阅读教学、语法教学、词汇教学、口语教学、翻译教学、第二课堂、测试、评估等都还没有涉及，即便是在已经有所研究的那几个方面，也都还存在着研究不够深入、不够细致的问题。"（2007：27）他们还发现在研究方法上实证性研究的比例偏低。"在所有24篇文章中，只有6篇为实证性研究，占25%，其余均为非材料性研究，占到了75%。"（2007：27）

朱晓申等对交互性外语教学进行了系统的研究，并且出版了专著《交互性外语教学：理论与实践》（2007），除对交互性外语教学的理论基础进行了系统阐述外，着重对课堂内外的交互性外语教学开展了系统的实证性研究。其中有专门的章节涉及口语教学。在该专著第三章"课内交互性教学方法和策略"中的第四、五、六节专门研究了口语教学问题。第四节用实验的方法通过实验班和参照班的对比，研究了交互性任务教学对学生口语流利性和准确性的作用。得出的结论是，"……学生的学习积极性非常高，课前积极准备背景材料，上课小组互动搞得有声有色，课堂气氛相当活跃。大多数学生比较欢迎这种教学方式，并认为学习目的清晰，讨论时也说话，自信心也提高了不少。"（2007：173）第五节研究了基础口语教学的互动模式，提出的模式有：口语复述、英语对话、情趣对话、角色扮演、主题演讲、课堂辩论、小组讨论、课堂评价等。该书第六节专门研究了口语课堂中的角色扮演交互性教学，对角色扮演的教学功能、应用条件、实施步骤、实施方法及局限性等方面进行了研究，但只是综合了他人的研究成果进行分析，得出的结论"进行角色扮演对学生的口语能力培养起着举足轻重的作用"没有实证性研究作为实践证明。

除了有关的研究成果外，在教材建设方面还出版了采用交互性教学理念的英语教材《新时代交互英语》（2008），并且还出版了由宫力主编的专门研究该套教材的论文集《交互式语言教学研究》（2010）。

1.3.2.2 国内对外汉语教学界的相关研究

与国内外语教学界相比，对外汉语教学界对交互性教学的关注稍显不足，研究成果有限。

（1）对交互性对外汉语口语教学模式的理论研究

有些研究成果集中在对交互性对外汉语口语教学模式的理论探讨上。靳雅姝也研究了互动型教学模式在对外汉语口语课堂教学中的应用，提出了"灵活运用教材，采取多种教学手段"、"树立大课堂观念，变被动接受为主动学习"、"注重技巧，找准切入点"（2007：268，270）等3个操作原则，但未对可行性进行实证性研究。

孙冬惠和李勉东（2009）论述了对外汉语"互动性"教学模式的建构原则，列出了交际性、统一性、针对性、时效性等4项原则，但没有对这4项原则进行实践验证。除理论依据不足外，由于没有进行实证性的研究，这些原则构成和排序的实践依据也不足，在实际教学中的实效性难以证明，而且原则的"互动性"特性不突出。

孙蕾的论文提出了汉语口语课互动教学表现的4种形式。"根据互动发生的场所，汉语口语课的互动表现形式可分为课内互动和课外互动；根据互动发生的对象可分为师生互动和生生互动。"（2010：117）但其对这4种互动形式如何在教学中开展没有进行详细的论述和实证性的研究。

这些对交互性对外汉语口语教学模式的理论探讨，皆为定性研究，未结合实践的验证，显得教学操作的可行性和研究结论的说服力都有不足。

（2）对交互性对外汉语口语教学模式的实证性研究

车俊英在其硕士学位论文中，对交互性教学在对外汉语课堂教学中的应用进行了较为系统的研究。除对交互性汉语教学的理论依据、教学原则和影响因素进行了分析论述外，该论文的主体部分是对3种交互性教学方式〔"师生互动"、"生生互动"和"生教（材）互动"〕在对外汉语5种主要课型（综合课、阅读课、听力课、口语课和写作课）的课堂教学中的时间分配情况进行了统计。根据该文的调查统计"口语教学的师生互动在全部教学时间中所占比例最大，高达84%"，作者就此得出结论，"我们可以这样认为：在口语课中教师的组织和监控作用的重要性要远远超过其他课型。"（2006：28）

朱锦岚也对互动型教学策略在口语课上进行了教学实验，采用的具体教学手段是对王晓钧介绍的陈之权根据Robin Fogarty（1990）的研究成果阐述的12个互动型教学策略而对之进行了调整之后的。对互动型教学手段的教学效果评价的依据是学生的课程评估，但学生参评的人数过少（3个学期分别只有4、5、6人），使得出的"学生对课堂评价很高"（2009：80）的结论的可靠性受到影响。

郑家平对互动性汉语口语课堂教学模式进行了实验研究，在实验中主要使用了"大剂量强化输入、重述反馈和强化输出"三种被其认为是"基于互动的课堂教学方法"（2010：83）。除实验的样本比较少（实验组与控制组各14人）外，主要问题是这三种教学方法的口语课教学特性不明显。在该论文的"结语"部分，作者除强调语言教学的重要性并以此来论证其在初级教学中进行的实验"同样适合高水平汉语学习者"外，还得出"但这种教学方法对综合课以及阅读课同样会起到比较好的作用"，（2010：89）"能够很好地协调语言形式与交际功能的关系"（2010：90）的结论。除证明此结论的证据稍显不足外，此结论与文中的实验也略有违背，或实验并不能充分证明作者提出的三种教学方法是有利于口语课堂教学的方法。

这些实证性研究虽然有定量研究，但实验和调查的样本数量不多，既影响实验和调查的开展，也使得出的研究结论可靠性有些不充分。

（3）合作学习在汉语口语教学中的应用

还有一些论文研究的是合作学习，实际上也必然会涉及交互式教学方式。李艳萍的论文提出了在口语教学中具体实施合作学习的15项内容，并认为："教学过程就是教师和学生的交流、合作、互动的过程……合作学习的模式运用于口语教学不仅可以引导学生主动地、创造性地参与学习，提高学习效率，也有助于学生将自身的经验带进学习过程，提高知识的建构能力和语言交际能力。"（2005：23）这15项合作学习的内容的有效性和重要性，未经实证性研究证实。

孙瑞、李丽虹论述了合作学习模式在对外汉语教学中的运用，具体提出了合作学习实施的四个步骤："分组，布置、分解任务，合作学习、讨论，总结评估"（2007：67-68），并且详细介绍了合作学习模式在教学实践中的两个案例，得出的结论是，"在对外汉语教学中推行合作学习模式，具有现实的必要性和可行性。"（2007：69）但该论文没有对合作学习的实施效果和教学对象的评估进行实证性的调查研究，提出的"可行性"实践依据不够充分。

高婧洁、金毅主要综述了国内外对合作学习的研究以及国内对外汉语口语教学特点的研究，分析了目前合作学习在对外汉语口语教学中的研究现状。他们认为，"合作学习在对外汉语口语教学的许多方面，尤其是理论联系实际这方面的研究还是相对缺乏的……合作学习在对外汉语教学研究中还没有形成自己独特的教学模式，在专项的课型中的研究也比较的少，在理论依据上依然在套用国外的相关理论，国外的相关理论在我国的对外汉语的实践研究上是否是可以直接的套用，还有待于进一步的考证。"
（2008：270）该论文没有提出作者们对合作学习在对外汉语教学中应用的
看法。

高婧洁对合作学习在对外汉语口语教学中的应用进行了实验研究，得出
的结论是，"统计结果及个案记录表明，采取小组交流合作学习的学习形式
对初级班的留学生形成正确的学习态度是有益的，它能增强学生学好汉语的
信心，使他们养成这种团结协作的学习能力，同时也培养了学生的群体精神
和合作精神。但是本实验的统计结果表明：合作学习的实行与留学生初级汉
语口语成绩的提高是无显著性差异❶的。"（2008：230）但作者自承实验的时
间较短："仅仅在短短的俩月时间里，来培养他们的合作精神，其效果并不
理想。"（2008：230）而且该实验的样本也太少（仅13个），样本的数量与
代表性也影响了研究所得出的结论。

对在对外汉语教学中开展合作学习的研究也呈现出定性研究多，实证研
究少的情况，仅有的不多的实证性研究也同样存在样本数量不足的情况。

（4）小组活动（group work）在汉语口语教学中的应用

目前对小组活动（group work）或"小组学习"（Group Study）的研究
不多。

蒋以亮在小组活动的有关概念和理论都还未介绍引进的时候，较早就根
据对外汉语教学实践对小组活动在课堂教学中的应用进行了探索。论文结合
课堂教学实例，对"分组"的教学方式的课堂教学流程进行了详细的介绍，
分析了分组的作用和存在的问题，得出了结论："无论从理论上还是从实践
上，都证明了采用分组的方法进行交际技能的操练，对提高我们的教学质量
具有积极的、重要的作用。"（1998：49）虽然此研究不是专门针对口语课的
课堂教学，但可以看出，分组的教学方式有普遍的适用性，甚至对口语课尤
为适用。

王瑞烽论述了对外汉语教学中小组活动的任务形式和设计方式，认为小
组活动有"增加交际性操练、提高学生开口率、形成良好的语言交流气氛、
激发学生学习动机"等优势。作者对课堂教学中选择活动的情况进行了调

---

❶原文如此，此处所言乃两者（"合作学习"与"口语成绩"）之间的关联之意。

查，调查显示，"在对外汉语教学中，小组活动的任务形式单一，多用来进行机械性操练。"（2007：82-83）作者就此提出把小组活动与任务教学相结合，认为"小组活动的关键在于任务"（2007：83），并且具体提出了任务和小组活动的设计方式。该文虽然不是专门针对口语教学而论述的，但对于在口语教学开展小组活动的教学安排很有启示作用。

已有的各方面的研究成果给后来者的研究提供了启示、指明了方向、奠定了基础，其不足之处有待于我们去探索、补充和完善。

第二章

对交互性课堂教学方式在汉语初级口语课中应用的调查统计分析

鉴于目前在汉语教学研究中对交互性课堂教学方式定性研究多，实证研究少的情况，本书采用实证性的问卷调查和统计分析的方法开展研究，力求在使本书的研究建立在第一手的实证材料的基础上的同时，也弥补汉语教学研究在此方面的不足。

2.1 调查问卷设计

2.1.1 问卷调查的目的

本调查问卷设计和实施的目的，就是为了了解学习者对交互性语言教学方式的看法，以期为实施交互式语言教学寻找到最为真实和可靠的来自学习者反馈方面的根据❶。实施问卷调查也是为了使本书的研究能够建立在实证性材料支持的基础之上。

2.1.2 问卷调查的方法

2.1.2.1 研究方法的选取

本书的研究主要基于问卷调查的方法，并与相关理论和课堂观察相结

---

❶ 开展交互式语言教学，采用交互式的语言教学方式的原因已经在本书的"前言"和"第一章引言"的部分详细阐明了，可以参看。

合。把调查法与观察法相结合来开展研究，目的是使研究更为客观、全面，因此问卷调查成为本书重要的研究基础之一。

2.1.2.2 调查范围

北京师范大学汉语文化学院汉语言专业本科留学生汉语基础课的6个教学班级❶。这6个教学班级，是从两个教学水平层级（一年级上学期[101级]和一年级下学期[102级]）各有的6个教学班级中，分别随机抽取了3个班级。

2.1.2.3 调查取样

被试者为90人，分别来自上述6个初级水平的教学班级❷。其中，一年级上学期[101级]的3个平行班级有被试者39人，一年级下学期[102级]的3个平行班级有被试51人。发放调查问卷90份，回收85份（一年级上学期[101级]36份，一年级下学期[102级]49份）。

表2-1　被试者的国别分布

一年级上学期[101级]																共计
国别	韩国	日本	印尼	泰国	菲律宾	朝鲜	巴基斯坦	孟加拉	美国	哥伦比亚	荷兰	未填写				
人数	11	4	5	4	1	1	2	1	2	1	2	2					36

一年级下学期[102级]																共计
国别	韩国	日本	印尼	泰国	菲律宾	越南	朝鲜	哈萨克斯坦	美国	加拿大	荷兰	意大利	捷克	俄罗斯	马耳他	澳大利亚	
人数	13	10	10	2	1	1	2	1	2	1	1	1	1	1	1	1	49

❶教学班级里的学生来自世界各个地域，为多国混合编班。这些教学班级里除本科生外，也包括来自世界各个地域依照其语言水平编入班级的语言长期进修生。（在课程改革之前此时的本科生是与长期进修生一起编班的。）对这些学生以及任课教师对本调查研究的积极支持和大力协助，我们表示衷心感谢！

❷这两个教学水平层级在留学生汉语言专业本科生的基础汉语教学序列里为初级水平（"一年级"）。另外还设有"预科［100级］"的教学层级，是为零起点语言水平的学生进入本科生教学序列做准备而设置的。

从被试者的国别分布上可以看出，国别分布较广（尤其是一年级下学期[102级]），这使得教学的班级中的学习者具有多国混合班的学习者分班安排方面的典型性和代表性。

2.1.3　调查内容

调查问卷里除3项需被试者填写的基本情况外，共设计了调查项目19项（具体内容见本书的"附录"），主要调查被试者对口语课课堂教学的满意度、参与度，对交互式教学措施的接受度。问卷中的调查项目分为4组：（1）"调查项目1～5"为被试者学习口语的基本情况；（2）"调查项目6～11"为被试者上口语课的情况；（3）"调查项目12～18"为被试者对互动式口语教学方式的看法；（4）"调查项目19" ❶。

2.2　调查中反映出的当前对外汉语口语课中存在的问题

在研究口语课课堂教学的过程中，通过我们的课堂实地观察，发现目前口语课教学中存在着一些问题，如口语课课型特点不突出、课堂上学生开口率过低、课堂上学生练习的机会少等。调查问卷的结果，也显示出了这些问题的存在。

2.2.1　口语课课型特点不突出

我们在课堂观察时发现，在教学设计时，很多口语课对教学流程的设计安排包括：讲练生词、讲练课文、讲练语言点、复述课文、做完成句子的练习等。这样的安排实际上雷同于精读课（读写课），口语课自身的课型特点自然会不突出。

调查问卷中的"调查项目7"设计的问题是"现在，你觉得学习汉语口语课，收获最大的方面是什么？"被试者的回答情况见下表。

---

❶　"调查项目19"设计的是一个单列的开放性调查项目（"你觉得还可以怎么样上汉语口语课比较好？"），意在使被试有机会进一步表达出他们对口语课评价和改进的详细意见。

表2-2　被试对口语课课堂上最大的学习收获的看法[1]

选项	一年级上学期[101级]					一年级下学期[102级]				
	提高了汉语口语水平	对中国文化和情况有更多了解	汉语词汇增加了	汉语语法知识增加了	其他	提高了汉语口语水平	对中国文化和情况有更多了解	汉语词汇增加了	汉语语法知识增加了	其他
人数	23	8	4	4	0	28	6	4	8	3
百分比	63.4%	22.3%	11.1%	11.1%	%	57.1%	12.2%	8.2%	16.3%	6.1%

　　表2-2中问卷调查的结果显示，被试选择"提高了汉语口语水平"选项的比例很高，两个教学层级都超过50%（分别是63.4%和57.1%）。但是仍然有很多被试选择了其他的选项，这些其他选项在加和以后的百分比还是较高的，都接近50%（分别达44.5%和42.8%）。这说明虽然有很多名被试对口语教学是基本满意的，但不容忽视的是，还有很高比例的被试认为在口语课上的最大收获不是口语水平的提高，而是在"中国文化、汉语词汇和汉语语法"等方面。由此可以看出，汉语口语课自身培养口语交际能力的教学目标没有充分落实，课型特点没有得到突出。

　　有被试在调查问卷中也提到："对学生来说,学外语最重要(的)课就是会话课。但是会话课上,一直看书,读,我觉得(跟)读写课的内容差不多一样。"[2] "会话老师教得像读写课。"

2.2.2　口语课课堂上学生开口率过低

　　根据我们的课堂观察，在个别口语课上，教师讲授所占比重过多，学生开口率过低。口语课也因此变成了听老师说汉语的课，学生没有机会与教师、与同学进行汉语口语交流。

---

[1] 对"调查项目7"，被试有对几个选项多选的情况。
[2] 括号里的内容是笔者对被试语句的简单修改和补充，下同。

调查问卷中的"调查项目9"提出的问题是"你在汉语口语课上,能有很多机会说汉语吗?"被试的回答情况见下表。

表2-3　被试对口语课课堂上开口率的看法

选项	一年级上学期[101级]			一年级下学期[102级]		
	能有很多机会说汉语	不能有很多机会说汉语	未答	能有很多机会说汉语	不能有很多机会说汉语	未答
人数	27	8	1	25	24	0
百分比	77.1%	22.9%		51.02%	48.98%	0%

表2-3显示的问卷调查结果中,被试选择"不能有很多机会说汉语"选项的比例较高(分别是22.9%和48.98%),特别是在一年级下学期[102级]的被试中更接近50%,说明仍然有很多学习者在口语课堂上开口率低。

调查问卷的"调查项目19"中被试的反馈也显示出此问题的存在。有被试对该项目的回答是:"至少我不喜欢老师一直自己说话的口语课。我希望老师让我们说话。""现在老师说的时间比学生说的时间多。所以我希望增加我们说的时间。""我觉得学生只听着老师的说明的课不太好。现在我们可以联系(练习)口语的机会不太多,我想拥有很多机会联系(练习)口语。(讨论等)。"

2.2.3　课堂上学生练习的机会少

个别教师(特别是新手教师)仍然不能贯彻汉语教学"精讲多练"的原则,教师讲授所占比重过多,学生练习的机会少。

调查问卷中的"调查项目11"提出的问题是"你认为汉语口语课中,有这些情况吗?"被试的回答情况见下表。

表2-4　被试对口语课课堂上练习机会等的看法❶

选项	一年级上学期[101级]					一年级下学期[102级]				
	缺少练习的机会	我不敢开口说汉语	没有语言环境	很好，没什么问题	其他	缺少练习的机会	我不敢开口说汉语	没有语言环境	很好，没什么问题	其他
人数	10	5	4	17	0	17	11	7	18	2
百分比	28.6%	14.3%	11.4%	48.7%	%	34.7%	22.5%	14.3%	36.7%	4.1%

表2-4中问卷调查的结果显示，被试选择"很好，没有什么问题"选项的比重较高（分别是48.7%和36.7%），在一年级上学期[101级]的被试中甚至接近50%，但是仍然有很多被试选择"缺少练习的机会"的选项（分别是28.6%和34.7%）和"我不敢开口说汉语"选项（分别是14.3%和22.5%）。被试选择这两项者在加和以后的百分比还是较高的，分别接近和超过50%（分别达42.9%和57.2%）。这些都说明还是有很多学习者在口语课堂上缺少练习的机会，没有获得较多开口说汉语的训练。

2.3　汉语口语课教学中问题产生原因的分析

本书认为，教学对象的变化、教学观念的落后、教学设计的不合理以及口语课教学自身的特性，导致了上述这些问题的发生。

2.3.1　近期汉语教学对象情况的一些变化带来了问题

汉语教学在海外和境内的不断发展带来了教学的多样化。同时，随着汉语教学在各个层级和不同领域的教学机构里的展开，学习者也出现了多样化的情况。因此，在中国高校非统一生源❷的汉语教学混合班级里，来华留学生语言水平参差不齐的情况比以往更为严重，教学的开展遇到一些困难。经过仔细观察，我们发现这至少是由学生多样化和学生之间的差异性两个

---

❶ 对"调查项目11"，被试有对几个选项多选的情况。
❷ "非统一生源"指的是并非来自同一家海外汉语教学机构的生源。

方面的原因造成的。多样化和差异性过去就存在，只是现在这些情况有加剧的趋势。

2.3.1.1 来华留学生的多样化的新情况

来华留学生汉语学习者的多样化，是由两个方面的变化造成的：学习途径的多样化和学习资源的多样化。

在中国本土的汉语教学中，学习者多样性的状况已经普遍存在。"我们能够越来越深刻地感知到每个课堂上表现出来的显著的学习多样性。即使在有选择地录取学生的学校里，同质课堂的神话已经土崩瓦解。"（鲍威尔，库苏玛—鲍威尔主编，2013：4）同样，海外汉语教学也更多地面临着非同质化教学情境的出现，使本已经在中国本土的对外汉语教学中同质化减弱的情况更为加剧、更为严重。这种情况对教学者的适应能力也提出了更大的挑战。

（1）汉语学习途径的多样化带来留学生各方面情况的多样化

随着汉语国际教育在世界各地的开展，汉语教学机构和教学水平的多样性在加大，学习者也在接受着越来越多的充满差异性的汉语教学，使其学习和掌握的汉语与以往相比出现了多样化的情况。境内外各种汉语教学和培训机构、辅助和辅导汉语学习群体出现多样化的情况，也加剧了来华留学生的多样化。因此，进入中国高校学习汉语的长期或本科留学生，除了国籍、年龄、性别等自然因素的多样性以往就存在外，学习汉语的起点、基础、背景、经历的多样化在加剧。

（2）汉语学习资源的多样化也导致留学生所学内容的多样化

随着汉语国际教育在世界上的不断发展，汉语教学资源（教学资料、媒体资源等）也都得到了很大的发展，包括网络、多媒体等在内的现代教育技术的发展，使汉语教学资源呈现出多样化的发展趋势。汉语教学资源的多样化和获取的更为容易，也使得留学生已学汉语的内容呈现出多样化的形态。

2.3.1.2 学习者之间的差异性在加大

来华留学生之间的差异性，也出现了加大的趋势。

进入中国高校学习汉语的来华留学生，由于汉语学习经历的不同而存在着较大的差异。在混合编班的同一个教学班级里，学习者在自身背景、汉语水平、学习经历等方面都存在着差异性加大的情况。即使是同一生源来源的学习者，在同一个班级里，差异性也在加大。这也是不同于以往的新情况。

同样，在中国本土的国际学校里也要"面对来自五湖四海、有着不同文化和语言背景的学生，学校面临的最大难题就是如何为每一个学生提供适合他们的教育。如果同一个年级里采取统一的教材、一致的教学步骤和单一的评估手段显然是行不通的……"（鲍威尔，库苏玛—鲍威尔主编，2013：序言一，2）在学习者不断变得越来越多样化的今天，可怕的问题是我们的教学者也会越来越对此习以为常。"国际学校的学生带来了非凡的多样性，包括才能和期望、学习差异和障碍、文化背景和语言能力，以及个人兴趣和家庭历史。然而这个事实带来了一个问题，很不幸的是，把这些多样性视为可以轻易忽略的老生常谈正在成为一种趋势。"（鲍威尔，库苏玛—鲍威尔主编，2013：17）

学习者之间的差异性在加大，还因为学习者本身因为生活于信息技术和现代教育技术飞速发展的时代而带来的。"今天的孩子则不同，他们思维比我们敏捷，他们可以同时完成几件事。这在我这个年纪的人眼里简直不可思议。就连他们大脑的结构也随着他们神经网络系统与各种电子技术的共生关系的变化而发生了改变。"（鲍威尔，库苏玛—鲍威尔主编，2013：序言二，2）

口语课是培养汉语口头输出表达和交际能力的课程，学习者之间的多样性和差异性会显性地呈现在口语课课堂之中。教学对象多样性和差异性的加大，使得教学设计较难照顾到背景不一、水平参差的学习者，课堂教学活动较难开展。

学习者之间差异性的加剧，对汉语教学的开展，尤其是像汉语口语课这种需要较多依靠交互性教学方式开展教学和学习者要较多进行输出表达的课程里，教师教学的开展会面临更多的困难。

2.3.2 教师教学方面的问题

2.3.2.1 教师教学观念落后带来的问题

教师的教学观念至为重要，因其主宰着教学者在课堂内外的一切活动。

"每个英语教师都有自己的教学信念，这些信念都是个人教学和学习经验积淀的结果。有些信念是正确的，有些是片面的，或者说不具有普遍性。"（林立等，2005：24）虽然这里谈到的是英语教学的情况，但是这种情况在各种课程的教学中也是普遍存在的。

教师的教学观念有着固化和难以改变的特性，这是因为教师这种观念形成以后容易自以为是。"教师的教育教学观念体现为教师在教学活动中的指导思想。而这种思想一旦形成，往往会处于一种自以为是的固执状态。如有的教师认为课上的时间十分宝贵，应尽可能地教给学生更多的知识，也就是说信息量越大越好。在这种思想指导下，教师教学一定是采用灌输的方法。即便是口语课和听力课也要大讲生词和语法。还有的教师认为讲得清楚，学生能听懂是最重要的，所以，忽视了变语言知识为语言技能的训练。要改变这些教学方式，就必须对自身的教育教学观念进行反思。"（黄晓颖，2000：18）

教师要建立正确的教学观念。教学观念的正确性没有"标准答案"，因为教学者所要面对的教学状况是千差万别的，教师对教学观念的自我更新最为关键，而要使教学者能够进行自我否定和自我更新，首先就要使他们意识到自己的教学观念的不适应性（落后性）。虽然，这会给教学者带来极大的痛苦，但是对教学者自身的教学发展有好处，而尤为重要的是首先这对于学习者的学习有益，这是我们开展教学活动和考虑、研究教学问题的前提和根本目标。

（1）应试教育观念的不良影响

有些教学者受应试教育的影响仍然极深，中国本土应试教育的大环境主宰了他们对一切教学问题的考虑。我们理解这是他们受多年的应试教育的训练和强化认识的结果，难以在短时间内摆脱。可是，这一切面对的应该是中国学生，对于没有升学压力和需求的来华留学生，汉语教学仍然采用应试教育的理念和模式，汉语教学以及考核如果仍然习惯性地为了应对考试而着眼于对汉语知识的系统掌握，而非汉语交际能力的获得，不免落后于汉语教学形势的发展，不能适应学习者的迫切需求。应试教育的观念会影响到教学者全部的教学设计和教学操作，其影响力和重要性不容忽视。

在调查问卷中，作为被试的来华留学生不断提出，"我们不常常说话，我们做别的事。(读文章，学习语法等)""应该自己说话，但是上课的时候不是这样，我们不过要记住课文的句子。"可以看出，这里存在着应试教育中常见的对知识死记硬背地掌握以应付考试的明显影响。

（2）知识教育观念的不利影响

在汉语口语课中不断出现的上述如调查问卷中学生所反映的："读文章、学习语法"和"记住课文的句子"等教学方式，其实质是重视知识教育的观念所形成的不利影响。这一点出现在汉语口语课的教学中，就会导致口语课的课型特点不突出，重视语言知识的教学而忽视口语交际能力的培养等情况。如果说，对外汉语教学不能离开知识教学的话，所应教的也主要应当是程序性知识，而非陈述性知识。前者更接近于一种应用能力，要通过大量输出性的练习才能够掌握，而不是仅仅依靠吸收（输入）就可以掌握的。

重视知识灌输的弊端还在于，简单地认为教师教的一切都是学生能够学会的，而且由此强制要求学生来掌握。这明显是不了解学生认知和学习的心理特点。"他（Nunan，2001）认为，人们往往以为教师在课堂中教的都是按照课程标准中规定的教学目标，而教的是什么学生学会的就是什么。这种想法太简单化了。目前中小学英语教学的状况正是如此。教学大纲中设计的教学目标，与教师在课堂中实际的教学活动，以及学生真正掌握的语言知识与技能这三者之间，其实有很大的差别。"（龚亚夫，罗少茜，2006：117-8）这样的教育观念会导致"填鸭式"教学的发生。

（3）教师主导课堂教学的观念的不良影响

"以教师为主导"观念的提出，实际上仍然是不能够放弃以教师为课堂教学的中心的观念在发生着影响。所谓"以学生为中心"的教学理念，很容易受到不良的影响而就此停留在口号上，而无法在教学实践中落实。因为"以……为中心"如果在教学实践中不加以落实，很容易沦为一种空洞的理念；而"以……为主导"就是教学操作层面的要求，很容易落实。实际上"中心"和"主导"很容易发生冲突，出现以何者为最重要的问题，抽象、空洞的"中心"很容易被架空，"主导"也因此而很容易变为现实。因此，教师在教学中出现"一言堂"的情况也就不奇怪了。

在"以学生为主体，以教师为主导"的"双主"教学理念中，主体地位常常被架空，因为学生处于弱势的地位，其主体地位是被赋予的，如果教师不赋予学生主体地位，不对此在教学中加以落实，学生是无法主动争取到的；在中国传统的师生关系中，教师处于强势的主导地位，其主导性是极其有保障的，学生很难对此进行反抗，更难以剥夺。如果出现"主体"与"主导"之间的矛盾冲突时，在权力关系极其不平衡的师生关系中，处于强势的教师很容易取胜。所以，"双主"的理念很容易滑向对学生主体地位的剥夺，使得这一理念沦为空洞的口号。

（4）强化输入的教学观念的不利影响

对输入的过分重视和过分强调而不顾及语言学习的其他方面，就会形成"满堂灌"和教师"一言堂"的情况。"传统的教学模式认为课堂时间本来就少，应该抓紧时间对学生输入，于是，满堂灌的现象比比皆是，以为这样就可以让学习者掌握更多的知识，这恰恰忽略了语言的输出，从而造成了所谓的哑巴英语等问题。"（丁仁仑，2010：165）教学者想尽量使学习者多有所获，本来是一种可取和善良的愿望，但是在课堂教学中这是违背教学规律的，也违背了教学者的初衷，由此而导致"满堂灌"、"一言堂"后果的形成，也会对学习者交际能力发展带来不利的影响。

有学者对汉语教学中的诸多问题现象进行了总结，"有些对外汉语教师课堂上习惯于自己表达，表达时又不考虑学生的接受能力，也不觉得学生有学习那些对中国人很简单的东西的必要，在他看来，'你好''谢谢'之类的句子有什么难懂？还有些教师虽然意识到应当让学生多说多练，但又不知如何引导，要么一味地让学生'跟我读'，要么就让学生自己说，可是学生不是不想说而是不会说，于是课堂往往冷场，老师不得已只好自己唱独角戏，学生一无所获，很不满意。就这样，有意无意间，本应是以学生活动为主的外语交际课堂变成了展示教师汉语优势与学识的场所。这从根本上违背了对外汉语教学的规律和要求。"（程伟民，2000：144）我们认为，这样的在根本观念上出现问题的现象在汉语教学中并不鲜见，除了我们在课堂观察和调查问卷中了解到的而外，这是一种普遍存在的情况。这种情况应当引起教学管理部门和有识之士的关注和重视，设法解决这些问题。

（5）过多强调语言形式教学带来的不利影响

注重语言形式的教学本身并非完全有问题，而是在口语课的教学中过多地重视语言形式的教学，则会偏离了口语教学的根本目标。"传统的教学理念是以形式为中心的，是偏重于语言知识传授的。传统的观点认为，语言是一个系统。学习一种语言，就是学习该语言的词汇和结构系统。掌握目的语的过程，是学习者关于目的语形式系统的知识逐步发展完善的过程，因此，应该重视形式的学习，一点一滴，日积月累，最后构成一个系统。至于实际的交际活动，那是无穷多样的，是无法教学的。无论真实交际千变万化，但万变不离其宗，只要掌握了语言系统，就能应付自如。"（吴中伟，郭鹏，2009：25）

片面地强调语言形式教学的重要性，就会带来忽视学习者目的语表达能力培养的弊端。"由于过于重视语言形式方面的知识，片面强调准确性，忽视了流利性，缺少语言实际运用的机会，因而难以最终形成自动化。而且，由于片面强调语言的结构方面，忽视了语言的功能，导致培养出来的学生在语言的得体性方面很弱。"（吴中伟，郭鹏，2009：25）

不赞成忽视语言形式的教学是正确的，但是过分强调语言形式的教学就走向了一个极端。"如果在第二语言习得过程中只关注内容，关注交际的成功，而不关注语言形式本身，就是忘记了语言教学的根本目的——提高目的语能力，并将导致大量的化石化现象。"（吴中伟，郭鹏，2009：26）这种担心是多余的，这里提到的一个前提和由此得出一个结论都是没有现实情况的依据的。在第二语言教学中不可能只关注内容，学习者必然会面对语言形式的问题，表达必然要依靠语言形式，内容不可能脱离语言形式而无所依凭。作者所预言的导致大量化石化的情况，也必然不会出现，学习者都是有能动作用的人，化石化有可能局部地出现，但是大量出现的情况从未见过。学习者会在第二语言学习的过程中出现中介语的情况，但是所有的中介语现象和偏误的情况都会导致大量的化石化的结果，在关注交际内容的同时，学习者会放弃对语言形式的关注和学习，这些都是不可想象的。

2.3.3　口语课教学设计不合理造成的问题

口语课的问题有些是由教学者观念意识落后带来的，也有由教学设计和教学操作方法不合理带来的。如果在教学设计中安排的由教师操作的环节比较多，课堂教学中也仍然会出现学生练习少、教师"一言堂"的情况。

许多教师在教学实践中意识到了一些问题，努力摸索解决的途径。但即使开展了学生的小组活动，也仍然存在一些问题。王瑞烽经过调查发现小组活动教学中的一些问题："为了了解对外汉语教学中小组活动运用的情况，我们对北京语言大学的20名汉语教师作了一项问卷调查。调查发现，虽然其中大部分教师（17名）经常采用小组活动，但所采用的任务形式主要是：根据课文分角色朗读和复述、根据话题进行讨论。其中，让两个学生根据课文分角色朗读和复述是最常用的小组活动，也是部分教师采用的几乎是唯一的小组活动形式。教师们组织小组活动使用的材料基本都是教材中的课文或练习，很少使用课本以外的材料。"（2007：83）可以看出，这些教师实施的小组活动形式仍然比较单调，实际上仍然没有摆脱传统教学设计理念的束缚。

过分注重语言形式的教学带来了这样的不良影响："当教师备课时，面对书中出现的许多语言点，不知选择哪些作为重点。因此，教师不得不把自己认为需要讲解的语言点都解释清楚，以应付考试。教师为讲解这些语言点而占用了大部分课堂教学时间，结果没有足够的时间让学生进行有意义的语言活动。"（龚亚夫，罗少茜，2006：117）教学设计过程中对教学重点的确定，是随教学观念的改变而转移的。如果教学重点只确定为语言点，则偏离了语言教学的主要目标，这对口语课的危害尤其巨大，口语课对口语交际能力培养的目标根本无法保证实现。

许多口语课的教学设计仍然没有突破句型操练局限性的影响。我们并不否认口语课教学自身的一些固有特性，会对口语教学带来不利的影响。口语的特性、口语教学的特性，决定着口语教学是较难开展的。口语输出的声音信号稍纵即逝、难以捕捉，具有无物质依托性的特点。而且口语表达千变万化，口语表达要考虑的因素更多。不同于同样是输出的写作技能的培养，口语表达还具有即时性等特点。这些教学难度构成的挑战，应当成为发展口语课自身教学设计特点的契机，而不是重走句型操练"老路"的借口。

本来在语言教学中输出训练的难度比输入训练就要大得多，对学习者目的语掌握情况的要求就要高得多，而口语输出与书面语输出相比，更有着有难以反复修正的特性。口语表达特性的所有这些方面，都会给口语课的教学带来困难，易于造成口语课教学设计的不合理。这种教学设计的不合理也导致了口语课课型特点不突出的不良后果。

2.3.4 传统的课堂教学方式带来的问题

口语课教学设计的不合理实际上也与传统的课堂教学方式的影响是分不开的。"传统语言课堂以灌输的方式直接呈现、讲解语言规则系统，只说明'可以这样做'或'应该这样做'，而对'为什么可以这样做'和'为什么应该这样做'却很少涉及。"（魏永红，2004：143）甚至对于规则的使用都很少涉及，只是呈现语言规则而已，使用语言似乎不是语言课堂的教学事务，只应由学习者自己去完成，至于完成的情况和结果怎么样，学习者只有自求多福了。

在分析我国外语教学的情况时，有学者提出，"我国外语教学一贯以教师为主导，以语言知识为中心，以阅读为主要学习途径，以词汇量为目标，成了一种根深蒂固的外语学习文化。"（魏永红，2004：154）该学者就此得出结论："可以说，我国的教学模式是演讲式、灌输式、记录式、分析式和阅读式的教学，是一种教师灌输、学生接受，即输入式（receptive, input）的学习文化。"（魏永红，2004：154）那么，我们的汉语教学是否也应该反思一下呢？输入为主的教学观念由来已久、根深蒂固，对中国所有的教学领域都有影响。"渗透在这种精讲多练传统模式中的事实是一种输入为主的外语学习文化，体现了师生双方关于什么是学习，什么是有效的学习方法，以及有关师生课堂角色的认识和理解。"（魏永红，2004：153）汉语教学中强调的"精讲多练"的教学原则，尽管已经力求在纠正传统教学理念的弊端，但是实际上也仍然带有难以摆脱的传统的束缚。

并非传统的教学理念和方式都全然无用武之地，在有些教学领域仍然可以发挥其作用，但是不应忽视语言教学是以技能培养为主的教学的特性。"技能不是只靠'讲'和'解'就能培养出来的，也不是仅凭'知'和'懂'就能解决问题的。因此，输入为主的外语学习文化在主观和客观上都忽视了技能的培养。"（魏永红，2004：154）我们可以得出这样的结论：过分注重输入的传统的教学方式不适应语言教学的需要。

2.3.4.1 课堂教学中大班集体上课的局限性

在语言教学的课堂上，传统的大班集体教学方式的弊端是很明显的。"大班教学的主要困难是教师难以照顾到每一个学生，如果教师与学生一对一地交流，学生之间缺乏交流使用语言的机会。大部分学生在大部分课堂教学时间中处于旁听的状态。"（龚亚夫，罗少茜，2006：166）

传统的班级授课制，必然会导致教师的过多讲解。"在传统的'广播式'课堂教学的模式下，学生面对统筹划一的教学内容、不可调控的教学进度、无可选择的老师水平、被指定不变的时间和地点，自主选择和自我发展的个性化需要很难得到满足，久而久之，学习兴趣也会受到压抑。另外，以教师为中心的课堂教学缺少多元化的、及时有效的、有针对性的形成性评价，不利于鼓励学生的学习积极性，不利于对学生进行细致有效的指导。"（宫力，2010：22）整齐划一的班级授课制的弊端在语言教学中尤其明显。

班级制只是表面上做到了教学的整齐划一，但是学习者的学习却并非如此。班级制中并没有形成真正的人们期待之中的集体性，反而反对学生们的集体性行动。"M.H.斯卡特金对传统的课堂教学进行了尖锐的抨击。他说：'所谓课堂教学组织的集体形式，只有极小的集体性，因为学生通常并不在这个集体中一起工作。各个人听教师讲课，各个人写同样的默写，跟同桌同学和全班同学一样做同样的作业，而如果某一学生想要帮助被叫到黑板前面回答问题的同学或写默写的同桌同学，那他将为此"不良"的行为——偷偷提示，他就要受到处分。'这种现象的产生，并不是班级制本身的问题，而是课堂教学组织安排方式的问题。表面上的集体性安排并没有导致学生集体性的学习，反而是极力抑制这种集体性学习的发生。'这就造成一种反常的情况，因为学校最重要的任务之一是培养集体主义，培养集体主义的好方法是积极参加集体活动。可是学生的基本活动——教学活动，几乎没有真正的集体主义成分。因而必须组织教学以外的活动：值日，社会公益活动，游戏和娱乐。'"（王才仁，1996：86）斯卡特金的论述揭示了传统课堂教学方式中表面化地强调集体性而实际上违背了学生学习规律的重大缺陷。

有学者还提出了"冲破课堂"的呼吁，实际上提倡的是冲破课堂教学中内容局限于课堂小天地的状况。"冲破课堂是指用所学语言表达社会上的事情，提高语言表达的文化层次，可以促进内容与情感的结合。"（王才仁，1996：90）

2.3.4.2 传统的课堂教学方式中教师讲授为主的弊端

"在一些教师的心目中，上课就是教师说、学生听；讲课一定要讲出些学问，讲得不够时间总觉得亏心；练习、作业似乎是学生课外的事。这种认识正在阻碍着英语课堂交际化。"（王才仁，1996：184）教师的本意也许的好的，但是语言课（技能课）上成了知识课，对学习者是否有利呢？"学生如果没有加工知识的过程，没有运用语言进行交际的机会，他们的语言学习只完成了进程的一半。"（魏永红，2004：155）知识教学和考核的影响太深了，能力（素质）处于不重要的地位。传统观念的影响根深蒂固，而且渗透到方方面面，要改变也不是朝夕之功。

"第二语言教学的目的是培养学习者的语言交际能力，而口头交际的重要性就决定了在听、说、读、写这四种技能中，用于口语教学的时间相对较多。所有的第二语言汉语教学都离不开口语教学。尽管口语教学的目标十分明确。但是在教学中还存在很多未能解决好的问题，以至于以教师为中心的口语教学还普遍存在，而其中教师对词语的讲解过多又是引起该问题的主要症结所在。"（陈作宏，2011：212）汉语教学的实际情况并非已经做到了以口语教学为主，用于语法和语音的教学时间更多，教学中也更关注一些显性的语言形式偏误。这不能责怪教师，问题出在由传统的教学理念带来的一系列教学设计和教学方式方面的问题迫使教师不得不如此做，如词汇、语法点的讲练。

2.3.4.3 语言教学中机械训练的教学方式的弊端

机械训练的弊端人们很容易认识到，"机械训练虽然可以提高运用语言的熟练程度，但其结果往往只能使学生停留在一般的模仿、套用上，很难用目的语说出（写出）实际上没有听到（看到）过的话，更不用说让学生自动地不假思索地运用目的语表达日常口语交际的真实需要和自己的思想感受了。"（仇鑫奕，2010：37）但是，在实际的汉语教学中，机械训练的情况却比比皆是。虽然机械训练并非全然无用，但是其背离语言教学的根本目标的特性是显而易见的。但遗憾的是，人们仍然对此视而不见，甚至还有津津乐道于此者，就更令人无言以对了。

2.3.4.4 传统的"I-R-E/F"❶教学方式的弊端

目前的汉语教学课堂上这种"I-R-E/F"的教学方式仍然并不鲜见，"Sinclair & Coulthard（1975）从课堂互动的语言层面研究师生间的语言使用。他们发现，典型的课堂语言都遵循着一定的步骤：教师提问→学生回答→教师评价/反馈[I（teacher initiation）→R（student response）→E/F（evaluation or feedback by teacher）]。"（柯传仁，黄懿慈，朱嘉，2012：113）虽然引文中Sinclair & Coulthard（1975）的论述是从话语分析的角度分析课堂话语时提出的教学模式，而且是40年前语言教学课堂上的情况了，但是在现如今的汉语教学课堂上仍然存在着这种教学方式，就不免令人扼腕了。

之所以这样说，是因为这种"I-R-E/F"的教学方式将学生置于一种被动的地位，明显不利于学生表达能力的发展，而且"I-R-E/F"中所展现出来的所谓的"交际"也是虚假的，因为在实际的口语交际中，发话者通常不会对应答者的话语进行评价性的反馈。"在课堂上，教师始终控制着谈话的话题和话轮转换的主动权，学生处于被动应答的地位，而且回答的不少问题是展示性问题（即对方已经知道答案的问题），因而也不存在意义协商的必要。"（吴中伟，郭鹏，2009：152）虚假的交际，如何能够培养出真实的交际能力？

---

❶ "I-R-E/F"是"教师提问→学生回答→教师评价/反馈"教学方式的英文首字母缩写。

2.3.4.5 传统的"3P"❶教学方式的弊端

　　3P模式的特点是突出强调了学习者对语言准确性的把握。"二语习得研究表明大量接触目的语是学习者建构目的语系统的基础。但3P模式由于将大量的课堂时间用在了字、词、句等语言点的讲解和练习上，为了强调所谓的准确，因而大大限制了学习者广泛接触目的语的机会。"（魏永红，2004：127）过分强调语言表达的准确性，就会对语言表达的流利性产生不利的影响，而且不仅如引文所言的限制了学习者对目的语的广泛接触，还扼杀了对学习者交际能力的培养。

　　而有学者认为3P模式对准确性的理解和强调的方面也是有问题的。"事实上，3P模式对准确性的判断标准相当程度上是看学习者是否准确模仿了教师的语言输入；而对于表达什么、以何种方式表达也是在教师预期之中的，没有真正意义上的语言运用，或者说，在这个阶段，学习者所做的仅仅是把教师希望看到的东西呈现出来。因此，所谓的流畅，实际体现为能否对教师的刺激快速做出符合教师要求的反映……可以说这种掌握是极其表面的，与真正会用完全是两码事。"（魏永红，2004：127）

　　有学者提出3P模式的问题在于，"由于期待学习者一步到位地掌握所教授的语言项目，想当然地认为只要教师讲到，学生就能学会。因此，教学直逼一种终端式掌握，是内容中心的、结果取向的，教师控制的，把学习者当容器，一味地灌输，因而忽视了学习过程、忽视学习者积极的认知参与，更不能使学习成为学习者学会学习的过程。艾利斯（1993：3-4）曾表示：'在我看来，只要坚持3P模式，教学就难成功。'"（魏永红，2004：127）虽然引文最后部分中艾利斯的断言有些极端化，但是其对3P模式导致的教学弊端的深恶痛绝，我们是可以理解的。

---

　　❶ 有学者提出，"所谓PPP模式，或者说3P模式，指的是第二语言教学，包括外语教学，目前最为普遍的课堂教学模式，也即'传统的'课堂教学模式，它由三个阶段组成：1.展示（presentation），2.练习（practice），3.表达（production）。我们也可以把这三个阶段理解为：教师教—学生学—学生用。"（吴中伟，郭鹏，2009:148）

2.4 交互性教学应成为解决口语课教学中问题的途径

2.4.1 解决口语教学中问题的出路在于进行教学变革

本书"引言"中吴本虎（2000：F6）提到的英语教学课堂上学习者之间缺少真正交际的问题，在汉语口语教学中也存在着。我们的调查问卷中被试的反馈也显示出这一点。

"上课没有机会聊天，一直读课本，像读写课一样。""课本上有很多一般中国人通常用的一句话，还用语法，但是，我们没有机会一边用新语法等，一边跟朋友对话。我觉得浪费时间和课本的内容。"

口语课教学面临着许多难题，例如，在口语课上，学生起点不一、水平参差（尤其是前者会造成后者），是教学的难题、教师的"最怕"，怎么办？口语课的教师面对课堂里出现学差生、不主动表达的学生时，怎么办？

解决问题的出路在于变革，在汉语教学的观念、教学模式和教学方式、手段等方面都需要变革。目前汉语国际教育大发展的新形势，正是汉语教学变革的最佳契机。

要解决教学中的问题，教学者首先要做的，也是最容易和最可行的是，要建立正确的教学观念。教学观念上的转变是第一位的，方法上的转变是第二位的。教学观念不改变，仅仅是方法上求变，会流于表面化。教学观念的正确性没有"标准答案"，因为教学者所要面对的教学状况是千差万别的，教师对教学观念的自我更新最为关键，而要使教学者能够进行自我否定和自我更新，首先就要使他们意识到自己的教学观念的不适应性（落后性）。虽然，这会给教学者带来极大的痛苦，但是对教学者自身的教学发展有好处，而尤为重要的是首先这对于学习者的学习有益，这是我们开展教学活动和考虑、研究教学问题的前提和根本目标。

针对口语课中存在的问题以及学生们迫切的交际需求和呼声，要从根本上解决问题，只有改革当前的教学模式，建立新型的教学模式，才能改变教学观念和操作模式，真正提高学习者的开口率。

学习者的呼声可以给我们带来最好的启示。有学生明确地提出建议："我觉得在汉语口语课上,第一,老师和学生之间积极的交际,第二,学生们之间语言交际,第三,利用课文中的重要表现多进行造句子(的练习)。"这也给我们指明了对外汉语口语教学改革的方向——增强课堂上师生、生生之间交际的机会和比重,加强口语课课堂教学中的交互性,以提高学习者的交际能力。

我们进行的问卷调查中的被试明确提出了课堂互动的要求:"我觉得跟同学们对话练习的时间多,就(会)汉语口语课(上得)比较好。""向学生提供机会,说汉语。""在上课的时间增加练习时间,练习机会。""给全部同学们说的机会,还有如果上课的时候有重要的句子或者文章让同学们记住那个(些)。"

2.4.2 交互性教学方式是解决口语教学中问题的最佳途径

交互性教学方式是语言教学发展到一定阶段所形成的,交互就成为了具有代表性的概念。"'交互'是20世纪80年代以来第二语言学习和教学领域的核心概念。交互观将语言视为实现人际交往和社会交际的工具。它强调语步(moves)、以言行事(acts)以及意义协商(negotiation)的模式以及会话中的交互机制。任务型教学法、全语言法、合作语言学习法、内容型教学法等持交互语言观。"(王晓军,宫力,2010:41)可见,交互成为了许多教学法所关注的焦点。为什么会出现这样的情况?王初明指出,"语言学习的交互研究(the interaction approach)逐渐发展成为一个重要的研究方向"的原因是"交互与语言使用如影随形,贯穿于语言使用的各个层次,是语言使用最本质的特征,而语言是在使用中学会的,交互自然成为语言学习研究的焦点之一。"(2008:54)

许多学者确定了交互在语言教学中的重要作用。如Rivers指出,"无论语言教学法如何发展,培养交互能力始终是其首要目标。语言交际能力的培养必须有足够的'互动'语言活动。"(2000:43)Brown也认为:"交互是交际的核心,是交际的全部意义。"(2001:159)郑家平提出:"第二语言习得领域关于课堂教学的研究表明,基于一定交际任务的课堂互动能够有效促进目的语习得,并且有利于培养学习者的第二语言交际能力及完成任务的能

力。"（2010：83）

可以这样初步总结交互性教学方式的特点：通过增强学生间的互动的途径提高学习者在课堂教学中的开口率以达到培养口语交际能力的目的。而这样的特点正是可以有针对性地解决我们所遇到的汉语口语教学中出现的问题。

对于交互式教学方式在课堂教学中如何具体操作，本书通过问卷调查了解学习者的看法。本书选取了汉语口语教学中常见的两种教学方法流派（交际法、任务型语言教学）[1]的典型性、代表性的教学方法进行了调查，语言教学交际法选取的是"角色扮演"的教学方法，任务型语言教学选取的是"小组活动"的教学方法。本书认为，这二者之间有着很大的不同。实际上，教学方式差异的背后是语言观和语言教学观的根本差异，教学方式的改变，是要对这些有全新的认识。

关于"角色扮演"，调查问卷中"调查项目12"提出的问题是："你觉得'角色扮演'（Role Play），对你学习汉语口语有没有帮助？"被试的回答情况见下表。

表2-5　被试者对"角色扮演"(Role Play)的看法

选项	一年级上学期[101级]				一年级下学期[102级]			
	有帮助	没有帮助	有帮助，但是不太多	其他	有帮助	没有帮助	有帮助，但是不太多	其他
人数	18	3	12	1	23	4	21	1
百分比	52.9%	9%	35.2%	2.9%	46.9%	8.2%	42.9%	2%

表2-5显示的问卷调查结果，被试中认为"角色扮演"这一教学方式对学习汉语口语"有帮助"的占大部分（分别为52.9%和46.9%），认为"有帮助，但是不太多"的所占比重也很大（分别为35.2%和42.9%），仅次于"有帮助"的

---

[1] 许多学者认为任务型语言教学是交际法的发展，而且任务型不是简单的一种教学方法，本书姑且如此划分并且称之，是因为本书作者认为任务型是对交际法超越性的发展，而且在许多方面有所不同。

选项，此2项所占比重是绝大多数，接近90%。被试中认为"没有帮助"的不到10%（分别为9%和8.2%）。

调查问卷中的"调查项目13"提出的问题是："你觉得'小组学习'（Group Study），对你学习汉语口语有没有帮助？"被试的回答情况见下表。

表2-6　被试者对"小组学习"（Group Study）的看法

选项	一年级上学期[101级]				一年级下学期[102级]			
	有帮助	没有帮助	有帮助，但是不太多	其他	有帮助	没有帮助	有帮助，但是不太多	其他
人数	23	7	5	0	27	4	14	4
百分比	65.7%	20%	14.3%	0%	55.1%	8.2%	28.5%	8.2%

表2-6显示的问卷调查结果，被试中认为"小组学习"这一教学方式对学习汉语口语"有帮助"的占大部分（分别为65.7%和55.1%），均超过50%，认为"有帮助，但是不太多"的所占比重不是很大（分别为14.3%和28.5%），此2项所占比重为绝大多数，达到或超过80%。被试中认为"没有帮助"的在20%或以下（分别为20%和8.2%）。

与调查项目12涉及的"角色扮演"相比，被试对调查项目13涉及的"小组活动"的接受度（认为"有帮助"的比重）更高，百分比的提升在两个教学层级都超过或接近10%（分别是12.8%和8.2%），此项的百分比绝对值均超过半数。

与此同时，认为"有帮助"的被试与认为"有帮助，但是不太多"的被试在分化，其间的差值很大，均超过25%（分别为51.4%和26.6%），其中一年级上学期[101级]被试的差值更大于50%。与此相比，调查项目12中的相同的两项差值不到20%（分别为17.7%和4%），尤其是一年级下学期[102级]被试的差值不超过5%。

问卷调查显示，被试对"小组学习"和"角色扮演"这两种课堂教学方式的接受度都很高，但对前者这种交互性教学方式的接受度比对后者的接受度更高。由此可以得出结论：被试（多国混合班初级汉语口语学习者）对交互式的口语课堂教学方式的接受度比较高，由此，我们认为在课堂教学中应该采用这种交互性教学方式改进汉语口语课的教学。

尽管对交互性教学方式有大多数留学生的认可，人们难免还会担心，在具体的课堂教学过程中交互性口语教学是否能够顺利实现。确实，在具体操作的过程中仍然要依靠学生的积极参与，还有许多具体的问题需要解决，甚至有许多具体的困难要克服。这些问题得不到解决、困难得不到克服，则交互性汉语口语教学仍然难以开展。因此，在设计调查问卷时，我们增加了对这一方面教学详细调查的项目。

对于小组活动，人们最容易产生的疑虑就是："届时，学生们会不会不说汉语？"调查问卷中专门就此设计了调查项目。"调查项目14"提出的问题是："如果上课时有'小组学习'，你跟同学说汉语会比别的时候多吗？"被试的回答情况见下表。

表2-7　被试对"小组学习"说汉语机会的看法

选项	一年级上学期[101级]			一年级下学期[102级]			
	会多	不会多	未答	会多	不会多	一样多	未答
人数	26	10	0	30	15	1	3
百分比	72.2%	27.8%	0%	65.2%	32.6%	2.2%	0%

表2-7显示的问卷调查结果中，被试选择"说汉语的机会会多"选项的比例很高（分别是72.2%和65.2%），均达到了超过65%的比例，在一年级上学期〖101级〗的被试中更达到了超过70%高比例，比选择"说汉语的机会不会多"选项的比例（分别是27.8%和32.6%）要高很多，差值分别是（44.4%和32.6%），差值的比例均超过30%。这充分说明有高比例的被试认为上课时有"小组学习"的话，他们跟同学说汉语会比别的时候多。虽然有一些被试认为在"小组学习"中开口说汉语的机会不会多，但大部分同学如果在口语课堂上都说汉语，也会增加这一部分被试说汉语的机会。学生在"小组活动"时不说汉语的担心，也可以就此化解了。

可以从问卷调查的结果看出，采用交互性强的教学方式，可以提高学习者在口语课堂上的开口率，解决开口率低的问题。

另外还有可能出现的担心是：学习者在"小组活动"中出现偏误时得不到纠正会不会对其汉语学习造成不利的影响？应该怎么办？在调查问卷里，我们安排了两个调查项目（15、16）来了解被试对这一问题的看法。

调查问卷中的"调查项目15"提出的问题是："你会不会担心在小组中跟同学对话的时候,同学说的是错的?"被试的回答情况见下表。

表2-8　被试对"小组学习"同伴说错汉语是否担心的看法

选项	一年级上学期[101级]			一年级下学期[102级]		
	会担心	不会担心	未答	会担心	不会担心	未答
人数	11	24	1	15	33	1
百分比	31.4%	68.6%	0%	31.3%	68.7%	0%

表2-8显示的问卷调查结果中，被试选择"会担心同伴说错汉语"选项的比例不高（分别是31.4%和31.3%），远远低于选择"不会担心同伴说错汉语"选项的比例（分别是68.6%和68.7%）均达到了超过65%的比例，差值分别是（37.2%和37.4%），差值的比例均超过35%。这充分说明有高比例的被试认为有"小组学习"的活动时，他们不担心同学说错汉语。

虽然有一些被试认为他们会担心同学说错汉语，但有些选择此项的会积极设法帮助同学。在该调查项目"会担心"的进一步调查内容"你怎么办"中，选择该项的11名一年级上学期[101级]的被试有3名填写了"问老师"或"准备"等积极策略，1名填写"没办法"，7名未填写；选择该项的15名一年级下学期[102级]的被试有4名填写了"问老师"或"帮他改正"等积极策略，4名选择填写了"少说话"或"不能帮助"等消极策略，7名未填写。可以看出，部分被试选择积极的策略试图努力解决这一问题。

调查问卷中的"调查项目16"提出的问题是："你会不会担心在小组中自己说的话是错的,没有人帮助你改正?"被试的回答情况见下表。

表2-9　被试对"小组学习"中自己的偏误不能得到纠正的看法

选项	一年级上学期[101级]			一年级下学期[102级]		
	会担心	不会担心	未答	会担心	不会担心	未答
人数	16	20	0	20	27	2
百分比	44.4%	55.6%	0%	42.6%	57.4%	0%

　　表2-9显示的问卷调查结果中，被试选择"会担心同伴说错汉语"选项的比例较高（分别是44.4%和42.6%），但仍然低于选择"不会担心同伴说错汉语"选项的比例（分别是55.6%和57.4%），后者均达到了超过50%的比例，仍然占有优势。

　　虽然有一些被试认为他们会担心自己的偏误不能得到纠正，但有些选择此项的会积极设法帮助同学。在该调查项目"会担心"的进一步调查内容"你怎么办"中，选择该项的16名一年级上学期[101级]的被试有3名填写了"问老师"，4名填写了"自我修正"或"他人帮助修正"等积极策略，2名填写"不敢开口说汉语"或"他们不(能)认出我的错误"的消极策略或认知，7名未填写；选择该项的20名一年级下学期[102级]的被试有7名填写了"问老师"或"请同学帮助改正"等积极策略，3名填写了"同学不好意思改正"或"不能改正"等担心的原因，10名未填写。可以看出，部分被试选择积极的策略试图努力解决出现偏误的问题。

　　通过对被试在调查问卷中的回答情况进行统计分析，我们可以得出结论：来华的汉语学习者对交互性教学方式（小组活动）认可和接受的程度很高，要高于对"角色扮演"的认可和接受程度的调查结果，证明了交互性教学方式能被学习者广泛接受，他们认为这是适合于他们学习汉语口语的教学方式。而其他的一些调查项目所反映出的情况，也足以消除我们对在汉语口语教学中开展交互性教学方式的疑虑。

第三章

交互性口语课堂教学方式的开展

　　尽管有绝大多数的学习者认可和接受交互性教学方式，但是如何具体实施交互性的汉语教学？具体采用哪些交互性教学方式才能有效地展开汉语口语教学？这些问题需要我们进一步深入地进行探讨。

　　经过对多种语言教学方式的比较，本书作者选择了小组活动、合作学习、自主学习和任务型语言教学方式作为开展交互性汉语口语课堂教学的具体教学方式，认为角色扮演不是最适合的交互性汉语口语教学方式，并且还认为要能够顺利地开展交互性教学还要把课堂教学与课外的交互性活动结合起来，另外还应注意与现代教育技术手段相结合。

　　至于有效性高的交互性教学方式的判定标准，有学者提出的"互动结构性"的概念对我们很有启发。"互动结构性高就是指互动情境对学生的互动方式和应有的行动给予了清楚的界定，学生对互动的流程以及各个同伴应有的角色和行为有清楚的认识，并能准确、有效地执行。"（伍新春，管琳，2010：96）互动结构性高的交互性教学方式，对学习者的学习的许多方面都会带来积极的影响和效果。

　　有学者提出的交互性教学方式在课堂教学中具体开展时要注意的问题对我们很有启发，"互动在课堂教学中要注意以下几点：1.互动形式要多种多样。有教师与学生的互动，也有学生与学生的互动，有固定的同桌学生互动，也要有不定的相隔学生互动。课堂互动活动的常见形式有提问、辩论、讨论、表演、歌唱、手工制作（如剪纸、包饺子等）、比赛、游戏等。2.座位形式要利于学生互动。教室中桌椅的摆放要依据活动的特点、教学需要、学生喜好而变化，比如分组围坐的讨论式，通道排列的辩论式，腾出讲台的表演式，自由组合的沙龙式、游戏式等，努力实现师生之间或生生之间的近距离交流。3.互动活动中，教师要善于捕捉学生星星点点的智慧火花，不失时机地给予积极评价，使学生时时有一种愉悦的心理体验，感受到互动本身所带来的乐趣，增强学习的自信心。4.互动的答案是开放的。在互动过程中，允许学生答案的多样性，努力发挥学生的想象力和创造力，使课本学到的内容更加深入、更加多样，使学生在多种情境中运用所学的知识。"（姜丽萍，2011：13）可以看出互动性教学在实施之际，要注意到的方面有很多，本书会结合具体的交互性教学方式来详细探讨。

3.1　课堂教学中的交互性教学方式活动

对于交互性语言教学的具体方式，有学者提出，"以真实情景中的交际活动为课堂教学的主要方式。这些活动包括双人活动（pair work）、小组活动（group work）、班级活动（class activity）、角色扮演（role play）、戏剧表演（short play）、讲故事（story telling）、采访（interview）、交流活动（interchange activities）等。"（朱晓申等，2007：10）这里提出的诸种活动中，有些不能被认为是真实的语言交际活动，例如角色扮演和戏剧表演，在活动中学生说的话和说话的角色对于语言交际而言都不是真实的，只能说是真实的扮演和表演。

本书认可的开展交互性语言教学方式几种主要的具体操作方式有：小组活动、合作学习、自主学习和任务型语言学习等。在本书所提倡的这几种交互性语言教学方式之间有着很多的相似性和密切的联系。有些教学方式（任务型教学方式）实际上是更大的教学途径（任务型语言教学）中的一个组成部分，我们只是选取其教学方式的方面加以利用，为交互性的语言课堂教学服务。

3.1.1　小组活动中的交互性课堂教学方式

小组活动的定义，有学者这样说："小组活动译自英文的 group interaction，也译作'小组相互作用'。这种教学形式是通过讨论、问答、交流等活动在师生之间交流、交换和分享教学信息。这种形式增加了教师和学生面对面密切接触和相互了解的机会。现代教学理论主张教学中融入这种人际交互作用，认为它是实现各类教学目标，培养健全人格，促使个体社会化的有效途径。"（崔永华，2008：127）小组活动实际上重视了学习者在教学中的作用，体现的是"以人为本"的教学理念。

对于以运用目的语为主的汉语教学，尤其是汉语口语教学，小组活动被视为是恰当的教学方式。"'用'语言当然要以交际活动为主，这意味着小组活动理当成为教学的主要组织形式。语言课可以设计多种小组活动，如两人对话、角色扮演、分组完成任务、小组讨论、辩论、表演等……小组活动的组织形式不但有利于培养交际能力，也可以扩大学习者的活动范围，提高课堂开口率，提高交际的知识，学会人际交往，不断获得新的信息。"（崔永华，2008：229-30）小组活动可以促进学习者之间的交际，自然是有助于口语课教学顺利和有效地开展的一种教学方式。这是因为小组成员在活动的过程中必然要进行大量的交互性活动。"在任务型教学的倡导者看来，同伴/小组合作完成任务的过程能产生大量互动机会。一方面，学生们必须设法理解别人并表达自我，为确认理解准确无误还要学会解释和澄清意义，这使他们体验了意义协商的过程；另一方面，他们不得不倾听一些目前语言能力所不能及的语言表达形式，但这些语言形式有可能被同化吸收，将来派上用场。"（魏永红，2004：145）小组成员之间的交互性活动最终会有利于他们的目的语习得，尽管有时候这种促进作用不是直接完成的。

小组活动有着不同于班级集体授课的明显优势。"在小组活动中，大家为了完成一个任务，通常会把注意力集中在任务的完成上，而不必担心说错，学生更容易开口，焦虑会降低。从语言习得的研究看，这有助于学生掌握语言。而在大班大合唱时，学生的精神往往难以集中，结果虽然好像都学会了，却没有进入语言习得机制（Krashen，1985b）。"（龚亚夫，罗少茜，2006：234）小组活动可以突出和促进学习者个体的参与，也给了组员每一个人展示的机会，这是在大班授课时难以高效地做到的。

在汉语口语课堂教学中，开展小组活动的方式是多种多样的。有学者认为，小组"具体的活动方式尽量多样化，可利用各种讨论、角色扮演、个案研究、模拟、游戏、参观等有效的方式进行。"（崔永华，2008：128）董明（2004）也认为："在'生生互动'的课堂上，学生可以通过作讲座、组织课堂教学、研讨会、小组讨论、同桌讨论、自编自演、演讲比赛、辩论赛等形式多样的互动活动相互沟通、激励和启发，在轻松愉悦的气氛中把语言知识与语言技能有机地结合起来，把个人的体验与语言学习结合起来，把语言学习与自己的全面发展结合起来，从而使自己的语言能力和整体素质都得以提高。"（朱晓申等，2007：21）以往的对外汉语教学只注重对语言的学习，不重视或者有意回避对留学生思想和素质的提升，实际上语言学习离不开意义的交流，而且有意义的交流也不仅限于对中国传统文化的了解（不能把教学内容局限于此），教学内容应该丰富得多，对教学内容的选择视野应当广阔得多。

最为重要的是，小组活动这种交互性的教学方式是受到学习者喜爱和欢迎的。"在课堂上，外国留学生希望了解课堂教学目标和教学过程，需要按自己的认知方式整理所学的知识，愿意参加汉语学习策略的培训。'与其他同学交谈'是他们最喜爱的教学活动，'3-5人一组'是他们偏爱的分组方式，'电视/录像/电影'是他们推崇的教辅工具。"（崔永华，2008：51）

3.1.1.1 小组活动方式在交互性语言教学中的作用

可以说，小组活动最重要的作用就是使交互性语言教学方式得以开展。"小组是一个有着复杂互动过程的动力系统，小组的功能都是通过互动实现的，互动需要个体掌握和恰当使用大量的社会技能。对于异质小组而言，因为学生彼此不同，相互之间的理解可能更少或更难，小组内的互动就更复杂，处理人际关系所要求的技能就更高。学生拥有的社会技能决定了互动质量，继而决定合作学习的效果。"（伍新春，管琳，2010：32）小组活动中是离不开交互性活动的。学习者之间形成的是积极的互赖而不是依赖，产生的是互相帮助而不是代替。收效是小组活动重要的考核指标，应该强化对小组活动收效的重视，否则小组活动易流于形式。

对于小组活动的优点和作用，不同的学者从不同的角度进行了总结。有学者提出，"彼得钦纳在其《教授成人的艺术》一书中指出：'分小组活动，最能1）激发个体知识和能力的发挥；2）打破僵局，激发整个班级进行对新课题的探讨；3）测量已学知识和经历；4）提出一系列问题；5）收集意见和想法；6）建立议事日程；7）对话题有效反馈；8）处理各种问题；9）确保个体时间充分利用，不受班级大小时间的限制'（转引自陶文好，2000：62)。"（朱晓申等，2007：244）对于小组活动在语言教学中的作用，有学者认为，"小组活动的优点包括：（1）特别有利于情感领域的教学目标的实现，如形成态度、培养鉴赏力，形成合作精神和良好的人际关系。（2）有助于提高学生组织和表达自己见解的能力，通过向其他同学解释要点和原理，学生还能强化自己的学习，提高学习效果。（3）在语言教学中，有利于给学生创造真实的交际环境，增加学生交流的机会，提高课堂开口率。"（崔永华，2008：128）还有学者提出，"当前的语言教学提倡集体授课、小组活动和个别化教学的结合运用，其中小组教学形式又得到特别的推崇和提倡。这主要是因为：（1）小组活动有利于提供更多的可理解输入。（2）小组活动可以为学生提供运用语言的机会，这有利于提高学习者语言表达的流利度，逐步提高会话质量。（3）小组活动尊重学习者的个性，能降低学习者的学习焦虑，增强他们学习外语的信心，满足他们的自尊，激发他们学习外语的动力。（4）小组活动有利于培养学生的合作意识和运用语言进行协作的能力。"（崔永华，2008：264）

在语言学习方面，小组活动最为有效的作用是能够促进学习者的目的语习得。"小组和结对练习便可以使更多的学生参与学习并大量增加他们运用语言的机会。国外的研究证明，小组活动比教师独自讲解与控制练习更有利于学生掌握语言。"（龚亚夫，罗少茜，2006：149）小组活动可以使学习者在与同组成员的合作和与他组成员的比较（实际上从另一个意义上说，也是另一种形式的合作）中，语言习得可以得到充分的发展。而且小组活动中学习者的学习比教师的大量讲解和灌输要更为有效。"在小组活动时，学生可以大量的使用各种不同的语言，比教师个人在讲台前要更丰富和多样化。而这样有助于语言的习得。"（龚亚夫，罗少茜，2006：149）关键是，学习者在小组活动中得到了更多的使用所学的目的语的机会，而使用是促进真正语言习得的最佳途径。

小组活动除了对学习者的语言习得有促进作用以外，还对他们的认知和情感的发展有重要的积极性作用。"分小组进行的学生协作式教学活动，不仅可以加强学习效率，还能增强学生的自信心、转变学生的学习态度、改善学生的人际关系。"（朱晓申等，2007：8）学习者之间的互助协作，还可以对其社会交往能力的发展等有所帮助。"朗（Long）把外语教学中小组学习的好处归纳为五点：（1）在小组学习中学习者使用目的语言的总量增加；（2）学习者使用的目的语质量提高；（3）个别指导的机会更多；（4）语言的环境更轻松；（5）学习积极性更高。"（魏永红，2004：168）可见，小组活动的方式还对学习者的学习有多方面的促进和帮助作用。

小组的高低搭配（异质分组，各展其长）使互助、互赖成为可能，而以弱生、差生为小组的代表，则形成小组压力，高低互助才能渡过难关，也才能真正发挥小组的作用。在小组活动中会不会出现"南郭先生"的情况？避免的办法之一就是让可能成为"南郭先生"的小组成员当小组的代表，有更多的机会参与活动，也给了他们更多的压力，使别的组员更便于监督他们。特别是在汉语学习中，"不同性别、地区、文化背景的学生会具有不同的经验，这些经验都是学生学习知识、理解生活的财富，没有孰优孰劣之分。这种观点就把传统教学对优等生和差生的分类标准粉碎了——无论学生学习成绩好坏，他们都是一座宝藏，都可以为其他人的学习提供多样化的观点，起到促进性的作用。"（伍新春，管琳，2010：32）小组活动可以使不同水平的学生由此有了平等参与的机会，否则中差生就没有机会、没有希望了。小组活动中评价视角和标准的改变，解放和激发了所有的学生，也是面向所有学生、肯定所有学生的评价方式。

"在小组活动过程中，学生有了更多交流的机会。这就是Swain所提出的'可理解的输出'，她认为这种可理解的输出对于语言的习得是非常重要的。小组活动中，教师密切注意完成任务的过程，及时给予学生必要的帮助，说出他们想说而说不出的语言，此时他们会得益最多而记得牢。"（龚亚夫，罗少茜，2006：190）小组活动中学习者之间的互动交流，必然要使学习者，也必然会有助于使学习者走向可理解性。

有学者对小组活动的积极作用进行了肯定，但是也提出了其不足之处。

"小组式互动能减少压力、营造自然气氛、增加学习动力，还能提供更多参与和意义商议的机会，对语言习得有积极影响；但过多的小组活动可能减少学生接触正确输入的机会。"（朱晓申等，2007：20）所以，我们也要清醒地认识到小组活动这种交互性教学方式的长处和不足，这样才能对其所长更好地发挥，对其不足之处带来的问题能够加以解决。

3.1.1.2 小组活动中出现的一些问题的解决

对于小组活动的一些不足之处，有学者很明确地指出："当然，小组活动也有其不足之处，如（1）小组活动中提供的语言输入不一定完全合乎语言规则；（2）学习者有时会使用自己的母语参加讨论；（3）小组讨论会加大控制课堂组织、进程的难度；（4）有些较独立的学生不喜爱小组活动。"（崔永华，2008：264）但是这些不足之处也都是可以设法解决的。

小组活动中最易于产生的问题是小组成员参与程度差异的问题，也就是"苦乐不均"的问题。对于小组活动中有的学习者不积极参与的问题，有学者指出了小组活动中"责任扩散"的原因，并且提出了解决责任扩散问题的措施。"经过大量研究，研究者推荐如下几个对付责任扩散的措施。（1）反复号召小组成员看到合作的好处、帮助小组获得成功的好处。（2）增加小组奖励的价值，对组员帮助小组成功的行为进行人际间的肯定。比如，成员相互祝贺，并表达本组的小组规范，强调努力与付出。（3）使积极互赖的结构清晰，这是阻止责任扩散最关键的因素。呈现清晰的互赖结构就是要根据每个人完成的工作量的总和来决定小组奖励，并让每个人都清楚这个奖励规则；基于每个成员独特的子任务，使每个成员的贡献都透明并可量化，每个人对小组的贡献都清晰可辨。"（伍新春，管琳，2010：103）实际上要解决"责任扩散"的问题，就要在赋予责任上下功夫。并且要均衡地使小组中的每个成员都要对小组的活动承担同等的责任（不是同等的操作）。上述引文中提出了一些很好的建议，但方法好仅是一端，在教学过程中好方法的正确、合理使用也是非常重要的。

对于学习者参与度低的问题要分清两种情况：一是羞于或害怕在小组活动中用外语进行发言，"由于种种原因，许多学生不愿意在小组活动时发言，往往采取漠视的态度。他们也许是生性羞怯，害怕出差错，不愿意暴露自己的错误；或者认为在组里还有许多同学比自己的英语好，而不愿意首先表达自己的观点"（龚亚夫，罗少茜，2006：234）；二是不积极参与小组活动，有消极或抵触的态度。

对于第一种情况的学习者，可以通过教师和同组成员的鼓励和帮助逐步促使他们积极发言，尤其是同组成员的作用更为重要和有效，其实小组活动的交互性教学方式在帮助解决具有这样个性特点的学习者发言问题上具有明显的优势。

对于不积极完成小组活动任务的学习者，也有许多措施可以采用来解决问题。有学者建议，"当有组员无所事事、不完成自己的学习任务时，其他组员要先督促他学习，或者询问他为什么不学习，而不是马上告诉他答案或向他解释那道题该怎么做。组员要让这些个体明白，该自己完成的任务就一定要自己完成，不可能通过拖延、耍小脾气等方式蒙混过关或让别人来替自己完成；其他组员的帮助，也只有在个体已经付出一定努力的基础上才会给予。"（伍新春，管琳，2010：318）可以看出，这里提倡的是用积极的方法解决同组成员消极的问题。

小组活动本身给学习者之间提供了互相帮助的机会，但是也容易产生有组员过多依赖他人的问题，解决这样的问题要依靠发展小组成员积极互相依赖的责任感和行为。"只有当小组以一种特定的相倚性强化他们的努力行为时，学生才会投入更多精力学习；只有当组内存在一种与他们的促进性互动行为相倚的强化手段，他们才会表现出更多相互帮助和鼓励的行为。"（伍新春，管琳，2010：40）教师可以通过许多办法强化学习者之间的互相依赖。其中，对奖励的合理运用就是解决小组活动中个人参与度不足问题的一种良方。"只有既考虑每个人的表现又考虑小组的整体水平的奖励方法，才能让大家认识到最重要的是整个小组的合作与互动；只有小组成功了，个人才能成功（Slavin，1990）。"（伍新春，管琳，2010：40）奖励的运用的确是一种积极引导学习者的措施，但是对奖励的运用要适当，而且要注意不要偏离了其目的和使命，使学习者注意不要"为奖励而行动"，而且要以学习的成功为目的，这样才能发挥奖励促进学习者参与的作用。

另外，加强对小组成员的监督和督促，虽然看似有些消极，但也是必然要有的重要措施。有学者建议在小组中要设置观察员。"给每个小组分配一名观察员负责监控，不仅可以让每个小组都留下充分的数据以进行有针对性的、充分的反思，观察员还可以随时对组员做得好或不好的行为进行反馈，使好的行为得到强化。学生担任观察员还可以提高学生的角色意识，特别是观察员的角色意识……这是个体的自主性和责任感在发挥作用。"（伍新春，管琳，2010：281）观察员要发挥好作用的前提是要公平、公正，对此可以采取很多措施，如任命独立的观察员，或从其他组调入观察员，监控结果应该公开，也便于对观察员的工作绩效监督，小组成员对于观察员的评价结论如果有异议，可以向教师申诉。

有学者还提出了小组中设置监督员的建议。"监督员的角色很重要，他可以监控谁独占了发言机会和谁一直没有参与活动，然后要求一部分人把发言机会让给别人，邀请和鼓励另一部分人发表自己的观点。"（伍新春，管琳，2010：322）实际上，这个"监督员"起着小组管理者的作用，可以由小组的组长兼任，当然，由于小组组长还要负责小组中其他的管理责任，如工作分工、任务分配、进度监督等任务，也可以选举/任命小组中专职的监督员。

还可以采取考核方式来督促学习者参加小组活动，如小组作业分部分由小组成员个人完成，以加强个人的努力，以及每个组员对小组的贡献。但个人完成的作业最后是要归入小组各成员完成的各个部分所组成的整个作业之中去，以起到激励和督促的作用，因为一个人的不努力会影响同组成员大家的作业完成。

3.1.1.3 小组活动中教师作用的发挥

在这个部分的论述实际上是要减低教师的作用在小组活动中的发挥，这看似与题目表明的内容相反，而实际上这正是小组活动的真谛所在，减低了教师的作用，才能充分发挥学习者的作用。

"按照Willis（1996：54）的建议，教师在小组活动时不宜干涉过多，要有'自我控制'（self-control）和'勇气'（courage）让学生独立自主完成任务。她建议教师不要急于纠正发音或建议学生如何做。只有在有的小组确实需要帮助时，才提供必要的帮助。教师的任务是确保每个小组都明确任务的目标，确保所有的学生都参与以及语言交流的顺利进行。最为重要的是，教师需要根据自己以及学生的实际情况给予学生必要的指导。"（龚亚夫，罗少茜，2006：239）我们提出减低教师的作用，只是要减低教师的过多干涉和包办，并不是要完全消除教师的作用。教师的发挥作用要更强调其时机和必要性，教师作用的发挥是要以确保学生作用的发挥为前提，并且要通过学生来发挥其作用，这才是教师真正发挥了作用。

具体到语言教学中，"做小组任务时，教师应更关注学生想要表达的意思和想法、语言的运用及学生之间为了完成任务而进行的交流活动，而不是过多地纠正学生的语言错误，以至于使他们有挫折感而影响完成任务的积极性。"（龚亚夫，罗少茜，2006：166）教师要从主要纠正学习者的错误的目标意识上转移到帮助学习者完成任务上来，这实际上也是语言教学从关注准确性转移到关注交际流畅的一种表现，表面上似乎只是一种简单的转移，实际上是教师作用的全盘改变，也唯此才能真正实现此时纠正偏误的目标，即最为有效地帮助学习者的语言习得。

在语言学习的小组活动中，是可以兼顾到言语交际的流利性和语言表达的准确性的。有学者提出，在小组活动的不同阶段学习者可以关注语言表达的流利性和准确性的不同方面。"当学生在小组活动时，他们也许更多地注意交流的结果，而没有充分注意语言的形式与准确。而在再做任务时，比如向全班汇报自己小组的任务结果时，他们的注意力可以更多地投向准确性和复杂度。"（龚亚夫，罗少茜，2006：242）教师要在小组活动的不同阶段，注意通过不断提醒，引导和培养学习者关注语言表达的不同侧面，使其语言能力得到全面的发展。

教师要有耐心进行等待，这实际上是在有意识地给予学习者解决问题的时间和机会。"作为促进者，教师要给小组及其成员多一点儿时间适应、尝试和改正。如果小组因为不熟悉社会性互动而发生了冲突，教师应允许他们自己尝试解决问题；如果努力后仍不能解决，教师可以参与到小组中，与组员一起寻找解决问题的办法。学生是富有创造性的，也许成人觉得有的想法很荒谬，但学生之间可以相互理解和支持。如果有些观点确实是错的，那也尽量让学生通过小组讨论和尝试去发现、去判别，这对学生来说是一个提高的机会，教师只需从旁协助。"（伍新春，管琳，2010：226）尽量让学习者自己来解决问题，实际上也是教师纠错方式的另一种改变。培养学生自我纠错的能力，也会使他们感觉到更安全，而且他们所得到的印象更深，自我纠错的效果则会更好。

教师在帮助学习者小组活动的过程中，实际上是要转变角色，要变为一个起辅助作用的"帮助者"的角色。但是作为"帮助者"教师的责任并没有减轻，其所能发挥的作用也是多方面的。"具体地说，在旁的指导者需要留意合作学习中的如下几个环节：（1）帮助小组澄清自己的学习目标；（2）帮助小组锁定和挑选学习资源，以及从收集到的资料中提炼信息；（3）帮助小组发现合作中存在的人际交往、小组组织问题，并协助解决；（4）协助学生评价小组的学习情况；（5）协助学生反思和评价小组的合作情况。"（伍新春，管琳，2010：230）可以看出，教师是在小组活动的各个环节都有着帮助学习者开展活动的责任和作用，他们是使小组活动能够顺利展开的重要责任人。

我们可以认为小组活动中出现的问题不是由教师解决，而是由学生解决，教师只能帮助他们来自己解决问题。

3.1.2 合作学习中的交互性教学方式

对于合作学习的定义尽管容易理解，但是还是有必要明了一下。"合作学习的主要代表人物之一，美国约翰·霍普金斯大学的斯莱文教授认为：'合作学习是指使学生在小组中从事学习活动，并依据他们整个小组的成绩获取奖励或认可的课堂教学技术。'（Slavin，1980）"（刘玉静，高艳，2001：4）这个定义强调的是课堂教学中的合作学习，但是合作学习是可以把课堂教学与课外学习联通起来的。

合作学习强调学习者之间的合作实际上还代表着先进的学习和教学的理念，因为它贯彻的也同样是"以学习者为中心"的教育理念。作为一种当今流行的课堂教学组织形式，合作学习强调与同伴互动的特性也可以认为是符合交互性教学方式的理念的。"在当今世界外语教学课堂上，时兴通过与同伴的互动来建立学习共同体意识，贯彻'与同伴合作'的学习理念。合作学习是当今世界广泛使用的一种有创意和实效的课堂教学组织形式（Baloche，2006），目前在汉语教学课堂上还使用甚少。"（赵金铭，2008：96）实际上在汉语教学中成绩不是第一位的，学生无需排名或选优，他们更关注的是语言能力的成长，只要是对他们的语言能力的提升有益的他们都愿意接受。令人遗憾的是，作为一种先进教育理念体现的合作学习没有在汉语教学领域中广泛地得到应用，所以本书要来呼吁关注合作学习在汉语教学中的作用，基于本书对交互性教学方式的关注，合作学习自然要进入作者的视野。

合作学习与前文所述的小组活动有着密切的联系。"合作学习尤指课堂教学中的小组合作学习，就是在传统的课堂教学中，借助小组的基本形式，通过小组同伴的沟通与交流，以小组目标达成标准，以小组总体成绩为评价、奖励依据的教学策略。"（丁仁仑，2010：32）小组活动可以看作是合作学习的一种具体的开展方法，但是合作学习又不能包括和涵盖小组活动的所有方面，在小组活动中还可以强化竞争的因素，所以，我们可以认为，小组活动和合作学习在有着密切联系的同时，强调的侧重点和涵盖的方面有所不同。

合作学习是一种适应社会发展和时代特点的学习方式。在知识爆炸的时代，知识是各种各样、五花八门的，不仅是对知识的获取，而且对知识的选择就显得非常重要了。知识有可能是过时的、不正确的，尤为重要的是，可能对解决特定的问题无效。所以对知识的选择通过与他人的协商可以破除单个人的局限性，而达到选择的正确，因为小组同伴可以集思广益，达到互相补充和修正的作用。这需要通过小组互动达到目标、达成共识。"合作学习也鼓励学生共同讨论，因为它也相信有的知识是通过某种讨论或协商的途径获得的。这种观点和社会建构观相吻合，即知识是通过互动达成的共识。"（伍新春，管琳，2010：200）对知识和知识获得的途径及方法的看法的变化凸显出合作学习在当代的重要性。

3.1.2.1 合作学习的成功实施

合作学习从观念上与交互性教学方式的教学理念就是非常契合的。"在合作教学的诸多理念中，最引人注目的当属互动观。由于合作教学视教学动态因素之间的互动为促进学生学习的主要途径，因而这种互动观无论在内容上还是在形式上都与传统的教学观有所不同，它已不再局限于师生之间的互动，而是将教学互动进一步推展为教师与教师、学生与学生之间的互动。"（王坦，2007：84-5）合作学习对互动的广泛的认知，拓展了交互性教学方式的内涵，把交互从传统的师生之间，扩展到了师师之间和生生之间，丰富了交互的内容，可以促进教学的发展。

有学者总结了实施合作学习的关键因素，"要成功实施合作学习必须把握五大关键因素：积极互赖（Positive Interdependence）；人人尽责（Individual and Group Accountability）；同时互动（Simultaneous Interaction）；人际技能与小组技能（Interpersonal and Small Group Skills）；小组自治（Group Processing）（马兰：2005）。"（丁仁仑，2010：32）这些因素是合作学习中不可或缺的，只有牢牢把握住这些关键的因素才能开展好合作学习。

在合作学习实施的过程中，要注意做到以下几个方面才能够使合作学习顺利及有成效地开展。"合作活动要比竞争、个体化更加富有成效，必须要满足以下几个条件：（1）明确的积极互赖；（2）相当程度的促进性相互作用；（3）明确的个人责任和达成小组目标过程中的个人责任；（4）有关人际和小组技巧的经营运用；（5）对小组表现进行经常的、常规的反思，以提高小组的有效性。"（伍新春，管琳，2010：167）可以看出，合作学习涉及了教学的全过程，涉及的方面是比较广的，不是简单的一个词"合作"而已，做到这些方面是使合作学习能够完成的保障。

合作行为本身就是一种实践，所以合作学习是实践性很强的一种学习方式。语言学习中实践的意义显得尤为重要。"合作学习对培养学习者语言交际能力更具特殊意义。合作必有交流沟通和意义协商，必有真实意义的交际产生。因此，合作本身也为语言实践创造了机会。"（魏永红，2004：145）课堂里也是可以完成语言实践的，而且真正有效的语言学习也必须是实践性的。

在合作学习中，学习者面对面的互动必然会产生差异性观点之间的交流。"合作学习强调组员面对面互动，使不同个体的不同观点进行交锋的机会增加，使得组员在交流的过程中容易体验到认知冲突，使个体感到不平衡。这个时候，教师的点拨和指导、组员的帮助和解释、学生自己的努力探索，都可能帮助学生重新理解原有的和新获得的知识，使知识重组，达到新的平衡。"（伍新春，管琳，2010：54）在这种不同看法的交流当中，学习者得以真正地感觉到自己的认知差距，从而能够进行的真正有效的吸收，也使学习者形成学习的动机和努力的目标。教师在这个过程中，不是无所作为的，而是可以帮助学习者达到他们的学习目标。

3.1.2.2 合作学习与交互性语言教学方式的关系

在合作学习中的交互性教学方式有着丰富的形式，可以是多种多样的。"合作学习促进学习过程中的多方位交互，是整合课堂教学与课外学习，培养学生英语交际能力的方法与策略。学生在课堂上可以通过双人合作学习查找阅读段落中的核心句、生词和难句，或者开展以掌握会话策略为目标的单项角色扮演（Rivers，2000：4）；通过小组（4至5人学习活动）开展基于主题任务的信息收集、讨论辩论、阅读资料评析、写作草稿互评、互改等；通过大组学习活动（多为全班性的口头表述活动）进行小组学习结果汇报与交流。"（朱晓申等，2007：114）引文里提出了"多方位交互"的概念，并且把课堂教学和课外学习连接了起来，虽然研究的是英语教学，但是对于与之相似的汉语教学也有着很大的启示作用。

互动成为合作学习的典型的、显著的特征。以合作学习中的一种活动方式"小组调查法"为例，就可以说明这一点。"探究的团队为学习提供了社会性的情境。接触、交谈、相互协助和支持成为GI（Group Investigation）的主要部分。在讨论探究计划、检查信息资源以及交换意见、讨论如何总结和整合所发现结果、计划如何进行呈现等各个阶段，学生都有大量互动的机会。互动成了GI的本质特征之一。"（伍新春，管琳，2010：152）小组调查法基于的是由学习者自己进行知识建构的新型教育理念。"小组调查法则更倾向于认为知识是建构的，这种方法并不认为某个同学在某个问题上比其他人更高明，大家都是在收集资料、理解资料的过程中达到了对知识的理解，而且各自的理解是在整个小组的共同讨论中得到统一、变成大家公认的知识，这充分体现出'知识是群体协商、讨论所达成的共识'这一建构观。"（伍新春，管琳，2010：201）可以看出，"小组调查法"这种方式不强调考试，不强化竞争，而是更强调学生的收获，更强化学生们的建构。这里体现的是"教育不是筛选优秀生，而是让每个学生都能得到发展"的新型教育理念。

有学者认为合作学习中学习者之间的积极互赖，可以促进他们的互动和交流。"合作学习要求学生进行面对面的互动，由此促进彼此学业成绩的提升。从本质上讲，积极互赖本身并没有什么神奇的魔力，是由于积极互赖所激发的学生之间的互动和言语交流，才使教育的结果发生某种变化。"（刘玉静，高艳，2001：16）新型的学习观重视打破单一的学习途径，不仅可以从教师那里学习（这有些类似于传统的学徒式学习），而且可以从多方面的途径进行学习。"在教学过程方面，合作教学强调教学各动态因素之间多维互动的统一。"（王坦，2007：84）可见，在课堂教学和学习者学习的所有方面，交互都是可以多维度地展开的。

合作学习尤其注重开展学习者之间的交互性活动。"合作学习把生生互动提到了前所未有的地位，并作为整个教学过程中一种十分重要的互动方式加以科学研究利用。在合作学习的主体活动阶段——小组活动中——学生与学生之间的互动占有主导地位。另外在测验和反馈补救阶段，生生互动也占有相当重要的地位。"（刘玉静，高艳，2001：123）可以认为，合作学习在学生学习的各个方面都可以发挥重要的作用。而且我们要注意，"合作教学认为教学中的各种互动方式都有其存在的价值，都是与特定的教学目标和活动阶段相联系的，并不存在一种万能的互动方式。师生双向互动也不例外。每一种互动方式都有其优点和不足，只有根据教学任务和需要恰当选择，合理结合，形成动态因素互动的立体交流网络，才能获得教学互动的最佳效果。"（王坦，2007：86）可以认为，合作学习中的交互是可以形成"立体交流"的态势的。

有学者提出应当将教学过程中的交互性活动视为一种由多种交互性教学活动组合在一起的复合型活动。"我们认为，将教学这一复杂现象仅仅当作师生之间的双边活动来认识，实在是过于简单化了，不能真正反映教学的本质，自然也就不能实现教学的科学化和最优化。实际上，教学不仅仅是教师与学生之间双边互动的过程，还涉及诸如生生互动、师生互动、师师互动等多种互动过程，它是多种互动过程的统一体，是一种复合活动。"（王坦，2007：86）这种看法可以帮助我们深化和拓展对交互性教学方式的理解。

3.1.2.3　合作学习的作用

（1）合作学习为课堂里的互动提供了良好的条件

合作学习可以给课堂教学带来课堂环境的良好氛围，有助于建立课堂里良好的人际关系，从而有助于语言教学的顺利开展。"在合作学习中，师生对安全、信任、自由、平等的需要更为强烈。因为合作以互动作为促进学习的工具，互动包含了人的心理和身体上的密切接触，产生了大量的情感交流和智力碰撞。互动既可以让师生的社会性需要得到满足，从中感受到愉悦和相互喜欢，也可能引起矛盾和冲突。所以，教师对人际、学习氛围的营造至关重要。爱的氛围是培育学生积极的学习态度、勤奋的学习行为、健全的人格和高尚的情操的基础条件。"（伍新春，管琳，2010：224）可以说良好的人际关系是课堂教学顺利开展的重要的前提条件。在传统的课堂教学中教师常常对学生形成压迫性的关系，对学生加之以带有很大压力的监管、监控，使学校几乎变成了监狱，学生似乎变成了囚犯。合作学习就是为了要改变学校的这种状况、改变学生之间和师生之间的关系。

合作学习可以促成"高交互性"的互动，这是其优势所在。"在这种生生合作学习结构中，学生间彼此平等，资料共享，联合完成任务，互动结构是高交互性的。双方互动的需求、主动性更强烈，互动主体都渴望共同参与学习或其他活动，在平等的基础上彼此都有一种不可缺少的体验。互动主体更强调相互依存中的合作，自觉成分占优势。"（王坦，2007：117）合作学习还可以促使学习者自觉地进行交互性的学习，这一作用也不容忽视，而且应当更好地发挥出来。

（2）合作学习可以更好地发挥学习者的主动性

合作学习可以发挥学习者的主动性，把学习者从被动的接受者变为主动的探寻者。在探寻中的合作，可以保证探索的有效和方向的正确。"正是通过互动，学生们相互鼓励，对彼此的想法有越来越深入和精细的考虑，帮助大家更关注任务，甚至思考和处理其他人提出的相反意见。学生通过认知的和社会性的互动，重新组织自己的知识，以解释小组在探究过程中发现的新知识。同时，互动的有效性需要基本的人际与小组工作技能、认知与元认知技能来保障，所以 GI❶强调研究技能和人际技能，并强调合作之后的反思。"（伍新春，管琳，2010：152）

合作学习打破了传统的精英式教育、应试教育中分级分层的等级制教育体制。在合作学习中，重要的不是学得好，而是做得好。"学"这里指知识的学习，"做"却并非简单地仅仅指做练习题。

合作学习可以很好地树立学习者的责任感，发扬学习者的积极性，促使合作学习中每一个学习者都对共同的学习做出自己的贡献，通过各自的能力完成共同的学习任务。"在合作学习的情境中，积极互赖指的就是学生们要认识到他们不仅要为自己的学习负责，而且还要为其所在的小组的其他同伴的学习负责。用约翰逊等人的话来讲，'积极互赖存在于当学生们认识到他们是以这样一种方式与小组组员联系在一起的时候，即除非他们的组员取得成功，否则他们自己就不能获得成功（反之亦然），他们必须将自己的努力同其他组员的努力协调起来以完成某个任务。'（Johnson，Johnson & Smith，1991）"（刘玉静，高艳，2001：14）合作学习能解决学生不愿意学，跟不上的问题。

学习者在有指导的情况下的产出，目标的作用非常重要，具有引导统合的作用，可以使小组活动、合作学习有了方向。以合作促学，以朋友、同学情谊促学，超越了个体责任，是对他人负责，有助于形成责任感，使不爱学者自己不好意思，有压力。

（3）合作学习可以促进学习者学习动机的发展

有学者认为学习动机的激发，在交互性的学习活动中能够更为有效。"约翰逊等人认为，学习动机是借助于人际交往过程产生的，其本质体现了一种人际相互作用建立起的积极的彼此依赖关系。激发动机的最有效手段就是在课堂教学中建立起一种'利益共同体'的关系。这种共同体可通过共同的学习目标、学习任务分工、学习资源共享、角色分配与扮演、团体奖励和认可来建立。小组成员之间形成'休戚与共''荣辱与共''人人为我，我为

---

❶ GI是合作学习中的一种活动方式"小组调查法"（Group Investigation）的首字母缩写。

人人'的关系是动机激发的一个重要标志。"（刘玉静，高艳，2001：42-3）"利益共同体"的建立，有助于共同体中的每一个学习者都感到自己肩负的责任，感到自己的努力是责无旁贷的。虽然努力的动机似乎是由外部施加的，但是这种外部施加是在学习者的内部产生影响和促进作用以后形成了内部的动机，外部的施加只是起到一种激发的作用。

虽然在合作学习之中有成功引导的因素，但是因为成绩在合作学习之中是以成员共同的努力来衡量的，所以共同的对学习成绩的关注可以促进学习者之间的关心和互助。"与动机论有些联系的另一种观点认为，合作学习对于学习成绩的影响在很大程度上是以社会凝聚力（cohesiveness）为媒介的。这种观点认为，学生们在学习上互相帮助是因为他们相互关心并希望彼此都获得成功。这种观点与动机观的相近之处就是它强调从动机而不是从认知上解释合作学习的教学效果。"（刘玉静，高艳，2001：43）合作学习的教学成果是在学习者获得了充分的学习动机以后的自然结果，不是教师强加所能达致的。

（4）合作学习对促进学习者全面发展有着不容忽视的良好作用

合作学习并不淹没学习者个人在学习过程中的作用，反而能够更好地促进学习者个性的发展。"学生在学习合作的同时，不可避免地要展示个性。个人要合乎逻辑地思考问题并表达与他人不同的意见，从而合理地表现出与众不同的个性特征。这一过程有时被称为个性化，即个体不断地意识到自己在所处的社会体中的不同特点和个人贡献。"（严明主编，2009：80）这样反而可以更有效地展示、发扬和培育学习者的个性。合作学习实际上是给学习者展示和发展自己的个性提供了机会和场域。

合作学习在提供交流和展示机会方面，具有自己的无比的优势。"学习者是通过语言来理解观念的。小组中的谈话是学习的重要工具，因为它给学生提供机会来进行探讨、澄清、详述和内化观念。库埃豪提出了小型非判断性论坛（small non-judgmental forum）的倡议，提倡学生们出声地进行思考，进行无拘无束的交流。"（刘玉静，高艳，2001：13）"非判断"反而能使交流量增加，因为交流的内容未被框定，而是更为丰富了。在合作的过程中，学习者之间的交流是实质性的、是没有压力和过多约束的，所以可以达到更好的效果。

（5）合作学习可以增进学习者之间的互助

我国过去乃至现在的教学观念都是强调竞争的重要性超过了强调合作，而过分强调竞争的弊病也是很明显的，需要转变这样的教学观念。"由于多年来我们的教育取向是竞争而不是合作，这种教育的惯性很强，如何把合作的观念引入我国教育教学系统的运行机制之中，使之与竞争机制统合起来发挥作用，是一个值得我们在较长时期内进行探讨的新课题。国外近些年所进行的合作学习研究与实验是对上述问题的一种积极反应，值得我们借鉴和学习。"（王坦等，2004：190）合作学习在转变强调竞争的教学观念方面，可以起到一定的作用。"合作学习把合作的观念引入了教学系统，符合时代的要求。它抓住了提高学校教育教学效能，全面提高人的素质的重大课题。合作学习的倡导者之所以把合作的观念引入教学系统，除了因为合作学习在提高学业成绩、形成学生对学科的积极态度、发展批判性思维能力等方面有着积极的作用之外，他们更多考虑的是，如何使我们的下一代能够将其所学应用于合作的情境之中，而不仅仅停留在掌握知识和技能的水平上，最终改变传统教学片面强调竞争的格局。"（王坦等，2004：189）从长远的角度考虑，从全面培养学习者的角度考虑，培育合作能力的重要性远远超过竞争能力。

在合作学习中各种学习能力和学习成绩水平的学习者都可以"各得其所"，都可以发挥其作用，得到发展。"有许多教育者担心，在合作学习中，学习成绩好的学生会因帮助他人而影响自己的进步。这种担心是多余的，在理论上和实践中都找不到证据。相反，国内外大量的研究表明，在合作、竞争和个人学习这三种情境中，学业成绩好的学生在异质合作学习小组中的表现比在其他两种情境中都要好得多。学习成绩好的学生从合作学习中受益匪浅是显而易见的。在保持率测验中，在异质合作学习小组中的学习好的学生，其得分比竞争和个人学习情境中学习成绩好的学生要高。"（王坦等，2004：181）由此可见，合作学习可以解决课堂教学中学习者水平参差不齐的问题，解决水平高的学习者"吃不饱"、水平低的学习者"吃不了"的"老大难"问题，因为这些问题都是由班级制教学中统一的教学进度和内容所带来的。

有学者强调合作中的交互可以使学习者产生一种"合力"。"生生间处于平等的地位。随着互动需求的加深，互动的交互性不断增强，在分工完成任务的过程中，互动主体将最终达成彼此的共识和一致。值得注意的是，随着互动主体对互动理解的深入，他们对于互动内涵的需求会越来越丰富，将不再仅仅局限于一般性学习活动，而且渗透到更高、更深层面的情感和心理互动中。这种生生合作学习强调一种内在的配合与认同，互动主体彼此吸引，努力走进对方的内心世界，使互动达到一种更高的境界。这样的互动产生的'合力'会对学生产生特别重要的影响。"（王坦，2007：118）"合力"可以起到的作用和达到的良好效果显然远远超过学习者个体的"单打独斗"。

学习者之间的互助之所以重要，还因为这样做可以更有效地帮助学习者进行自我调节。"在教师与学生的互动中，当教师主动承担协作任务的较大部分，又不愿将责任逐渐传递给学习者时，对话过程就会产生更多的他人调节并减少自我调节。而这种他人调节可能变成过度调节（见Schinke-Liano，1994）。它会阻碍学习者的进步和向自我调节阶段的过渡，而自我调节对于高级认知功能十分重要。"（李丹丽，2012：583）学习者通过自我调节，可以达到更好的学习效果。

合作学习还可以促进学习者社会能力的发展，"约翰逊等人认为，课堂上面对面的促进性互动可以产生许多教育效果。第一，一些重要的认知活动和人际动力只有在学生们彼此解释他们是如何得出问题的结论时才会产生……第二，面对面的促进性互动能产生多种社会影响与规范。通过互动，学生之间的相互帮助出现了，学生们对同伴承担一定的责任，从而影响彼此的推理与结论等。第三，其他小组成员语言与非语言的反应可以对学生彼此的学习表现提供重要的反馈。第四，为同伴敦促缺乏学习动机的学生进行学习提供了机会。第五，在相互作用的过程中，学生们彼此获得了解并建立一定的人际关系。"（刘玉静，高艳，2001：16）除了对学习者智力因素的发展有所帮助以外，合作学习还可以帮助学习者发展社会技能。

（6）合作学习还可以有助于课堂互动理论的发展

合作学习还具有理论上的贡献，可以扩展对课堂互动的认识。"合作学习的倡导者认为，以往的课堂互动理论，只限于教师与学生群体之间的彼此影响，否认了学生同伴之间的相互影响。即使承认有这种影响力，也常常把它看做是带有消极作用的破坏力量。这种把教与学的过程只看成是成人—儿童的双边活动，实在是过于简单化了。实际上，教师在课堂上的一切行为，几乎都发生在同伴群体相互作用的情境之中。"（王坦等，2004：192）学习者同伴群体能够发挥教师的传统作用，既然这样，有学习者自己能够完成的功效就无需教师"越俎代庖"了，教师可以有另外的发挥作用的天地。

有学者提出，合作式的教学方式可以更好地开发和利用教学中的"人力资源"，这种"资源"过去主要着眼于教师一端，实际上更为丰富的是学习者的资源。"国内外大量实证研究证明，合作教学的互动观着眼于教学中人力资源的开发与利用，体现了传统教学互动观所无法比拟的优越性，把现代教学互动理论的研究推向了一个新的水平，对我们科学认识教学、改进教学和提高教学效率有着许多重要的启示。"（王坦，2007：85）以往的教学方式，把学习者这一数量远较教师庞大的资源忽视和浪费了，这也与把学习者仅只是看作无知的被灌输的"容器"有关。

合作学习理论研究对交互性的认识也在不断发展，最近提出了"多边互动观"。"综观合作学习的理论与实践，我们不难发现，他们所倡导的相互作用观是一种多边互动观。它倡导教师与学生，学生与学生，教师与教师进行多边的相互作用，由此推动教学的发展。最近，斯莱文先生在《教育中的合作革命》一文中呼吁：'应该把合作学习的基本原则纳入整个学校系统的运行轨道中，其中包括学生与学生、教师与教师、教师与学生、教师与学校行政人员，学校与家庭和社区、一般教育与特殊教育全面合作。……合作革命的前景十分诱人，学校将会成为更人道、更愉快的工作与学习场所。'"（王坦等，2004：192）可以看出，"多边互动观"倡导的是教学中多方面教学因素的全面的、多方位的合作，这实际上也为交互性教学方式全面的、多方位的开展展示出了美好的前景。

3.1.3　自主学习中的交互性教学方式

3.1.3.1　自主学习的界定和特点

（1）对自主学习的界定

对于自主学习已经形成了大家公认和共同接受的定义。"Holec（1981：

3) 对自主学习的定义被广泛认可并常常被引用，他把自主学习定义为'能负责自己学习的能力（the ability to take charge of one's own learning）'，并进一步解释所谓负责自己的学习实际上就是指承担以下责任：确定学习目标、确定内容和进度、选择学习方法和技巧、监控学习过程以及对学习进行评估。"（徐锦芬，2007：8）自主学习强调的是学习者自己对自己的学习负责任，也就是自己要完成学习中的许多活动，要自己做出决定。

有学者还在自主学习的内部进行了进一步的划分。"Littlewood 把自主学习分为积极主动性自主学习（proactive autonomy）和反应性自主学习（reactive autonomy）（Littlewood，1999：75）。这一划分为广大研究者所引用。前者肯定个性，确立学习者创造性学习的方向；后者指学习者为了达到目标能够自动组织相应资源。"（肖武云，2011：38）两种自主学习只有在某一方面程度上的差别，没有本质上的不同。

自主学习并不是由学习者孤立地进行的，自主与孤立是有所不同的。自主学习实际上是有指导、有交流的学习，与"独学无友"是完全不同的。自主学习与强调在学习的过程中学生的重要性的潮流，也就是"以学习者为中心"的潮流是一致的。

（2）对自主学习者的界定

有学者对自主学习者给出了定义："自主学习者被定义为'元认知方面、动机方面和行动方面积极的参与者'（Zimmerman，1989：4）。他们自我计划、自我组织、自我设立目标和自我监控他们自己的表现，他们的动机自我发动、自我反应和展示持久性，他们行为上安排或创造容易集中注意力的环境和获得必要资源的环境。"（肖武云，2011：45）可以看出，能够进行自主学习的学习者是要比较成熟的、是要有一定的学习经验和能力的。

成功的自主学习者应该具有这样的特质："Wenden（1991）认为，'实际上，那些成功的、具有专门知识和技能的、有才智的学习者已经学会了怎样学习，他们已经获取了学习策略和有关学习的知识和技能；他们也具备了有信心、灵活地、恰当地、独立于老师之外地运用这些知识和技能的态度。所以称他们是自主的。'"（肖武云，2011：43）自主学习者要带有一定的独立开展学习的能力特质，才能称得上或真正能够实现自主性的成功。"一个自主的学习者应该能决定学习什么，怎样学，以及何时学。只有这样，学习者才能对自己的学习产生责任感。而产生了责任感，有了学习的内在动机，学生在课堂上的学习行为才是真实和有效的。"（龚亚夫，罗少茜，2006：29）自主学习可以使学习者有了自己的决定权，还可以使学习者在许多方面所获甚多。

（3）自主学习的特点

对于自主学习的特点，也有学者进行了归纳总结。"Zimmerman对自主学习的定义做了系统的总结，归纳出它们所共有的三个特点：强调元认知、动机和行为等方面的自我调节策略的应用；强调自主学习是一种定向的反馈循环过程，认为自主学习者能监控自己的学习方法或策略的效果，并根据这些反馈调整自己的学习方法或策略，反复调整自己的学习活动；强调自主学习者知道何时、如何使用某种特定的学习策略，或者合适的反应（Zimmerman，1989，2000）。"（肖武云，2011：38）自主学习过程中的学习者要掌握三种自主学习的策略：自我调节、自我监控和正确运用。

自主学习的核心是自主性的特点。"McGarry（1995）精确地总结了自主性的精髓：受到鼓励要对自己学习负责的学生，通过对学什么、怎样学和什么时候学的训练，更有可能设定实际的目标，对学习作出计划，培养在新的情况下处理问题的策略，然后去评价自己的学习。"（肖武云，2011：45）对自主性的贯彻落实，要体现在学习活动的各个环节之中。

自主学习中的学习者不仅要自己做到自主，实际上还要尊重他人的自主。"Kohonen（2002）认为，做一个自主的人意味着要尊重自己作为人的尊严，同时有礼貌地对待别人，评价他人。"（徐锦芬，2007：47）只有学习者都能够做到自主，并且真正尊重他人的自主，自主学习也才能够顺利地实现。

我们可以认为，自主是学习的根本特性，学必然是自主的，被动的学习实际上只是"受教育"，而不是真正的学习。

3.1.3.2　自主学习中交互性语言教学方式的特点

自主学习本身就带有交互的特性。"自主是一个与自身、教师、学习任务和教学环境不断交互的复杂的过程。"（徐锦芬，2007：14）

对于发展学习者的交际语言得体性，尽管有很多学者提倡，但是在交互性的语言教学中才能够得到有效的落实。"在 Littlewood（2000：43-4）看来，功能性交际（functional communication）与社会交互（social interaction）之间的区别不过是侧重点的不同，在社会交互中，学习者可以主动地追求语言的得体性，包括社会接受性与功能有效性。"（朱晓申等，2007：13）交互性的语言教学可以为充分激发学习者的主动性，提供良好的机会和空间。

自主学习要与同其他人的协作和交流结合起来。"自主学习并不是个人独自学习，开展小组和班级的协作学习和各种交流活动，可以使学习者更充分地了解自己的情感，认识自己的价值，看到他人的长处和获得更广泛的信息来源，从而以更积极的态度面对生活。对自己和对他人的乐观认识能够激励学习者取得更大的成就。"（徐锦芬，2007：148）与同伴的交流和协作有助于学习者自己更好地进行自主学习。

学习者的自主性学习与合作学习中的交互性活动是密切相关的。"在合作学习小组中学习者们通过讨论协商共同作出决定是 Kohonen 的自主发展'经验'（experiential）模式的一个主要特征。Little（1991：210）也认为，合作对于把自主作为一种心理能力来培养是相当重要的。他认为'反思和分析能力的发展是学习者自主发展的核心，依赖于完全并批判性地参与到社会交往这种能力的内化'。"（徐锦芬，2007：7）合作并不意味着"他主"应当说是"共主"。这种"共主"是以学习者个体自主为前提的，是群体内部的自主。有自主才能形成和称之为合作，合作就是在不同的自主个体之间发生的。如果学习者不能形成学习的自主，在合作中必然会依赖他人，实际上就形不成合作了。"按照约定俗成的概念，合作学习实际上是一种集体的自主学习。小组成员在一起交流、协商、合作、共同解决问题，不仅培养了合作精神和团体意识，还提高了学习效率。"（肖惜，2010：13）合作学习实际上是要在学习者各自自主学习的基础上完成之后才能实现的，可以说是"有分有合"、"分合结合"。

有学者还提出自主学习与合作学习可以构成一种互补的关系。"自主学习与合作学习还可以是一种有机互补的组织形式和学习方式。'合'时分配任务、协商、会话,为'分'奠定基础;'分'时独立作业、完成分配的任务,为下一次'合'做好准备。分分合合,体现了现代学习的新规律。"(肖惜,2010:13)在合作学习的过程中检查自主学习的效果、在合作学习的实践中演练自主学习的成果、合作学习可以激励学习者更好地开展自主学习、合作学习也可以展示自主学习的成果。

3.1.3.3 自主学习的作用

(1)自主学习贯彻了"以学生为主体"的教育指导方针

传统的教学以教师为课堂的主导者,学习者的自主性学习根本难以得到保障,也就影响到学习者主体性的建立。"高水平的明示教学虽然也十分强调学生为主体,但是不能充分保证学生主体地位的确立。教师的告诉、命令,学生的听从、顺从,使得常常出现这种情况:尽管学生已经具备了一定的,甚至很强的主体能力,却仍是不敢、不能自己探索,自己学习,成为老师的追随者,总是摆脱不了对教师的依赖,在有些情况下,这个学生主体只有一种称谓的含义,并没有实质内容。"(孙红琼,2007:67)教师在课堂教学中的主导妨碍了学生的自主学习,使得学生的主体性被架空或自我架空(实质上还是被架空的),成为了一句不能落实的空洞的口号。"由于教师的专制主义的做法,就容易造成学生的依赖性、追随性、被动性,学生主体的主体性难以发挥。"(孙红琼,2007:66)

对于在自主学习中教师应该如何做才是恰当的问题,有学者建议,"教师应鼓励学生与教师或同伴交流讨论、征求意见,制定学习目标,找出实现目标的途径。学生可用学习档案保留、记录为了实现学习目标所做的作业和活动,作为以后复习所学知识的参考和评价的依据。"(龚亚夫,罗少茜,2006:82)教师可以将学习目标的确定作为一项学习任务布置给学习者来做,通过学习目标引导学生的学习,并使之可以进行阶段性的和期末的自我检查,以此来推进学生的学习。

学习者的主体性可以在自主学习中得到落实。"大学生自主学习是一种主动学习。主动性作为人的主体性中最基本的属性，也是人区别于动物的根本属性之一。学习的主动性是学生对学习的一种由衷的喜爱，是一种发自内心的冲动，自觉的学习行为和良好的学习习惯。主动性是自主学习的基本品质，其外在表现为'我要学'。'我要学'是基于学生对学习的一种内在需要，一方面表现为学习兴趣，另一方面表现为学习责任。"（孙红琼，2007：35）如果不能发挥学生的主动性，则"以学生为主体"只能成为一句空话！教师主导与学生主体是矛盾的，要解决这个问题的话，只有双方或一方退让一步，教师主导意味着在行动上居于主动，有自主权，而且教师是成人，本来就居于强势的地位，所以首先应当要求教师退让，以成全学生的主体性。"学生主体地位必须由学生自己确认，并且学生必须发挥主体性才能确立主体地位。"（孙红琼，2007：67）学生主体地位的确认要由教师来进行保障。"学生是主体，但并非一般的主体、既成的主体，而是有待形成、有待发展的主体。"（孙红琼，2007：67）所以，就更需要教师的精心培育。

从教学的角度提出的"非指导教学"实际上与从学习者角度提出的自主学习在本质上是一致的。"在非指导教学中，教师不代替学生做主，而是让学生自己定向，寻求问题的解答，在这个过程中，学生就能逐渐地把学习当做自己的事情，把教学目标当做是自己的目标，把教师所希望的教学结果当做自己的追求，学习成为了'我自己'的事情，在此基础上，学生主体地位才能真正的形成。"（孙红琼，2007：67）非指导教学并非是让教师无所作为，教师还是要进行教学的，只是这种教学不再是直接的指导，而是发挥学习者的自主性和主动性，这也正符合"以学生为主体"的教育理念。

（2）自主学习可以促进学习者的合作

自主学习只是强调了学习者独立于教师的直接教学，而并非反对与其他学习者进行合作。"自主性学习的最终目的是培养学生逐步摆脱对教师的依赖，而在学习者中间建立起协调合作的关系，在与他人合作的过程中加深对自身的了解，从而完善自我。协商、合作等是促进自主性学习的重要因素，因此，合作学习是自主性学习中不可缺少的一部分。"（徐锦芬，2007：174）合作与自主性的实现和落实并不矛盾。

不要仅从字面上理解自主学习的含义，在学校教育中开展的语言学习中的自主学习，并不是由学习者孤立地进行的。有学者就指出，"'自主学习不仅仅意味着独自学习'（Pemberton，1996），各种英语活动的开展可以让学生不再单纯地依赖老师，而是可以和其他同学或小组其他成员交流、协作并共同解决问题，有利于促进学习者自主性。"（徐锦芬，2007：244）与其他人的合作在自主学习中是正常的，而且是有助于学习者自主性的发挥的。

学习者在自主学习的活动中可以得到来自他人特别是权威（教师）的肯定和鼓励，尤其是通过自身的能力获得的成功，这两个因素加在一起可以使学习者获得自信心，而自信心又是克服学习困难获得成功的重要保障。"学习者从学习中获得的最终成果至少有一部分源自他们相信自己完全有能力胜任此项任务。自信心虽然与语言之自我❶有关，却更强调学习者自我评价的重要性。"（朱晓申等，2007：5）对自我的肯定也就是对自我实现的认知，是学习者获得成功的最大心理报偿，同时也是他们进一步努力的最大动力源。学习者获得成功的经历所带来的心理体验会增强他们的自信心，使他们产生喜欢学习的情感（兴趣）。

对于学生各种课堂活动的安排，应当由教师主导的有组织转向由学习者自己进行组织，这样做也可以培养他们的自主性。

所谓学生自主，如果在对于学生自主学习最核心的问题上，即学生是否可以选择学习的内容或是否可以进入不同水平层级的外语课程上，学生不能自主选择，仍然需要按部就班从头学起，则实质上学生并不能自主学习。在学生的核心利益上不加关切，学生难以自主。做不到这一点，就不能解除对学生的束缚，"以学生为中心"就无法实现。自主学习适应了个性化的学习要求，实际上也可以解决学习者之间的差异化的问题。

（3）自主学习可以培养学习者的自律

由于在自主学习中是由学习者自己来决定学习的各方面，因此，学习者自己的自我约束能力对学习的成功就有着十分重要的作用。"自律学习者有

---

❶ 该作者所提及的"语言之自我"指的是："学习者伴随第二语言学习而产生的新自我形象"。在学习使用第二语言时，人们会逐渐养成一种新的思维、感知和行为模式——人的第二身份。（朱晓申等，2007:5）

明确的学习目标，具有强烈的学习动机和良好的学习策略。当学生积极地参与到信息过程中时，他们就是自律学习者。自律学习有相关的三个心理过程：自我观察、自我判断和自我反应（Zimmerman，1989：4）。Paris 和 Cross（1983）亦认为自律学习是认知、动机和情感的整合。"（龚亚夫，罗少茜，2006：20）自律的学习者首先要有学习的目标、动机和策略，但是在学习过程中的积极参与是至关重要的，是学习自律的核心，而且自律就是要排除干扰，而将集中在注意力于学习上。

自律不单是学习者自己约束自己的问题，而且还要与其他同伴配合好。"自律学习者能够很好地与他人合作。他们不仅愿意与自己水平相同的伙伴合作，也愿意与高于或低于自己水平的同伴合作，他们愿意互相交换和分享学习成果。（van Lier，1996：11; Kumaravadivelu，1993）。"（龚亚夫，罗少茜，2006：20）很好地与不同学习水平的同伴合作，与同伴顺利地开展交互性学习，才是真正自律的学习者。

3.1.3.4 自主学习中的问题及其解决

自主学习的顺利完成是需要一定的条件的，这包括学习者内部的条件（自主学习的能力），也还要有外部的条件。"自主学习的核心在于自我决策、自我监控与自我调节，自主学习的成败主要依赖于学习者在这些方面的能力，也就是自主学习能力。自主学习能力的培养，不能靠学习者独立的摸索而提高，需要在拥有完善的学习环境，及时有效的引导以及一定的学习能力的基础上逐渐提高。"（张红玲等，2010：156）自主学习并不是仅仅依靠学习者自己就能完成的，而是在外部拥有一些支持性条件，如学习环境、教师的引导和学习者自身的学习能力等。

在传统的教学观念和模式的影响下的学习者，习惯了对教师的依靠，不习惯较多依靠发挥自身自主性的自主学习，出现适应的困难，出现学习中的问题。自主学习对学习者实际上提出了更高的要求，要做到这一点是需要学习者和教师在初期付出更多的努力。"学习者对教师的依赖与自主学习能力的高要求之间的矛盾在一定程度上影响了部分学习者的英语学习动机。由于自主学习能力低而导致的自主学习低效率又造成学习者自我效能感较差，这反过来影响学习动机，形成恶性循环。"（张红玲等，2010：159）当然，解决学习者依赖性强的问题，首先要教师转变观念积极支持学习者的自主学习，同时也要采取有效的有针对性的措施。克服了自主学习初期阶段不适应的问题，学习者就可以走上自主学习的正轨，取得学习的成效。

在培养和提高学习者自主学习能力的过程中，观念认识的改变是首要的，首先要确立对自主学习的正确认识。"要提高自主学习者的策略能力，必须首先使他们在观念上有正确的认识。认知策略具有丰富的多样性，不同学习风格的学习者需要不同的认知策略。因而，认知策略的训练不能生搬硬套，而是要在学习中探索符合自己需要的个性化学习策略。另外，了解学习策略不等于会使用学习策略。只有经过有意识的学习策略训练，学习者才能有效地使用学习策略。而且，学习者必须主观上愿意并积极主动地参与策略训练，才能取得效果。"（张红玲等，2010：159-160）自主学习策略的训练要在学习的过程中完成，教师要进行对学习者自主学习策略能力的有意识的指导和培训，在学习者掌握和熟练运用了以后，才能够放手让学习者自己去开展完全依靠自己的自主性学习。

对于学习者自主学习能力的培养，有学者在研究了国外学者研究成果的基础上，提出了适应我国情况的培养自主学习能力的模式。"王笃勤（2002）在综合Jones等于1987年提出的策略教学模式（strategic teaching model）、Chamot & O'Malley1994年展示的认知专业语言学习模式（cognitive academic language learning approach）以及Hermman1988年提出的互惠教学模式（reciprocal teaching approach）的基础上，认为自主学习能力的培养由认知策略的培养和元认知策略的培养两部分组成，通过认知策略的培养，学生能够了解并掌握各种学习策略技巧，如听的技巧、交际策略、阅读策略、写作技巧、翻译技巧和解题技巧，通过元认知策略的培养，使学生养成制订学习计划、写作学习方式、安排学习任务、监控学习过程、评估任务完成情况的习惯，从而一步步走向自主。"（张红玲等，2010：114）这种自主学习策略的培养模式，侧重学习者自身能力的建设，通过认知策略和元认知策略的培养使学习者获得自主学习的能力，从而逐步走向自主学习。虽然这是英语教学的自主学习能力培养模式，但对于同为语言教学的汉语教学而言，也是有着重要的启示和参考价值的。

3.1.3.5 新技术条件下的自主学习

当我们已经处于网络技术的影响无所不在的情况下，根本不能回避网络的影响，应该积极地利用网络的优势和益处，丰富和帮助学习者的学习。网络等新技术给学习带来了很大的便利，特别是给自主学习带来了很大的支撑性条件。"在传统的线下自学过程中，学习者需要自我记录以了解自己的阶段学习情况，一般而言很难做到准确客观地进行自我指导。在网络支持系统中，这些问题迎刃而解，系统会自动记录学习者的各种学习表现，经过分析后为学习者提供阶段性的学习情况报告，帮助其了解学习进度并指导其调整计划。"（张红玲等，2010：174）网络技术对自主学习给予了强劲的支撑，形成了新型的自主学习，但与此同时也给学习者的学习带来了一些不利的因素。"在我国，以教师、教学和教材为中心的传统教学思想长期影响着教师和学生对教和学的态度，学习者往往不习惯，也不善于自己管理自己的学习。目前，虽然网络外语学习已经成为一种比较普及的学习方式，但是由于缺乏系统培训，而且在学习过程中得不到教师的及时指导和帮助，同时也没有普及自主学习效果的有效手段，学习者通常只能依据个人经验进行学习，学习因此具有很大的随意性。在远程教育模式下，由于教师和学生的时空分离，这个问题更为突出。"（张红玲等，2010：147-148）可以看出，在网络学习中仅依靠或放任学习者自己进行自主学习是不行的。

在新的技术条件下，更需要注意培养学习者的自主学习能力。"网络多媒体技术极大地改变了学习活动，同时也对学习者的自主能力提出了更高的要求。学习者面对海量的、缺乏系统的水平分类的信息，极易在迷宫般的导航路径中迷失，因为看不到学习的阶段性目标和终极目标而失去继续前进的动力。这也是网络环境下元认知和补偿策略相对缺失的主要原因。"（张红玲等，2010：138）在网络环境下实行自主学习，对学习者实际上提出了更高的要求，年轻的学习者容易在网络的世界里被信息所淹没，迷失学习的目标和方向，所以更需要对他们的自主学习进行有效的指导和引导。

为了使学习者在网络学习中不致迷航，就要对其进行学习策略训练❶。"学习策略培训的目的之一就是教会学生何时何地选择何种学习策略最有效。另一个目的是促进学习者的自主学习能力，即不依赖于教师而能自己选择适当的策略，并能同时控制和评估自己策略应用的有效性，全面发展独立解决问题的能力。"（张红玲等，2010：140）学习策略训练是培养学习者自主学习能力的重要内容和核心环节，应当引起我们的重视，因为以往我们较多重视学习者对语言知识和交际能力的训练，对学习策略的培训重视不够。

在网络环境下的自主学习更需要教师对学习者进行积极的引导。不能简单化地看待和实行学习者的网络学习。"需要特别阐明的是，网络环境下的自主学习不是自由学习，不是简单的向学生提供海量学习资源，而是在提供丰富、优秀的外语学习资源的同时，为学生提供由各种人机互动和人人互动组成的网络'导学+助学+督学'帮助，资源和种种互动的合理组合才构成真正的网络外语自主学习环境，或称支持系统。❷"（张红玲等，2010：163）网络学习带来了不同于以往的计算机辅助学习的人机交互之外的人人交互的便利，所以，教学者应当重视利用好这种便利，促成学习者多种交互的实现。

基于网络的自主学习实际上为交互性教学方式的开展创造了更好的条件，使学习者更好地进行交互性的学习有了技术上的保证。"以自主学习为主体的网络外语学习，主要体现的是学生与学习系统及资源之间的一个互动，基于网络的自主学习在一定程度上满足了学习者在学习过程中对时间和空间的要求，但学习者的学习要立足于学习者的自学能力和自控能力，这方面的短板效应，会导致学生在学习过程中容易出现注意力不集中、目标偏移、认知负载加重、孤独和无助感等问题，导致学习兴趣的减退和学习效率的降低。而网络外语自主学习支持系统，通过个性化模块功能和智能监控

---

❶ 对此有学者给出了他们的定义："策略训练也叫学习者训练或学习者方法训练，指的是将成功语言学习者所采用的学习策略归纳总结后，以适当的方式传授给其他学习者，以帮助他们改进学习方法，提高学习自主性，最终取得良好的学习效果。"（张红玲等，2010:139-40）

❷ 对于"学习支持系统"有学者认为是有这样的作用："学习支持系统定期向学习者发送课程学习进度报告，帮助学习者了解自己在课程学习的过程中参与学习活动，课程单元学习以及测试的具体情况，以直观的方式让学习者看到自己的进步或退步情况，看到自己学习计划的执行情况，从而激励学习者完善或是改进下一阶段的学习行为。"（张红玲等，2010:175）

功能等，可以有效克服这些问题。"（张红玲等，2010：177-178）网络自主学习过程中出现的问题，仍然要通过网络技术条件下的措施来进行解决，这里提出的建议性措施，对我们实行基于网络技术的自主学习带来了很好的启示。

3.1.4　任务型语言教学中的交互性教学方式

本书研究的主要是汉语初级口语课中交互性课堂教学方式的应用，而任务型语言教学方式很适合口语教学的特点。"笔者认为任务型教学途径对于口语课和听力课是很合适的。"（魏永红，2004：165）所以，任务型语言教学方式必然要进入我们的视野。任务型语言教学方式对解决本书的研究所发现的口语课课型特点不突出的问题❶是一种有效的途径，有学者就赞同这样的一种认识："采用任务型教学的途径还能改变汉语教学长期以来形成的综合课和口语课界限不清的状况。"（翟艳，2013：75）任务型语言教学方式对解决口语课中的其他问题也是有效的。"目前实际的口语课堂，教师主导教学内容与方法的情况还比较普遍，如过多讲解语法、用指定的词语回答问题等。学生参与的程度和范围还不够。正确理解'以学生为中心'的理念，就应该把教师精心设计和组织的语言交际活动作为教学的中心，以任务活动来贯穿语言教学的感知、理解、记忆、运用过程，调动学生积极参与到各项教学活动中，这样才能发挥学生的学习主动性，保证学习的效果。"（翟艳，2013：77）可以看出，任务型语言教学方式对于调动学习者参与学习的积极性和发挥他们学习的主动性，都是十分有益的。

任务型语言教学方式在口语课教学中有着明显的适用性。"目前，任务型汉语教学的应用范围主要集中在口语教学中，作为一门独立的、以培养学生口语交际能力为目的的专门课程，口语课需要更多地关注学生在真实的语境中的口语产出，采用任务型操练的方法，效果更为突出。"（翟艳，2013：73）看来，任务型语言教学方式与口语课教学的特性的契合度最高，而且可以实现和达到良好的教学效果。

---

❶ 可参见本书2.2.1中对口语课课型特点不突出的问题的问卷调查情况。

3.1.4.1 任务型语言教学的特性与目的

（1）任务型语言教学方式的特性

有学者提出，"任务型教学最本质的特征是实现了教学范式的转换。"（魏永红，2004：143）任务型教学方式对语言教学的变革更为彻底，尽管还保留和结合对语言形式的关注，其实其脱离传统和拥有的颠覆性更为根本和彻底。

任务型语言教学方式是在根本上改变了对语言教学和语言学习的认识之后提出来的。"Willis（1996）提出任务应是真实世界的再现活动（replication activities of the real world theme）。语言学习不是传授性的，而是经验性的。课堂教学内容就是要为学生提供认识、体验、实践的机会和真实的语言环境，引导他们积极参与，自我体验。任务是帮助教师组织教学、促进学习者习得语言的一个得力的途径。"（温晓虹，2008：290）任务型语言教学方式认为，语言的学习和掌握是要通过学习者的亲身实践来实行和落实的，语言交际活动本身就是一种实践性活动，而现在任务型语言教学方式提出语言的学习也要通过实践性的活动来完成，这就直接与语言实践活动接轨了。

任务型语言教学方式体现的是新型的语言教学理念。"任务型教学体现的正是以学习者为中心、以互动为方式、以日常生活情景为课堂环境来提高学习者的运用能力与学习过程。"（温晓虹，2008：277）至少到目前为止，任务型语言教学方式是最为契合语言教学和学习规律的实践方式之一。

任务型语言教学方式重视学习者的地位和作用。"任务型教学的一个鲜明特点就是语境、情景的设计和任务的安排都围绕着学习者，设计任务让学习者自己去完成，重点放在促进学习的过程上。"（温晓虹，2008：281）可以说任务型语言教学方式能够很好地体现"以学习者为中心"的教学理念。

有学者提出，任务型语言教学方式是当前最能体现语言本质和语言教学本质的教学方式。"任务型教学是在目前课堂教学条件下，最大化地体现口语技能训练目的的教学形式。任务型教学是在交际法、互动理论、社会文化学说和建构主义思想基础上建立起来的，它将意义的交流作为语言学习的根本目的，把一个个类似真实世界的任务作为语言学习的途径，通过平等、协商、互动的教学方式，让学习者在实际交际中表达思想，接触新的语言形式，发展自己的语言能力。它的教学理念和较具操作性的教学方式，更好地体现了语言的本质和语言教学的本质。"（翟艳，2013：73）任务型语言教学方式实质上使语言是交际工具的本质特性在语言学习的过程中就得到了贯彻落实。"在任务型学习时，语言是交流的工具。这时教师和学生同是'语言使用者'的角色，这样一来，参与者预期的目标和他们进行的活动的动机对任务的完成，无论是小组讨论或全班活动，都有决定性的影响。"（龚亚夫，罗少茜，2006：237）实际上任务型语言教学方式也是在实现着语言的本质作用。任务型语言教学方式的这一特性，也是我们提倡采用任务型语言教学方式的理念和操作方式的根本原因。

不容忽视的是任务型语言教学方式的交互性的特性。"任务型教学的突出特点是交互式的合作学习方式，它采用班级学习、小组学习和结对子学习等多种组合方式，给学生创造了多种多样的语境和交际的场合，学生们可以面对多种真实而复杂的情况来选择和组织语言，可以学会在各种情形下使用不同语言表达的方法和技能。"（翟艳，2013：73）在任务型语言教学方式中，"个体学习、个性化的学习情景、学习者的控制和目标、自我观念、自我意识在学习过程中起着核心作用。强调学习的社会情景突出了该方法的社会建构主义基础：把语言学习所发生的情景作为学习的支架。同样地，与作为情景一部分的他人互动是决定学习体验成功的关键。"（程可拉，刘津开，2003：17）可见，交互性是任务型语言教学方式中的突出特性。

（2）对语言教学中任务的新认识

任务型语言教学从新的角度来认识任务，以往的语言教学中也不是没有任务，但是对任务的认识现在发生了很大的变化。"Bygate，Skehan和Swain（2001：11）从学生自主学习的角度认为：任务是一种可以受到学习者选择的影响，可以根据学习者自己的理解而变化的活动。这种活动需要学习者为了实现某个目标而有意义地使用语言。"（龚亚夫，罗少茜，2006：43）从语言的课堂教学的角度来认识任务的特性，使对任务的认识不同于以往。

任务并不等同于以前语言教学中的练习。有国外的学者明确地指出了以往的练习与现今的任务之间的区别，"Widdowson否定以形式与意义来区分任务与练习的恰当性，认为这种'集中在语言的形式与意义'的说法并不准确。他说，'任务'和'练习'的区别不在于'意义'，而在于何种意义。任务的意义是'语用的意义',而'练习'的语言是'语义的意义'。"(龚亚夫,罗少茜,2006:42)这也显示出,任务型语言教学方式重视的意义是语言的使用,重视的是语言使用中的语用意义。有中国学者也认为,"我们觉得如果一定要区分练习和任务的区别,倒不如采用Ellis(2003:3)的定义:任务主要使学生作为一个语言使用者,而练习主要使学生作为一个语言学习者。"(龚亚夫,罗少茜,2006:44)他们的看法突出了语言的使用对于学习者和语言学习的重要意义,这是不同于以往的新认识,也才使任务能够区别于传统的练习。

还有学者详细地区分了任务与练习的不同。"任务和练习都是语言教学课堂上的活动,但是任务与练习在活动的目的、活动的内容、活动的形式和活动的结果等等方面都有明显的差异。最本质的区别是,在任务中,学习者围绕一个具体的目标,分步骤完成一些事情;在练习中,学习者围绕语言项目本身进行一些旨在复习或巩固语言知识的活动。"(程晓堂,2004:34)可以看出,任务与练习的区别是多方面的,也有着本质上的不同。

(3)任务型语言教学的目的

任务型语言教学的根本目的是增加学习者使用目的语的机会,通过增加学习者交流的机会促进他们的语言学习。"任务型语言教学的倡导者正是在寻求能使学习者最大限度接触语言、使用语言交流的机会。希望学习者能通过完成任务,尽可能多地使用所学习的语言表达自己的思想情感,提高学习的积极性。"(龚亚夫,罗少茜,2006:367-368)完成任务实际上只是达到语言教学目标的一种途径和手段。

任务型语言教学方式常常是通过完成任务来调动学习者的积极性,并且创造真实地使用目的语的机会,完成任务的结果常常是一个非语言的结果,但是在完成任务的过程中,通过使用而学习了语言。"从宏观上来讲,任务型语言教学是强调学习过程的,特别是在做事情的过程以及在这一过程中的收获,而以上我们所说的结果,是指一个具体任务的一个组成部分,而且往往是非语言的结果。"(程晓堂,2004:83)结果是从任务的完成过程中自然得到的,不全然地只是为了获得一个结果。任务型语言教学的教学目标也不全是为了得到结果,而是学习语言。

在课堂教学中开展的任务型语言教学，在教学内容和步骤上似乎只是进行了稍微的调整。有学者认为，任务型语言教学方式的课堂教学程序与传统教学程序并无本质区别。"真实任务教学更强调技能教学与任务相关，也就是：技能本身应该是完成任务所必需而学生在此前所缺乏的（即属于技能差距），同时在技能教学过程中要不断关照任务本身。这与常规的课堂教学的程序并无本质区别，但教学过程必须是围绕任务的完成而进行，也就是所学的知识与技能都是完成任务所必需的，同时教学过程中要不断将正在学习的知识与技能反照到要完成的任务上，也就是在新学的知识、技能与运用任务之间建立直接的关联，使学生既掌握知识与技能，更形成运用这些知识与技能的能力。"（鲁子问，2003：42）虽然教学程序看似没有什么不同，但教学的目标完全不同了，以完成任务为目标的学习与仅以学习知识和技能为目标的学习完全不同，前者的教学安排更直接地指向语言教学的根本目的，是直接为其服务的。

任务型语言教学方式是在完成任务之前对与完成任务相关的语言形式进行呈现，在完成任务之后再对语言形式进行集中的总结和深化。有学者提出，"任务教学的目的就是让学生运用所学的语言，显然学习新语言最好在完成任务之前，而不是在完成任务之后。"（鲁子问，2003：45）但要注意不要重蹈传统的语言教学的路子，又回到以语言知识的学习和教学为主。关键是新语言的学习方式和途径的问题，以及由谁来主导完成这些学习的问题，也就是何者为主的问题。任务型语言教学方式对此的回答是：以学习者为主。

不应当是为了完成任务而完成任务，任务型语言教学方式的根本目标是促进语言的学习。"Breen（1987：23）也从课堂教学的角度进一步对任务做了描述……：任务是有组织的语言学习过程，有特定的目标，合适的内容，明确的教学过程，有各种任务完成的结果。任务的总体目标是促进语言的学习，从简单的练习到复杂的比较长的活动，比如小组的解决问题等模拟交际活动。"（龚亚夫，罗少茜，2006：41）在任务型语言教学中，千万不要偏离了语言学习的根本目标，教师要注意时刻监控和提醒学习者朝向语言学习的目标而来完成任务，在完成任务的过程中不要忘记了对语言的学习。

（4）任务型语言教学是对交际教学法的发展与超越

传统的教学法和交际教学法在语言形式的教学上，都存在着一些偏失。"学生完成交际任务、进行交际活动的过程中，完全有可能会碰到需要使用已经学过但尚未掌握的语音、词汇和语法，或者需要使用还没有学过的语言现象。为了尽可能表达自己的意思，学生往往会使用一些错误的语言形式和表达方式。传统的教学法比较强调语言形式的正确性，因而往往会对学生的每个语言错误进行纠正。相反，交际教学法认为，有错必纠的做法会使学生因为害怕犯错误而不敢大胆地表达自己的意思，会妨碍学生的自由交际。"（徐强，2000：105-106）"根据交际法英语教学的观点，在语言学习过程中，犯错误是正常现象，说明学生正在尝试使用语言，并不是坏事。"（徐强，2000：106）可以看出，交际法对语言形式带有忽视的倾向，但是这样的由于着力对传统的教学方式进行纠正而形成的"矫枉过正"也会带来学习者交际时语言表达准确性等一系列的问题。

有学者明确提出了任务型语言教学克服了交际教学法的不足的观点。"任务型教学强调教学过程，力图让学生通过完成真实生活任务而参与学习过程，而让学生形成运用英语的能力。因此，任务型教学克服了以功能为基础的交际教学法不重视过程的不足。"（鲁子问，2002：27）任务型语言教学方式可以帮助学习者获得真实、实用的目的语能力。

对于交际教学法的不足之处，有学者们进行了比较全面而透辟的分析。"作为一个强调口语流利度的教学法，CLT❶被批评的过于重视日常生活中语言的使用，而忽略了语言准确度的重要性。此外，语言交际教学法把语言的功能面向以及语言使用视为应优先考虑的事。然而，不同类别的语言功能相互重复，也没有像语言结构一样系统化地分级（Al-Humaidi，2007）。为此，CLT教学因忽略语言结构与规则的重要性而饱受批评。再者，这个教学法的一个主要前提在于关切个别学习者需求和兴趣的重要性。然而，实际上很难将每一个学习者的需求都纳入考虑。为了打造一个以学习者为中心的环境，CLT教师不是课堂活动的重心。不过，CLT教师需要非常有能力，更要在设

---

❶ CLT是"交际法语言教学"的英文（communicative language teaching）的首字母大写的缩写。

计课堂活动上充满创意。缺乏经验的教师可能影响交际语言教学的成效。"（柯传仁，黄懿慈，朱嘉，2012：138-139）除了对语言形式的忽视带来的致命缺陷外，交际教学法由于对教师提出了极高的要求而难以在实际的教学中实施。

对于交际教学法的不足，还有学者同样指出，"强调交际功能的语言教学原则带给了学生一定的语言表达的流利程度，而且在某些方面增强了学生交际的自信心（Higgs & Clifford，1982）。但单一地强调交际功能而忽视对语言形式的学习运用也带来了问题，一个主要问题就是语言的准确性降低了。在带给学生一定的表达流利的同时，丢掉了让学生练习准确运用语言的机会。"（温晓虹，2008：36）

该学者还指出了交际教学法忽视语言形式的弊病。"另外的问题是由于单纯强调交际能力而忽略了对语言形式的教学，语言学习出现了早期石化现象（language fossilization）。因为学习者可以用目的语进行日常生活会话，能够沟通了，语言水平的发展也随之停滞（Ellis，2002b）。VanPatten（2003）指出，在语言学习的早期就应注重语言表达的正确性以避免语言习得中的石化现象。Ellis（2002b）认为要达到语言的高级水平，准确的表达能力与语言运用能力，课堂上正规的注重语言形式的学习是必不可少的。"（温晓虹，2008：36）任务型语言教学方式重新提出和倡导要重视语言形式，就是发现了交际教学法的弊端起而进行纠偏的，我们认为过多强调语言形式教学的重要性和过分忽视语言形式的教学都是有偏颇的，本书之所以特别提出任务型语言教学方式的这一特性，目的是在揭示出语言教学新发展形势的同时，提示有些学者和教师不要仍然再持守着已经被发现有缺陷的交际教学法的理念和操作。

以任务型语言教学方式取代交际教学法，会给语言教学带来很大的变化。"以功能意念为单位，还是以任务为单位，这体现了对于语言习得规律的不同的假设。"（吴中伟，郭鹏，2009：6）实际上，课堂教学的结构也会由此而不同。本书在后文3.1.4.4部分中会对此略有涉及。

3.1.4.2 任务型语言教学方式的作用

有学者概括性地总结了任务型语言教学方式的多方面的作用。"任务的主要作用是促进学习者的语言发展，培养语言运用能力。同时，任务的作用又不仅限于此，还有情感、态度等其他方面的作用，比如可以培养学生的自信心，激发他们的学习动机，发展学习策略、交际策略、评判性思维能力、创造性以及跨文化交际的意识与能力等等。"（龚亚夫，罗少茜，2006：149）可以看出，任务型语言教学方式的多方面的作用顺应了语言教学不断发展提出的新要求。

有学者提出了任务型语言教学方式有着改变以往教学中诸多弊端的作用。"采用任务型语言教学途径可以改变教学中仍然存在着的知识传授比重较大、语言实践不足甚至单纯讲授语言知识的状况，有利于新课程标准的实施。"（程晓堂，2004：23）虽然这是就中国的中学英语教学而言的，但是对改进汉语教学同样有着启示的作用。

任务型语言教学方式增强了教学的针对性。任务可以区分其难度而在教学中运用，从而使教学既有针对性，又可以循序渐进。"任务是一种可以根据学习者自己的选择、自己的理解而变化的活动。这种活动需要学习者为了实现某个目标而有意义地使用语言。"（龚亚夫，罗少茜，2006：37）任务的完成作为目标增强了学习者的学习针对性，也使学习目标的实现更加有了保证。

任务型语言教学方式有助于学习者学习方式的改变。"采用任务型语言教学途径，有利于学生改变过去死记硬背的学习方式，改变单纯从教师那里获得知识的学习方式，使知识与技能的学习由被动变为主动，从而从整体上优化学习方式。"（程晓堂，2004：23）学习者在改变了他们的学习方式之后，可以更好地实现其语言学习的目标，尤其是可以改变应试教育的不利影响。

任务型语言教学方式还有利于学习者的综合素质的全面发展。"由于任务型语言教学涉及多种学习活动、多种知识与技能、多种学习方式，因而它有利于全面发展学生的综合素质。"（程晓堂，2004：24）在"用中学"使学习者有目标、有选择，更为重要的是有"学"的动力、发展的能力。发展，是学习者的自我发展、合作发展。教学是综合性的活动，要求教师有综合性的能力，也会带来学生的综合发展。

任务型语言教学方式的各种作用已经得到了专家学者们的肯定。"任务型教学在建立学生主体课堂、创设接近真实自然的语言学习环境、加大信息输入、促进语言产出、为学习者提供交流互动、意义协商机会、培养自主性、用语言做事和解决问题能力等方面的潜能和价值进一步受到语言教学研究领域专家学者的关注和首肯。"（魏永红，2004：前言2）这样的首肯就为我们进一步分析任务型语言教学方式的作用建立了信心。

（1）任务型语言教学方式对发挥交互在语言学习中的作用有很大帮助

有学者认为完成任务的过程中能够形成大量的互动，对语言学习有利。"完成任务的过程能产生大量互动机会，且这些机会是活生生的人际交流，教师学生都是参与者，为完成任务师生互动、生生互动。对于外语学科而言，这种互动性更具有特殊意义，因为语言在此既是教学内容又是教学手段，互动的课堂话语大大丰富了学生的语言实践。学生的大量参与能促使他们在交际中学会交际。由于真实的人际交往是多层面、多等级、多向度的，从而为学生灵活运用交际策略和语用知识提供了机会。"（魏永红，2004：33）这里强调了任务型语言教学方式为学习者的交互性学习提供了大量的机会，有了机会才可以实现语言学习的目标。

在任务型语言教学方式的互动中，输入、输出皆有，达到了语言交际技能的全面发展。"在互动理论的倡导者看来，任务正是这样一个有效推动意义协商的理想的教学单位。在完成任务的过程中，输出和输入往往是相互交融的，为了完成任务，需要任务参与者的互动，互动过程中的意义协商推动了第二语言的习得。"（吴中伟，郭鹏，2009：7）以输出为主、为目标，可以带动输入，使学习者更为主动、自主。输入与输出结合起来就构成了交互性的交流。课堂教学中完成任务时的语言互动也是交际，尽管未发生在真实的环境中，但是也是真实的交际，是发生在非真实的环境中的真实交际。虽然课堂上的交际具有局限性，但是也因其是其实的交际而具有实践性，并因可实际应用而具有延伸性。

（2）任务型语言教学方式促进学习者之间的意义协商

能够促进学习者进行意义协商的任务应该具备哪些特征？有学者提出，"根据一些研究，具有下列七个特征的任务会有利于创设协商意义的机会：任务中有一定的信息交流；任务中包含双向交流活动，有信息量；任务中具有唯一性的结果；交流者不熟悉任务的形式；任务主题涉及人类或伦理问题；任务的话语方式为叙述性的话语方式；脱离特定语境的任务，不为交流提供语境支持，增加难度。"（林立等，2005：110）这样的任务虽然要求比较高，但是显然对促进学习者之间的意义协商是有帮助的。

在完成任务的过程中，"为达到理解对方的目的，双方要使用信息交换策略，即语义澄清（clarification requests）、理解确定（confirmation checks）和表达检测（comprehension checks）。"（袁芳远，2010：61）意义协商之中的交互性过程，使得学习者的理解和表达都可以得到检测，这也就保障了学习者习得的质量。

对于有利于意义协商的任务以及意义协商中反馈的作用，有学者提出了自己的看法，"质量高并且难度合适的任务是最有利于意义协商的。而在意义协商过程中对错误的反馈，对发展学习者的第二语言词汇有很大的推动作用。"（陈作宏，2011：217）反馈是习得的关键环节，是习得得以实现和巩固的重要措施，无此则学习者无从确定自己的习得，其所习得的语言处于漂浮状态，无法锚固，最终无法转化为长时记忆。学习者无法确定是否可以放心地再次使用这些词汇，自己的使用是否正确，对方是否可以理解。交际能够顺利进行就是一种反馈，尽管反馈是隐性的，但同样有作用。

（3）任务型语言教学方式给予学习者主动参与的机会

任务型语言教学方式通过转变学习者的学习方式，为学习者提供了更多的主动参与学习的机会。任务型语言教学实质上是以"学"为主，改变了以往以"教"为主的观念和方法，以"学"为主中的"学"，包括了学生和学习两个方面。在以学为主的情况下，学习者必须要转变自己的学习方式才能适应任务型语言教学方式的要求，这也就激发和促进了学习者的参与。"要通过实施任务型语言教学来促使学生转变学习方式。过去学生主要是通过听教师的讲解来学习，现在我们强调学生通过观察、体验、协商等做事情的具体过程来学习。所以，完成任务的过程就是学习的过程。"（程晓堂，2004：113-114）"以学为主"还可以改变"以考为主"的观念和教学方式。以学为主的教学，自然会导致以学生为中心的结果。这样，学生就可以自主、自助地学习。

在任务型语言教学方式中的学习者必须使自己成为主动参与的人，才能顺利地完成任务，如果仍然是以被动接受者的面貌出现，则必然难以完成任务。"学生是任务教学的中心，学生自己也必须意识到这一点，必须明确在接受、执行和完成任务的过程中，自己是有思想、有情感、有社会性的人，是任务活动的主人，组织的一分子，工作人员，社会人，是积极的、独立的、自主的学习者。"（乔世燕，2009：315）任务的完成对学习者的发展有着推动的作用。在任务型语言教学方式实施的过程中对学生的要求也更高了，与以前显然有所不同。但从另一个方面看，这也适应了学生的变化，适应了他们在信息技术发达的时代学习水平和能力的提高。

在任务型语言教学方式中，学习者的能力和作用可以得到充分的发挥。"任务型语言教学追求的正是最大限度地发挥学生的个性与潜能，最大限度地调动学生的积极性，使学生建立自信心，从而增加学生主动学习的机会。"（龚亚夫，罗少茜，2006：19）可以看出，任务型语言教学方式增加了学习者参与学习的机会。

任务型语言教学方式还可以联系学习者的实际情况。"任务型语言教学主张语言活动应尽可能结合学习者本人的生活经历与社区活动，把个人生活经历（personal experiences）作为教学的重要来源。"（龚亚夫，罗少茜，2006：27）这样做还可以更好地使学习者本身的学习资源得到开发。

任务型语言教学方式通过重视学习过程和学习者自身的经历，可以更好地使学习者的价值得以发挥。"任务型语言教学既关注语言本身，也关注语言学习的过程。关注学习过程有利于学生形成自主学习能力，有利于实现个性化学习。因为任务型语言教学强调学习的过程而不是结果，所以学生可以根据自己的需要选择学习内容。此外，任务型语言教学把学习者个人的经历作为课堂学习的重要因素，试图把课堂的语言学习与社会的语言活动结合起来。"（程晓堂，2004：24）任务型语言教学方式对于学生资源可以在教学的过程中善加利用，而在汉语教学中来自各国的语言文化背景不同的学生，更是开展语言教学的良好资源。与学生个体联系起来，也可以使教学不再千篇一律。这对于在海外开展语言教学时缺乏目的语环境的情况而言，也是尤为重要。

　　任务型语言教学方式可以使学习者在认知和完成任务的过程中，感受到自己的差距，从而激发和促进他们产生学习的动机和动力。"在课堂教学一开始把语言任务呈现给学生之后，学生能够感受到没有足够的知识、能力、技能、信息和文化理解，任务的要求与他们目前的知识与能力间存在着明显的知识差距、能力差距、技能差距、信息差距和文化差距。因此，学生就会在任务的驱动下，通过学习教学内容来获得完成任务所必需的知识、能力、技能、信息和文化理解，然后才能完成这个任务。"（鲁子问，2003：42）任务型语言教学方式是以任务为主体、为框架的，而不是将任务只是作为教学的组成部分，相反，课堂教学是任务的组成部分。任务的驱动使得学生的学习有了明确的目标，使学习成为了"我要学"，有了学习的动力，获得了学习的主动性，也使学生成为了能够主宰自己学习的主人，这样才能真正实现"以学习者为中心"。

　　（4）任务型语言教学方式解决课堂教学真实性的问题

　　真实性是语言教学追求的目标，但是在传统的语言课堂教学中却难以实现。而有些学者却认为，带有真实性的交际活动是可以在语言教学的课堂上实现的。"有些人认为凡是课堂内的语言活动都是虚假的，所以不存在'真实性'。实际上，课堂内的语言活动可以模拟生活中的真实语言行为。"（龚亚夫，罗少茜，2006：36）这样的认识实际上是基于任务型语言教学的观念。在任务型语言教学方式中提倡真实性，有学者提出的原因是："给学生的任务应避免模拟，因为在模拟活动中，交流往往成为语言的展示，为说话而言语，交际成为是可有可无的过程。任务应是真实意义上的交流。在交流过程中学习者会发现问题、解决问题、统一意见、达成协议。"（温晓虹，2008：290）任务型语言教学还认为课堂教学中是可以进行真实的交际活动的，而且将此作为教学的目标和特性而展示出来。

　　对于课堂教学中真实性的实现，有学者提出了言语和情境真实的两个原则。"实际上，言语、情境真实性原则涉及两个方面：一是所教语言的材料要尽可能真实；另一个方面是任务的设计要提供给学习者明确、真实的语言信息，使学习者在一种自然、真实或模拟真实的情境中体会语言、掌握语言的应用。任务的设计要与学生的实际生活与社区及社会生活结合起来。"（龚亚夫，罗少茜，2006：58）要贯彻落实这两个原则，就要在任务设计的时候与学生和社会的实际生活相联系。

语言教学中的真实实际上主要与交际有关，因此有学者提出了对交际真实性的看法，"所谓交际的真实性，就是指学生完成的交际活动具有真实的交际要求、真实的交际语境、真实的交际对象。"（程晓堂，2004：62-63）有国外的学者从任务在课堂教学中实行的角度，谈及了教学真实性的问题。"Ellis（2003：6）也提到真实性的问题。他从任务的角度来谈真实。他认为……许多课堂内的语言活动，比如描述一幅图片，并由他人画出，比较两幅图片的异同等，恐怕是实际生活中用不到的。不过，只要这样的任务引起的语言行为（language behavior）与今后真实的语言行为相似——比如确认意思、询问等，也是需要的。他称这样的真实性为'互动的真实性'（interactional authenticity）。"（龚亚夫，罗少茜，2006：60）这里，实际上提及的是教学的过程中任务完成时的真实性，也就是教学的真实性而非实际交际的真实性标准。因而有学者提出了区分"真实任务"与"学习型任务"的主张，但是也有学者认为两者之间并无本质上的区别。"其实，真实任务与学习型任务没有绝对的界限。课堂上大多数学习活动介乎完全真实与完全不真实之间。也就是说，真实的任务中也有不太真实的成分，而再真实的任务也是在课堂上模拟进行的……当然，这里的真实并不是与虚假相对应的，真实程度是指与现实生活的相似性。"（程晓堂，2004：38）其进一步的理由是，"从表面来看，真实任务与学习型任务是两种截然不同的任务，但在实际教学中设计的各种任务都同时具有两种任务的特征。也就是说，大多数任务都属于从真实任务到学习型任务的连续体（a continuum）。有些任务的真实性特征更突出一些，有些任务的学习性特征更为明显。"（程晓堂，2004：39）由于两者之间并无一个明显的界线便于我们进行区分，而且这种区分对于语言教学而言意义并非十分重大，我们同意这样的看法，并且认为强分两者也会在操作中有些勉强，甚至可能难以实现，因为区分的标准难以量化，难免对区分结果有主观化确定的危险。

　　有国外学者主张采用真实任务，"主张采用真实任务的理由是，语言学习的最终目的是使学生能够用所学语言完成现实生活中的各种事情（Nunan，1999）。值得注意的是，Nunan反复用到rehearsal这个词，他指的是在课堂上演练现实中的各种活动。传统语言教学中也使用rehearsal这个词，但它的意思相当于操练。"（程晓堂，2004：36）演练是接近实际的使用，是课堂教学环境中最接近实际的练习方式。但是，也有国外学者对教学中的真实性的问题持有一种比较宽松的看法，"Littlewood（2004）也提到交际真实性的问题（authentic communication），他从课堂活动的角度谈真实性的问题。他认为，在课堂交际活动时，语言的使用完全取决于真实的交际需求，就是仍然需要根据需求创造适当的情境以'控制'着活动。但却比在'结构式交际'时对于交流的控制要少。"（龚亚夫，罗少茜，2006：61）对真实性如果坚持一种严格的标准，可能会不利于教学的开展。除了对真实性宽松的看法外，还出现了对两种任务的折中的看法，"再真实的材料，一经课堂教学使用，就失去了一定的真实性。而非真实的材料也可能有某种真实性。一种折中的思想是，语言教学应该尽量采用真实语言材料，必要时采用非真实语言材料。"（程晓堂，2004：62）

　　学者们对任务型语言教学真实性的原则进行了归纳。"1）学习者既需要正式的，经过修饰的语言范例，也需要接触实际生活中人们实际使用的语言；2）当学生脱离课本，进行实际的交流活动时，他们才有可能发展听懂和表达这样真实语言的能力；3）有些课堂语言活动可能不是学生今后一定在生活中用到的，但是这些模拟实际生活的语言行为，有助于发展语言运用的能力。"（龚亚夫，罗少茜，2006：62）学习者以范例为基础进行初步的模仿，进入实际的交际活动就有了实际使用的基础。

　　对任务的真实性不要进行简单化的、局限性的理解。"'任务是真实世界的再现活动'也意味着任务的内容、过程、完成的方式方法要多样，因为现实生活中人们的活动形式是综合的，既有目的又有结果，既有口语又有书面语形式，既运用语言技能又娴熟认知策略。"（温晓虹，2008：290）真实性的任务也是多种多样的、丰富多彩的。"'真实语料'不但信息丰富，而且常常蕴含着文化特征。有一个误解，认为'真实语料'难，不适合初级水平的学习者。其实并不尽然。很多'真实语料'言简意明，不论是在生词量还是在语法结构方面有趣且不难，如'丰田汽车：车到山前必有路，有路必有丰田车'，'人头马XO：人头马一开，好事自然来'，再如'义务献血：我不认识你，但我谢谢你！'。"（温晓虹，2008：307）看来，真实性并不必然与难度大挂钩，真实性的语言材料和任务也是难度各异的，关键是我们要开拓眼界、转变对其的认识。

（5）任务型语言教学方式突出语言输出的重要性

已经有学者论及输出在学习者的语言学习中的重要性，认为输出可以促进学习者的语言习得。"学习者表达中的偏误就表明他们对目的语的语言形式在做出假设。对假设的验证通过不同的方式进行，而输出则是其中最常用和有效的一个。比如通过语义协商，说话的双方互相做内容上的澄清（clarification），理解上的核实（conformation），交际上的修补回应，互相给予反馈，各自得到了对自己的假设加以检验、判断的机会。此外，学习者在进行输出表达时会对语言的形式进行反思、分析，强化自己对语言结构本身的理解（metalinguistic function）。这样学习者有机会更多地有意识地参与句法认知处理，体会语言结构的特征，从而促进语言的习得。"（温晓虹，2008：219）并且，还有学者认为，输出比输入有更好的对语言习得的促进作用。"正如输入一样，输出也被普遍认为是语言发展的关键。只有在不断地使用语言、生成语言的过程中，学生才会把更多的注意力放在所听所读方面，放在分析加工语言输入，关注语言特征方面。也就是说，学生是通过输出来促进吸入（intake），通过生成来习得语言的。如果教师在教学过程中只关注输入（语言接触），而没有考虑输出（语言的使用），那么他的教学行为必定是填鸭式的，即把学生当作一个光进不出的容器，这是不利于语言习得的。"（程可拉，刘津开，2003：22）输入在语言学习中并非不重要，但是只强调输入就会给学习者的语言习得带来不利的影响。

有学者（Swain）提出了"输出假设"，强调了输出在语言习得中的重要作用。"输出假设的三大功能❶对语言习得的作用主要体现在四个方面：①

---

❶ "Swain（1993）认为输出假设对语言习得有三大功能，即注意功能（noticing function）、检测假设功能（hypothesis-testing function）和元语言功能（metalinguistic function）。"（王荣英，2008:25）

多说和多写目的语有利于培养学习者语言运用的流利性和主动性；②语言输出迫使学习者从语义加工过程转移到句法加工过程；③说、写目的语能让学习者检测自己对目的语学习所作出的解释；④语言输出能获得相应的反馈。"（王荣英，2008：27）输出可以提供机会引起学习者对语言形式的有意注意。"在输出假设三个功能中，注意功能尤其重要。学习者在输出的过程中，注意到了自己语言体系中的问题，触发他们对于语言形式进行关注和分析；而对语言形式进行有意识的关注就构成了整个假设的关键性环节。可以说，没有对语言形式进行有意识的关注就不可能使学习者对自己的语言进行分析；也就不能产生修正后的输出；也就不能提高语言产出的准确性；也就不能对语言知识的内化过程有所促进。"（王荣英，2008：27）输出还可以使学习者有机会对于语言形式方面的偏误进行修正，提高自己语言输出的准确性，在这一意义上，输出对语言习得的促进作用是重要的，也是显而易见的。

在任务型语言教学方式的教学过程中，专门安排有语言输出的阶段，语言输出活动对学习者的语言学习来说，具有多方面的作用。"语言输出阶段为学生提供更自由、更有创造力地使用新学语言的机会，同时让新旧语言点都得到综合使用。它还为学生提供了将课堂中的假设语言和生活中的真实语言相联系的机会。教师也可以在这一阶段检查学生的学习情况。语言输出阶段的活动，相对于练习阶段来说更为丰富。学生在语言运用的选择上也可更灵活，不同水平的学生能用不同层次的语言进行表达。"（李青，张晓慧，2006：15）任务型语言教学方式中的输出活动除了内容更为丰富外，还具有灵活性和可选择性。学习者在完成任务时有多种途径、多条道路可以选择，就可以使其学习更具有现实意义，因为在完成任务的活动中输出时的答案并不具有唯一性，开放性的输出活动给予学习者更多的表达自由，可以使他们的输出发挥得更好。

（6）任务型语言教学方式重新强调不能忽视语言形式的作用

任务型语言教学方式在继承和改进交际教学法之时，延续了对语言意义表达的重视，这是不同于只关注语言形式的传统语言教学的。"'任务'使教师和学生关注的首先是意义，也就是学生用语言所表达的内容。学生完成'任务'和完成'练习'的不同之处在于：完成'任务'有明确的交际情景和交际目的。"（龚亚夫，罗少茜，2006：34）但是，任务型语言教学不同于交际教学法之处在于重新重视了语言形式的学习。"任务型教学并不排斥对语言形式的练习和学习。任务型教学重视学生表达的正确与得体。语言训练的目的是为了使学习者用正确的语言形式去完成任务。"（温晓虹，2008：288）人们还应该认识到，任务型教学不仅可以完成语言形式的学习，而且还可以比传统的教学方式更有效地有助于掌握语言形式。这是因为，任务型语言教学对语言形式的关注是与语言意义的表达联系在一起的。"Skehan（1998）在他提出的5个设计任务的原则时，反复强调既要注意语言的意义，也要注意语言的形式。他指出：如果仅仅让学生做任务，即使这些任务可以引起学生的积极性，也是不够的。"（龚亚夫，罗少茜，2006：55）可以看出，语言意义与语言形式在任务型语言教学方式中是受到了同等重要的关注的。

语言形式所形成的口语表达框架，对学习者进行口语表达有重要的作用。任务型语言教学方式的一个原则，就是重新重视了语言形式的作用。"Long（1997：1）认为，注意语言形式是任务型语言教学的主要原则之一。正如Long（Long，1991；Long & Robinson，1998）等所说，关于语言形式和语言意义的争论不再是区分教学流派的分水岭。因为大家都认为，语言的意义与形式是学习的基础。"（龚亚夫，罗少茜，2006：56-57）语言意义与语言形式实际上是密不可分的，它们各自有其不可忽视的作用，联合起来在语言学习中发挥作用。

重新重视语言形式并非是只强调语言形式的作用，而是重视语言学习中多方面因素的作用。"在国外第二语言教学的实践中，任务型语言教学在某种程度上纠正了某些过于注重语言意义而忽视语言形式的偏颇（如Long，1985；Skehan，1998）。Nunan（2004）再次强调关于语言形式、交际功能与语言意义应该是结合的，因此，他又提出'综合性原则'（integration）。他认为，语言教学的挑战是如何使得学习者清楚地明白语言形式、交际功能与语用意义之间的关系。"（龚亚夫，罗少茜，2006：58）语言学习中多方面的因素在学习的过程中是要结合起来的，这种认识更符合语言学习的规律，"综合性原则"也符合语言教学走向"后方法"时代的综合的潮流。

具体到任务型语言教学活动当中，应该如何重视语言形式的作用，有学者认为在任务中就应该包含对语言形式的关注要求。对此，有国外学者提出了"结构集中型任务"的概念，"Ellis（2003：16）列出了三种'结构集中型任务'，即：结构表达型任务（structure-based production tasks），理解型任务（comprehension tasks）与'意识培养型任务（consciousness-raising tasks）'，以下简称'CR任务'……Willis（1996：102）称'CR任务'为'语言分析性活动'，此类活动为'明确地集中关注语言形式与用法的任务'（tasks that focus explicitly on language form and use），是有指导地解决问题（guided problem solving）。CR任务的目的是提供给学生语言材料，学生通过运用这些语言的范例以增强对语言的意识。"（龚亚夫，罗少茜，2006：149）这种"结构集中型任务"关注的是语言结构在任务完成中的地位和作用，使语言形式的掌握在任务型语言教学中得到了保障。有学者明确提出了要在任务设计时考虑语言形式。"Skehan（1999）提出了任务设计的两个原则：1）考虑一系列语法结构，而不仅仅是一项语法结构；2）从语法结构使用的角度，而不是根据必须要教这些结构的标准来选择所教的语法结构。"（龚亚夫，罗少茜，2006：149）但是，要注意这里对语言结构的选择是依据语言使用而做的，这是不同于以往的语言教学仅考虑语言结构本身教学的系统性来安排设计教学。这是看似平常而实际上重大的变化。

在任务型语言教学方式中展开关注语言形式的活动，已经不同于以往只重视语言形式教学的传统方式了。"按照任务型语言教学的理念，关注语言形式的活动也不一定是孤立和无语境的讲解语法的用法，也可以不把语法用法直接告诉学生，任务型语言教学倡导者认为，教师应该通过大量实例启发学生思考，让学生自己去发现语言规律并总结归纳，而不是替代学生的思维活动。"（龚亚夫，罗少茜，2006：153）语言形式不再是由教师直接传授给学习者了，而是由学习者自己去发现和总结而习得。

有学者也发现了任务型语言教学方式开展的过程中，学习者易于出现只关注流利度的偏失。"她（Willis，1996：54）说，任务可以使得学生发展流利度。为了完成任务，学生的关注点在如何表达出自己的意思，而不是注意语言的形式。因此，他们可能在表达不清时使用母语，也可能只是使用单词和短语，或者是一些成块的语言，而不顾及语言结构上语法的准确。但是，这样并不一定对他们语言内在的发展有利。换句话说，虽然他们勉勉强强完成了任务，但是不一定能内化语言的规则。"（龚亚夫，罗少茜，2006：242-243）没有语言形式的支持，任务也是难以完成得很好的。所以，对语言形式的重视就必然重新提上议事日程。

有国外学者论及了在实施任务型语言教学方式时的"意义协商"过程中对语言形式的关注。"Long（1991）又认为，在'意义磋商'时，人们就会注意语言的形式，而这会有助于语言的习得。在任务型教学中，任务正是为学习者提供了这样一个参与意义磋商的机会，也就是前面所说的那种'语言运用于心智运作'。"（龚亚夫，罗少茜，2006：12）但是，仅仅提倡"意义协商"并不能自然地使学习者产生对语言形式的关注和习得。"需要指出的是，'意义磋商'本身并不一定可以使学习者的语法系统得到发展。Ellis指出，总体上讲，很少有研究证明'意义磋商'本身可以导致任何语法结构的发展（2003：82）。所以Long又提出'注意语言形式'（focus on form）。"（龚亚夫，罗少茜，2006：13）因此，学者们又需要明确地提醒人们在实施任务型语言教学的过程中注意语言形式。

还有国外学者提出了"使能性任务"的概念，也是为了提示和引导人们关注语言形式。"Estair和Zanon（1998）认为：'使能性任务'是为了支持交际性任务和设计的活动，是集中在语言方面的练习活动。比如呈现新语言点，讲解语法、词汇的用法，有控制的练习等等，都是学习性的任务。'使能性任务'是起支撑作用的。'使能性任务'的作用是给学生提供语言的工具来实施交际性任务。"（龚亚夫，罗少茜，2006：41）虽然这种"使能性任务"只是在任务完成时起辅助的作用，但是如果要顺利和高质量地完成任务也对其不容忽视。

可以认为，任务型语言教学并非不涉及语言形式，而是更切近、深入地关注语言形式。"史密斯（Smith，S.，1986）的研究发现，理解所涉及的处理过程与输出乃至最终的习得所需要的处理过程是不同的。这种句法处理可以导致修改的或再处理的输出的产生，使学习者朝着习得又迈进了一步。"（魏永红，2004：85）语言形式作为表达的框架介入任务的完成之中，表达对语言形式有需求，并不是要排斥它而是将它作为一种重要的支撑。

任务型语言教学与传统的语言教学对语言形式的认识，侧重点必然有所不同。任务型语言教学虽然依靠和关注任务的完成，但也会认识到使用语言完成任务时，学习者不可能离开对语言形式的关注，只是不完全局限于语言形式，如同以往的语言教学那样。

任务型语言教学所提供的主要不是语言知识的系统。"任务的目的是给学习者提供一个交际地处理语言的语境，也就是把语言作为交流的工具。因此，当学生完成任务时，他们的主要目的是为了有一个成果，而不是为了展示语言本身。换句话说，在完成任务时，学生不是为了达到语言上的正确而表达，而是为了达到一个交际的目的。"（龚亚夫，罗少茜，2006：75）这样学习者的所学与所用才不至于脱节。

在重视语言形式在完成任务过程中的作用的同时，我们尤其要注意不要再像以往交际教学法那样"矫枉过正"，对语言形式的重要性不能过分强调。"而以 Vygotsky（维果斯基）为代表的'社会语言学'[1]理论则认为，即使在任务型课堂中，语言形式教学也应该处于比较核心的地位。Loschky（1989）的实证研究均表明，虽然特定语言形式并不是成功完成任务的关键，但是它们可以协助学习者更加自然流畅地完成任务，从而促进学习者语言使用流利性与准确性的有机统一。"（郑家平，2011：357）任务型语言教学重视语言形式，这种重视只是相对于交际法语言教学对语言形式的忽视而言的，但是要特别注意，在任务型语言教学中语言形式不是首要的，否则就扭曲了维果斯基学派和任务型语言教学的本意。

3.1.4.3　交互性语言教学方式与任务型语言教学的关系

在前文中论述任务型语言教学方式的特性时，我们没有涉及交互性的特性，是考虑要在此处集中、突出地进行论述，因为这一特性与本书的研究课题是直接相关的。实际上可以说，交互性是任务型语言教学方式最为突出的特性。"任务型教学的倡导者之一Nunan（1991）认为任务型教学的第一个特

---

[1] 此处的"社会语言学"疑为应是"社会文化学"。

征就是互动性，即学习者在完成任务时用目的语来交际互动（an emphasis on learning to communicate through interaction in the target language）。互动所以重要是因为它强化了语言习得的过程，为学习者提供了大量的语料输入、信息处理和语言产出的机会，有助于学习者注意到语言的特征，促进了他们积极主动地参与语言活动，完成任务。"（温晓虹，2008：284）"把学生已知知识作为教学的出发点，把满足学生的需要和兴趣作为教学的目标，实现学生与教材、学生与教师、学生与学生的对话，这是任务型学习的一大特色。"（程可拉，2006：185）交互性的教学方式被认为实际上与任务型语言教学有着密切的关系。"尤其是Long的'互动假设'，被Ellis（2003）称为任务型语言教学的主要理论支柱之一。"（龚亚夫，罗少茜，2006：11）在互动中可以实现任务型语言教学方式所倡导的对语言形式和语言意义表达的同时的关注。"简而言之，互动理论认为，任务可以提供给学习者综合平衡的两个系统，即一方面注意语言意义，另一方面注意语言形式的机会。而这两者正是人们掌握语言所需的条件。"（龚亚夫，罗少茜，2006：12）也就是说，交互性是任务型语言教学实现的必要条件。

但是，在任务型语言教学实施的过程中，对语言形式和语言意义的关注并不是同等的。有学者认为，"在任务型语言教学中，学生之所以进行对话是因为需要完成某项任务。也就是说，进行对话本身不是目的，而是过程和手段。另外，在对话过程中，学生关注的重点不是所使用的语言项目，而是相互之间传达的意义。对话双方为了一个共同的目标进行协商、沟通和讨论。学生使用的语言不受限制，学生也不过分关注语言运用的正确性和准确性。❶"（程晓堂，2004：3）真实的交际（任务）引导出学习者的交互性表达。学习者在这种交互性的实践中获得的是最真实、实用的东西，其认识也更为真切、深入，印象更深就可以掌握得更好，学习者所掌握的是真正可以自己加以使用的。在任务型语言教学中不否定语言形式的重要性，但只为了语言形式的语言学习是本末倒置。如果学生总是担心说错话

---

❶ 这里我们讲的是不过分关注语言运用的正确性和准确性，也就是说，任务型语言教学在某种程度上还是要求学生正确、准确地使用语言，只是不像传统教学那样一味追求正确性和准确性。——原作者注。

（语言形式上的错误），就会影响表达。而交际中的表达仅是以让对方能够理解为目的的，对正确性和准确性的要求应当以能基本传达意义为最低限。

有学者提出了形成交互性在任务型语言教学方式中的重要性的原因。"语言的各种功能（如人际功能、信息功能、做事功能和情感功能）需要通过交流来实现，因此，对话也就成了任务型学习的主要形式。对话可以使学生有更多接触语言和使用语言的机会，也只有对话才能使输入内化，输出外化，实现语言的建构和话语的生成。"（程可拉，2006：131）当然，除了对话以外还可以有别的学习方式，除了互动还可以有别的交流方式，但是，只有交互的方式可以在语言学习中发挥最大的作用。

有学者还提出交互性是任务型语言教学方式的理论基础之一。"任务型教学法的理论基础是输入与互动假设，建立在任务形态上的可理解性输入和输出基础上的'变化性互动'，这种互动有利于语言的习得（Krashen），即通过交际无意识地接触语言系统而掌握语言，外语课堂教学因此充满'变化性互动'的各项活动（任务）。学生在充满交际性互动的过程中，通过任务的完成来习得语言。"（郭跃进，2008：49）基于任务完成的输入和输出被认为可以带来"变化性互动"，这种充满交际性的互动的作用是可以帮助学习者完成任务从而习得目的语。

交互性的教学方式之所以在任务型语言教学中十分重要的原因在于，它被认为是语言学习的最佳途径。"Crookes 和 Gass（1993：10）在谈到任务型语言教学中的互动问题时说：交际任务之所以得到理论的支持是因为从教育理论来说，语言学习的最佳途径是通过互动和交流。按照互动的教育观点，人们在课堂上相互交流时，会有充足的机会去观察、理解，整体地内化单词、语言形式和结构……这种活动不会仅仅把产出语言作为活动的终极目标，而是交流思想和观点，合作去实现一个目标，或者去努力达到自己个人的目标。"（龚亚夫，罗少茜，2006：12-13）在任务型语言教学方式中，交流成为一种必然的存在。"按照 Long 的'互动假设'，当学习者完成任务时，通常是需要与他人进行交流的。在这个交流的过程中，人们需要接受并传递信息。而在接收和传递信息时，人们既要关注对方所表达的意思，也要注意准确而得体地表达自己的意思。可能还要向对方询问、质疑或解释自己的想法。这就'引发'了更多的输入与输出。这些就是Long说的'意义磋商'。"（龚亚夫，罗少茜，2006：12）交流就是面向他人表达自己，关注的首先是意义的表达，而不是语言形式的操练。

3.1.4.4　任务型语言教学方式下教学的具体实施

（1）任务型语言教学实施中教师的作用

在任务型语言教学方式中教师只是在起着引导的作用。"在任务型语言教学中，教师的主要责任是设计任务，提供必要的材料，提出活动要求，并监控学生完成任务的情况。在课堂上的多数时间里，学生独立或以小组形式完成任务。因此，学生是教学活动的中心。"（程晓堂，2004：21）在任务型语言教学中教师退后了，其实本来也不应当突出于前。语言教师尤其不能成为教师爷、宣道者。尽管教师有进行目的语示范的责任，但应当是为学生服务的。如果学生根本就不需要，就不能强行服务，否则会有些让人感到像强加于人、强买强卖。如果学生可以进行自我评价，那么教师的作用就是通过评价和指点引导学生自知，这与教师直接进行评价有着本质的不同。教师可以进行纠偏，但要纠正那些学生仅依靠自己或同伴、并且经过尝试和努力之后仍然无法解决的问题。教师要观察、判断和分清哪些是学生能自己独立、自主完成的。

教师在传统的语言教学课堂上往往起着语言形式准确性"把关者"、"纠正者"的角色，但是任务型语言教学方式对教师的这种传统的作用提出了强烈的质疑。"传统语言教学中，学生进行操练或表达时，教师往往要求他们使用某些特定的语言项目。但是，在任务型语言教学中，学生可以使用他们以前学过的或接触过的任何语言知识和语言技能。任务型语言教学并不要求学生使用语言时过于注意准确性和正确性，而是鼓励学生把注意力集中在意义的表达上。"（程晓堂，2004：22）例如，在有的研究著作中特别提及，对于"喝口水"的表达，学生出现说成"喝口水"的这种偏误。但是这种偏误真的会影响交际中的表达和对方的理解吗？实际上根本不会。因为在汉语中后者使用的情况极少极少出现，因其非使用性而可以被交际对方排除其歧义，不会造成不良的交际后果，因为任何实际的交际都发生在一定的现实语境当中，语误可以得到弥补和交际对方理解上的自动修正。

任务型语言教学的开展要以参与者、实施者（包括教学双方）能够"公平竞争"为前提，也就是，既有"公平"、"合作"，又有"竞争"。在中国传统文化的背景下，以及当前不断强化竞争的应试教育的情况下，任务型语言教学在国内有时候难以开展。那么，在对外国学生进行汉语教学时呢？在汉字—中国文化影响圈的学习者中间，有时候可能会遇到障碍。此时，就需要教师发挥其作用，在保持学习者公平地进行合作和竞争的同时，使任务型语言教学能够顺利完成。

（2）任务型语言教学中口语教学的基本模式[1]

有学者在研究任务型初级口语教学时，提出了一种开展教学的模式。"关于初级汉语任务型口语课的课堂教学模式，我们的基本构想是：每节课围绕某方面的交际目标，先给学生展示与任务活动相关的词语、语句和语法结构，然后给学生布置相应若干关联的言语交际任务，将学生分成若干小组，各小组共同完成。比如，在'旅行'这一课中，给学生布置'买车票''订旅馆''参加旅行社'等若干关联任务，形成'任务链'，使学生在小组中完成这些任务，并在完成任务的过程中提高语言能力和语言交际能力。"（王瑞烽，2009：124）这种基本模式还需要使用者结合具体的教学实际情况，灵活变通地加以运用，但是其借鉴价值是不容否定的。

基于任务型语言教学理念而提出的教学模式，在口语教学中有着纠正以往口语课课型特点不突出问题的作用。"这样的口语课教学模式，其基本教学理念已经与现有教学模式有了根本的不同……整个口语课的面貌也发生了很大的改变，不再是跟精读课教学模式非常类似的课程，而是一个学生进行言语交际的舞台。学生在任务完成的过程中，主动地利用原有知识，并主动地寻找和咨询自己感兴趣的新信息，在轻松快乐的小组交际活动中，自然而然地提高口语水平。"（王瑞烽，2009：124）想要实现突出口语课课型特点的目标，就必须在教学理念和教学操作方面有根本性的改变，任务型语言教学方式就是这样的改变途径之一。

---

[1] 本书在此处只是提及任务型语言教学中口语教学基本模式中的一种，目的仅是为了供开展教学和研究时参考。

（3）任务型语言教学方式教学实施的基本环节

有学者总结了任务型语言教学方式中的教学环节。"任务型学习的一般模式应该是：情景—任务—语言操作—评价。这些环节是不可或缺的，至于其他环节，教师可以根据实际情况进行必要的取舍，不必千篇一律。"（程可拉，2006：198）这里提及的是基本环节，在教学设计时提出的具体环节就要复杂得多。

例如，一种以任务型教学法为主结合听说法的初级会话课"第一课"（零起点学生的第二学期）的教学环节安排如下（见表3-1）。

表3-1 任务型零起点初级汉语会话课的教学环节❶

课时	序号	教学环节		教学内容	教学手段
第一、二课时	1	复习		不仅是前一课的内容,可以是前几课、甚至前十几课,由于是第一课,本环节略去	提问:采用师生问答或学生互相提问的方式
	2	展开新课（第一部分生词、课文）	(1)生词	共13个:久、哪些、从不…… 重点生词4个:遇、打招呼、用不着、省	领读、学生读; 提问:练习词语的搭配
			(2)课文	学生朗读第一部分:每人读一句或分角色读,齐读或领读(根据学生的情况)	纠错:纠正学生发音
				检查学生对课文的理解	提问:课文内容
			(3)句型	在提问中练习句型:"既……又……还……""边……边……"	提问:通过对问题的回答练习句型,同时结合重点生词
			(4)复述	教师示范,然后学生复述	话题:教师复述3个话题示范
			(5)布置作业	复习、复述课文; 练习四、练习六; 准备口头报告:3个话题选1个准备	话题:学生从练习中自选

❶ 此表根据张和生、马燕华主编的《对外汉语教学示范教案》中有关教案（2009:36-44）整理。

续表

课时	序号	教学环节		教学内容		教学手段
第三、四课时	3	复习		复习第一、二课所学,学生做口头报告		发言
	4	展开新课	教学环节同第一、二课时	第二部分生词、课文		教学手段同第一、二课时
第五、六课时	5	巩固练习	(1)复习	复习全课	提问课文内容	提问
					复述课文	无
			(2)听写	包含重要语言点和功能点的4个句子		无
			(3)做练习	检查作业,分析作业中的问题		无
				总结:全课的关键句型,检查学生掌握情况		提问

由于这里面对的是刚进入汉语学习的初级水平学习者,更多的任务型教学手段还不能充分利用,但是可以看出,通过设置提问、学生发言和课堂作业练习等教学环节,教案的设计者在力求贯彻任务型教学的理念,增加学生的参与和交际互动,教学环节中带有交互性特点的明显增多。

(4)任务型语言教学方式的具体操作方式

在这里提出一种"任务+小组"的课堂教学中任务型口语教学的具体操作方式,供参考。在这种操作方式中,通常在前任务阶段并不进行小组活动,而是提倡先由学习者进行个人的完成任务的准备。教师布置任务时,面向的虽然是全体学生,但是接受者是学生个体,因为全体学生是学生个体的组合。然后,在学习者个人准备的基础上,再在"任务中"❶阶段开展完成任务过程中的小组活动。

那么,任务型语言教学是如何在口语教学中具体进行操作的呢?有研究

---

❶ "Ellis在他的 *Task-based Language Learning and Teaching* 中把任务式语言教学操作模式总结为任务前(the pre-task phase)、任务中(the during-task phase)和任务后(the post-task phase)三个阶段。"(阎彤,2011:47)实际上,这是从Willis在其专著中提出的任务型语言教学模式而来的。

者提出了一个以"介绍上海"为话题的任务链，从中也可以看出任务型活动的流程和特点，见表3-2。

表3-2　任务型活动中以"介绍上海"为主题的话题链 ❶

序号	教学步骤		具体内容、具体指令
1	任务前	(1)	(A)给出若干图片，以视觉信息让学生进入状态，要求说出与图片相关的词语
			(B)头脑风暴：喜欢/不喜欢上海的理由
2		(2)	出问卷，调查留学生对上海的印象，问卷的题目涉及吃、住、游、购物等方面的问题，要求个人完成，规定时间
3	任务中	(1)	根据完成的问卷，四人一组，小组讨论，然后各小组派代表汇报讨论结果
4		(2) 重新组成三~四人小组，完成两类任务	任务(A)：如果你们是第一次来中国，对在上海怎么过周末有什么具体要求，请列出一个要求表，
			任务(B)：你们的朋友周末来上海，他/她是第一次来中国，请四人一组做一个周末活动的安排表(包含吃、住、玩三个方面的内容)
			小组安排：一个小组完成任务(A)，其余小组完成任务(B)
5		(3)	完成任务(A)的小组成员分开，分别进入其他各组，根据要求清单选择3个自己认为最重要的要求，和其他组的四个同学进行角色表演
			交际目标：已完成任务(B)的四个同学根据共同制订的安排表向已完成任务(A)的一个同学(现在他/她是你们的朋友)解释行程安排，可根据他/她提出的要求更改安排表(四个同学应各有分工，分别解释不同时段的安排)
6	任务后	(1)	听一段、看一段相关的文章，内容与喜欢/不喜欢上海有关，分别由母语者、语言水平高一些的留学生所写、所说，比较文章的观点与自己是否相同，注意相关的语言形式
7		(2) 作业	内容：我眼中的上海
			形式(选择其一)：①书面；②powerpoint形式；③找别人对话，交音频或视频作业(角色参考：留学生与留学生；留学生与中国人；留学生与中/外记者)

---

❶ 此表报据许希阳《以问题为导向的任务型教学研究》文中有关表格（2009:10）整理。本表中涉及的学习者是在上海学完1~2个学期汉语的来华留学生。

（5）任务型语言教学方式中任务活动的设计

有学者提出了任务型语言教学方式中的任务设计的原则。"任务式的主要设计原则有：真实性原则（authenticity principle）、形式—功能原则（form-function principle）、循序渐进原则（task dependency and the task chain principle）等。其中，与以往教学法不同的主要是真实性原则。真实性使教学任务与现实世界中的目标任务建立起联系，使学习者能够感知到教学任务是真实或模拟真实的，可以激发他们的学习兴趣并激活静态的语言结构，潜在地促进学习行为。因此，在课堂上展示的社会情景、语言情境和语言信息、语言形式的安排等，都必须符合真实性原则。"（刘壮等，2007：120）其中，真实性原则是任务设计的原则，同时也是任务型语言教学最大的特色。也有其他学者强调了这一点，提出真实性是任务设计时首先要考虑的。"在教学中，设计一个教学活动或任务，首先要考虑所设计的活动在我们日常生活语言交际中什么场合或情景下会发生，即考虑其真实性（authenticity）。如果不发生，那么这个活动就违背真实性原则。如果发生，那么将发生的场合或情景描述出来，也就是我们常说的'设置情景'，这样设置的情景是真实的。设置的情景要绝对真实往往难以做到，遵循真实性原则是指所设置的情景要尽可能地贴近生活。"（程可拉，刘津开，2003：52）但是，真实性原则决不仅只是设置情景的真实性，真实性是贯穿于任务型语言教学方式全过程的各个环节中的，尤其重要的是，学习者在完成任务的过程中话语交际的真实性，其他一切都是为此服务的，任务型语言教学的理念认为真实性的交际才能真正实现学习者的有效习得目的语。无论任务设计时要考虑哪些原则，"以学习者为中心"的原则是必然要在考虑之列的。"明确'以学习者为中心'，这一点对于任务型教学设计有着至关重要的指导意义，因为从'以学习者为中心'出发还是从'以教师为中心'出发将得出两种截然不同的设计结果。"（魏永红，2004：143-144）这里要切记的是，任务设计往往都是由教师来完成的，这就易于陷入"以教师为中心"的旧途，所以任务设计者千万不要背离任务型语言教学的根本原则："以学习者为中心"。

任务设计中重要的一环就是对所要设计的任务进行定位，而任务的定位要在对任务进行分类的基础上来完成。对于任务分类的原则，有学者提出了四项原则。"对汉语交际任务进行分类，应当遵循以下几项原则：（1）符合交际实际的原则。归纳出的任务项目应当具有交际价值，能够反映交际的特性，符合交际规律；任务的分类要能比较完整地涵盖实际交际的各个范畴，符合交际范畴的分类特点。（2）符合汉语交际任务特点的原则。汉语交际任务的特点决定了汉语交际任务偏重内容，突出话题，任务中的语言组合模式复杂，任务程序性的特征不明显。从形式和程序的角度进行任务项目的归纳和分类是一般任务分类的典型方式，但与此同时，汉语交际任务的归纳和分类还应充分考虑其话题性。（3）适于学习的原则。汉语交际任务是为学生学习服务的，要考虑归纳的任务项目是否是学习者最常用、最急需的项目，是否是学习者最可能遇到的交际障碍。对这些项目进行分类时，也要考虑学习者边学习边生活的应用需求，在任务项目之间建立相关的联系。（4）适于教学的原则。任务项目归纳和分类的一个主要目的是为教学大纲、课程设计、教材编写服务，为教学服务。根据以上原则，我们既要考虑交际任务项目内在的类型特征，进行系统内部分类，又要考虑汉语交际任务项目的应用特征，进行教学分类。"（马箭飞，2002：31）在任务设计的类型方面，国外的学者划分了6种。"威利斯（Willis，1996：26-27）认为，任务设计可以有6种类型：列举型（listing）、排序与分类型（ordering and sorting）、比较型（comparing）、问题解决型（problem solving）、交流个人经验型（sharing personal experiences）和创造型（creative tasks）。"（程可拉，2006：112）对于任务的组成要素，有学者提出了8种。"交际任务的组成要素是由它作为一种模拟交际活动和教学课件的性质决定的。对组成交际及交际活动的要素进行研究的结果表明，它至少涉及8种基本要素，包括交际的背景和场合、参与交际的说话人和听话人、交际目标和结果、交际话题、完成言语交际的语气和态度、交际渠道和言语形式、交际规范以及交际的类别等。（王得杏，1998）"（马箭飞，2002：28）

就设计任务时对难易度[1]的掌握而言，有学者认为一般的规律和原则是这样的。"一般来说，课堂教学还是应该以简单任务为主，同时根据教学的需要和学生的实际水平适当设计一些复杂任务。"（程晓堂，2004：43）简单

---

[1] 对于任务难易度的确定，本书在下一部分就会涉及。

任务与复杂任务的结合，确实是一个很好的出路，但是简单和复杂的程度的确定是有其相对性和主观性的，最根本的还是要针对和符合教学的实际情况和要求。

有学者还提出了难度适中的原则。"任务设计应该难度适当，量度适宜，坡度适中，梯度恰到好处，既具有可操作性，又具有实际意义；既要让学生力所能及，言所能及，表达他们感受到成功的喜悦，又要让他们经历一些挑战、竞争和冒险的刺激，体验失败的遗憾；既能激发他们的学习兴趣，强化他们的学习动机，又能挖掘他们的智慧潜能，帮助他们成为自立学习的学生。"（程晓堂，2004：88）任务设计还要考虑到对学习者多方面的学习促进作用。

有国外学者认为，富有挑战性的任务可以使学习者沉浸于任务完成的活动之中。"当人们从事超越他能力范围的挑战性任务时，沉浸就产生了。它是任务难度（学习者必须做）和人现有技能（学习者能做）之间的连接点。"（Ng，2005：102）但是，这种挑战性的任务[1]并不是越难越好，并不是学习者难以完成的任务才叫有难度。"无论何时，一个人从事困难的但可以完成的活动，他（她）就将体验到沉浸。另一方面，如果他（她）从事的活动过易或过难，他（她）或者感到焦虑和威胁，或者感到厌烦和情绪低落。换句话说，沉浸是驱使一个人从事创造性问题解决的动力。"（Ng，2005：103）难度适中的任务才可以使学习者沉浸于任务的完成之中从而发挥其创造性。

在设计任务时要注意难度的差异及其合理的分布。"班级在某种程度上反映了学习者水平之间的差异，因此不同班级之间的任务设置其难度也应该有差异……同一班级内部，不同学生个体之间也存在着水平的差异，因此在设置任务时要兼顾到不同的学生，使设置的任务难易兼有，循序渐进。"（蔡永强，2006：206）学习者水平上的层次性，实际上必然会对其完成任务的要求有难度上的差异。

对完成任务的难度控制也对学习者有一定的要求，每次可以限定或要求学习者在完成任务时所使用的语言点。语言点的使用也作为任务完成的内容

---

[1] 对于挑战性有研究任务型语言教学的学者就提出了这样的看法："所谓挑战性，就是说学生不能轻而易举地得出活动的结果（如找到答案或解决问题的方案或就某个问题达成一致意见），而是要经过信息查找、观察、分析、推理、操作等过程才能得出结果。此外，具有挑战性的活动一般必须经过大家的共同努力才能完成。"（程晓堂，2004:78）

之一（提供辅助），而且任务的难度要限制在让学习者易于理解的水平，难度的不适当会带来完成时的困难和失败。

任务设计所要考虑和涉及的因素也是非常广泛的。"教师在设计任务时除了要考虑如何制造情境、提出每项具体要求、任务的实用性和兴趣性，活动循序渐进的安排以外，也要想到如何把语言的内容、形式、意义和功能结合起来，使一项任务服务于若干个功能与目的。任务型教学不仅仅只是让学习者来做事情，更重要的是怎么用任务来创造出最适宜的学习条件，鼓励学习者踊跃参加，促进语言的输入和输出的积极互动。"（温晓虹，2008：289）实际上，所有可以促进和有利于学习者语言学习的因素，都应当在设计任务时考虑到。

有学者在研究此问题时，还提出了赋予任务更多教育价值的更高的要求。"教师在精心设计任务的过程中，一定要在社会建构主义模式中'建构、互动'的基础上考虑个人、团队、主题的关系，不仅限于语言习得的层面，还要赋予任务更多的教育价值，在培养学生语言能力的同时，培养他们的创造性和批判性思维能力。"（严明主编，2009：166）任务的意义不仅只是语言的习得，还有更多的对学习者发展的有益之处，这是新型的语言教学观念的体现，也是语言教学应当承担起来的责任。

（6）任务型语言教学中任务难度的确定

在任务型语言教学方式的实施过程中确定任务的难度成为了一件十分重要的事情，其原因在于，"在设计教学大纲、教学和测试时，将任务话题按难度排序是很有必要的。哪些任务在什么年级教、什么时候考，作为大纲设计人员、教师和考试设计人员都应该从学生的认知能力和水平角度、生活经历和背景考虑，设计适合于学生的任务来教学和测试。"（龚亚夫，罗少茜，2006：338）确定任务难度的等级之后，才可以使任务型语言教学和测试能够顺利展开。但是，任务难度的确定并不是一件简单的事情，所以才引起了许多学者的重视。任务的难度不能简单地以形式上的简单与复杂来确定。"形式上简单的任务不一定难度就一定很低，一个重要的决定因素是学习者需要获得的信息本身的复杂程度和难度。"（程晓堂，2004：41）可见，任务的难度有其特殊的确定标准。难度的确定的确也因此容易带有一定的主观性。"当然，教师对任务难度的估计很大程度上是主观上的。这与他们个人的语言教育观念、对教学目标的理解以及对学生在某个年龄某个水平能做什么的总体预期有关。"（Branden编著，2005：186-187）正是因为任务的难度由于其主观性而难以把握，使此项工作成为开展任务型语言教学时的重点和难点。

在任务型语言教学方式中，通常把交际任务的难易度划分为三个等级。在研究对外汉语教学中的任务型教学法时，有学者把汉语交际任务的难易度划分为三级，见表3-3。

表3-3　任务型语言教学任务难度等级表❶

序号	任务等级	项目	内容	特点
1）	初级任务	性质	简单交际任务	简单交际任务大多通过明显的形象标志为学习者完成该任务提供典型途径
		适用对象	零起点和初学者	
		交际活动	限制在日常生活、学习和简单的社会交际范围之内	
		语言功能	以了解、询问、社会交往等为主；词句常用、语篇结构简单、内容具体、有明显的标志词或逻辑方式	
2	中级任务	性质	一般性交际任务	一般性交际任务大多通过经过加工的真实语料为学习者提供完成该项交际任务的范例
		适用对象	具有初级汉语水平的学习者	
		交际活动	在日常生活、学习、工作、社交和部分文化、专业范围之内	
		语言功能	以说明、叙述、评价等为主，语篇有一定连接程式、内容相对完整、需进行成段地理解和表达	
3	高级任务	性质	复杂交际任务	复杂交际任务大多通过真实语料为学习者提供完成该项交际任务的范例
		适用对象	具有中级以上汉语水平的学习者	
		交际活动	在高层次的学习、工作、社交、社会文化、商贸等范围之内	
		语言功能	以交谈、讨论、情感表达为主，语篇意合性特征强、连接程式自由、内容较抽象、需进行大段的篇章理解和表达，并需了解相关文化含义	

❶此表根据马箭飞《任务式大纲与汉语交际任务》文中有关内容（2002:32-33）整理。

有国外的学者将影响任务难度的因素归纳为10项。"Honeyfield则结合任务本身的难度（内在因素）和教育（外在因素）来看教学任务难度。他综合归纳了10项影响任务难度的因素：任务本身的难度因素有：1）语言输入材料；2）输出要求的语言、技巧、知识或'话题内容'；3）所需帮助量和类型；4）所给完成任务时间；教育因素有：5）指示语策略（instructional strategies）；6）任务步骤；7）教师和学生角色；8）完成任务动力；9）完成任务信心；10）学习方式（1993：129）。"（龚亚夫，罗少茜，2006：312）即使归纳总结了这么多因素，仍然难以涵盖全部的任务难度影响因素。

从不同的角度出发，就可以提出不同的对难度的认识。还有许多学者就从认知的角度提出了确定任务难度的主张。"许多学者都主张从认知的角度确定任务的难度。Robinson（2001），Long（1992），Long和Robinson（1998），Skehan（1998），Skehan和Foster（2001）以及Doughty（2001）等人认为，按认知难度排列教育任务并以这样的排序作为设计教学大纲最为重要的原因，是这样的排序将有助于设计语言新知识的学习顺序，可以据此重新建构第二语言的教学目标，有效地促进第二语言教学的发展。"（龚亚夫，罗少茜，2006：310）从认知的角度确定任务的难度，是从有利于第二语言教学的角度来考虑的。

另外，对任务难度还有一种认识认为，其决定因素除了任务本身，还受到多种其他因素的影响。"Bygate，Skehan和Swain（2001：11）认为任务是一种受到学习者（对任务）选择和学习者对语言再理解影响的活动。任务的难度不仅会存在于任务本身，也受地域、文化因素、背景知识、时间、认知因素以及语言等多种不同方面因素的影响（Skehan，1998; Brindley，1998; Lumley，1993; Pollit et al.，1985，引自Brindley，1998; Bialystok，1991; Skehan和Foster，1997; Iwashita等，2001; Brown等，2002）。"（龚亚夫，罗少茜，2006：310）对于影响任务难度划分的因素，Nunan提出了一些："他（Nunan）认为，……等级的划分受到诸多因素的影响，如语言输入的难度，课文的长度，信息多少，信息涉及面，低频率词汇量，词汇复现率，听说材料的速度，参与谈话的人数，信息透明度，话语结构，材料结构清晰度等（Nunan，1989：98）。"（龚亚夫，罗少茜，2006：311）其他影响任务难度的因素还有三点。"影响任务难度的其他因素有：1）学习者自身因素；2）活动自身因素；3）语言输入/课文自身因素等（Brindley，1987；Nunan，1989，1999：109-111）。Nunan指出，任务的分等级和排序是根据学生的需求和学生对难度的意念来定的。因为各种因素的卷入和各种因素间的相互影响，难度的确定成为主要的问题（1993：60）。"（龚亚夫，罗少茜，2006：311）由于影响任务难度的因素十分多样而复杂，使得确定任务难度之事也变成了有难度的任务，成为了任务型语言教学方式中任务的设计和教学的实施的关键环节。

有研究任务型语言教学的国外学者还提出了将任务复杂度划分为四类的结果。"Robinson将任务复杂度的方方面面归纳成四类：1）关联复杂度（referential complexity）；2）结构复杂度（structured complexity）；3）信息处理过程的复杂度（processing complexity）；4）词汇量及记忆复杂度（lexical load and memory）（1995：387）。"（龚亚夫，罗少茜，2006：312）这也对我们确定任务的难度有很好的参考价值。

3.1.5　角色扮演不是最适宜的交互性教学方式

3.1.5.1　角色扮演中所存在的问题及其不被学习者接受的情况

角色扮演是交际法所极力倡导的，该教学法认为角色扮演有如下的优势和益处。"角色的扮演者不仅要用外语把话说得正确，说得充分，还要说角色应该说的话。因此，扮演角色活动要求学生运用语言能力的各个方面，如词汇、语法、语音、功能、话语连贯、意思表达、文化习惯和交际策略等等。"（徐强，2000：120）角色扮演有不真实的弊端，教学理论的发展强调真实性也使人们更清楚地认识到角色扮演的这一缺陷。

有国内的学者认为，角色扮演的教学和学习目标并不明确。"过去我们经常让两个学生到教室前面，根据教材中某个对话的内容，做角色扮演活动，那么这个活动的目标是什么呢？有人说这个活动的目标是练习口语，如语音、语调。但这样的目标太笼统。"（程晓堂，2004：82）角色扮演为语言而语言，难以树立起交际性的目标，不是真实的互动交流。

角色扮演中的语言交流没有信息交流的价值，所有的内容都是学生已知的，而且是事先早就排练好的，甚至是排练了多次的。"上面我们提到的角色扮演活动中，学生根据对话的内容说话，而且这些内容都是已知的。学生即使不听对方说话，也能说出下面要说的话。"（程晓堂，2004：82）重复多次自己早已知道的话语，其内容毫无新鲜感，怎能不令学习者感到厌烦？

国外研究任务型语言教学的学者也明确指出了角色扮演的弊病。"Willis认为，角色扮演的活动常常只能让学生表演他们所承担的角色，但在这种活动中虽然学生也需要想他们应该说什么，但往往不需要真正交换什么信息。Willis指的是那些要求学生预先背好的对话练习，在这种练习中，对话的双方实际上都并不关心对方说的是什么，学生只要把自己所承担的部分背诵出来就可以了。在这种情况下，学生关心的是语法形式的准确，而不是语言所表达的意义。在这样的活动中，学习者并不需要实际做什么事情，达到某个目的，只是为了练习语言。"（龚亚夫，罗少茜，2006：40）角色扮演并无交际的实际意义，仅只是一种语言形式的练习方式，只存在着表面上的进入角色，而这种角色并不是学习者自己，学习者说的都是别人的话，扮演的也是他人的角色。❶

当然，如果是非表演性的角色扮演，也就是学习者以自己的本来面目在交互性活动中出现，应当说是一种真实的交际活动，但是这实质上已经是完成真实的交际任务，而不再是角色扮演了。可以说，这也从另一个角度说明了角色扮演应该被取代和超越的深层理由。

有国外的学者还提出，角色扮演易于形成表演过多的局面，而对语言学习的关注偏少。"即使表面上看最诱人的活动经常也会收效不大。有时，这是由于哑剧过多，没有有效的语言练习造成的。然而，即使完全是对语言的练习，学生也会感到难以适从。在练习时，几次会话交流之后便'言枯语竭'，我们又回到'我没话可说'"的阶段了。（Ur，2007：9）实际上，角色扮演必然会偏离语言学习的根本目标，而且也不能解决学习者交际中的问题。

角色扮演排练和实施的过程中，容易出现许多问题而分散了学习者的注

---

❶角色扮演中的"扮演"一词就已经明确说明了扮演的角色不是学习者自己，而是他人。这种"扮演"就必然具有假定性、假造性的成分，离真实性的交际有一定的距离。

意力，降低了语言学习的效率和效果。"表演中会出现各种各样有趣的冲突和繁缛小事，学生们也会作出相应的反应，进而变得越来越投入、越来越感兴趣，表演也变得越来越令人信服。因为表演活动的初始目的当然就是提高表演能力，而不是语言能力。然而在外语学习中，这种缺乏特定方向和目的的活动有时会使我们的学生对接下来要做的事情感到慌乱、迷茫，因为他们并非完全放松，也没有足够的想象力，而且他们也相对受到自身表达能力的限制。"（Ur，2007：9）

对于角色扮演这种交际法所倡导的练习方式，有学者指出其忽视言语技能和交际技能训练的问题。"交际性练习缺乏有效的教学控制和体现公平意识的组织管理。比如造句、小组讨论，请一个或几个学生上台表演等。过分重视教学活动的形式和趣味性，而忽视言语技能和交际技能的训练。"（卢华岩，2014：310）

在我们进行的问卷调查中，学习者提出了对语言教学活动中角色扮演的看法："我们应强调真的情况：背诵课文，角色扮演的用处都不太大。重要的是随便说汉语。""应该发展让学生自己说，不用（使）用和记住课文里面的句子。"看来，角色扮演不能得到学习者的认可，问卷调查中的结果也显示出学习者并不喜欢这样的教学方式。"传统教学中的情景对话和角色扮演往往先教给学生一段对话，然后让学生分角色朗读对话；或者让学生模仿课本中的对话，根据假想的情景编造一段对话。这些活动的目的是熟悉对话内容，特别是操练对话中的重点表达法。在多数情况下，这些对话缺乏真实性，而且学生自我发挥的空间非常有限。"（程晓堂，2004：3）学生不喜欢角色扮演的学习方式，其原因是角色扮演的目的并不是实际交际，而仅只是完成对语言项目的操练，所以必然会是脱离交际实际的。我们可以认为角色扮演是很刻板的学习方式，其对语言形式的学习使学习者很被动。语言表达法的学习固然重要，但是其重点仍然局限于语言形式的学习。

3.1.5.2 角色扮演在教学中实施的困难

与人们通常的想象[1]相反，角色扮演并不易于为国外的学习者所接受。"许多学生，特别是一些没有西方文化背景的成年人，他们不熟悉这种练

---

[1] 这种想象在某种程度上也是跨文化交际研究中所提出的"刻板印象"。

习，感到很难扮演另外一个人，结果他们经常会感到窘迫不已，或不愿意参加表演，或表示轻蔑（'让我们不要再搞这些儿童游戏，真正上课吧！'），或嘲笑、动作迟缓、被迫说上几句便戛然而止。"（Ur，2007：9）这种情况并不仅仅存在于"非西方文化背景的成年人"当中。

实际上即使是热情开放的西方人，也难以适应和接受角色扮演这种学习方式。有到海外第一线开展汉语教学的志愿者以亲身的经历说明了这一点。"虽然意大利人平时很喜欢聊天，表情丰富，表演能力比较强，但是站在教室前面活生生地'演'出来，还是不那么自然。所以练习结束以后，我半正经半开玩笑地建议道：'下次我们表演对话的时候，我用DV把你们的表演拍下来，如然后你们自己看看自己表演得怎么样，什么地方好，什么地方不好。'学生们面面相觑，纷纷发出唏嘘反对的声音……（2011年4月14日商务汉语教学日志）"（崔佳兴，2013：167）该志愿者进一步对此进行了分析。"按照一般的了解，意大利人多性格开朗、热情奔放，本班学生在课堂上的表现不乏活泼，还常常主动配合课堂教学。但是请学生用汉语表演对话，他们还是会表现得很紧张。一方面需要注意语言正误，一方面需要配合恰当的表情和动作，同时还要接受别人的监督和检验，对于学习者来说这需要良好的心理素质和汉语水平，害羞在所难免。"（崔佳兴，2013：168）连热情开放的意大利人对于角色扮演都是如此，这正说明这种方式存在着问题。

3.1.5.3 角色扮演不适用于交互性语言教学方式

虽然也有研究交互式语言教学的学者提倡角色扮演的教学方式，"所谓角色扮演交互式教学，是指教师在教学中提供一个真实的问题情境。组织学生扮演其中的人物角色，指导学生开展生—生，师—生，学生—教材以及学生—环境的交互学习活动。"（朱晓申等，2007：192）但是我们认为，这种教学方式不是最适宜于学习者进行语言交互的学习，特别是不适宜进行语言输出的一种方式。

我们可以结合实例来初步分析一下角色扮演的练习任务。在《新实用汉语课本》第1册第11课中的交际练习（角色扮演）设计了多种小组活动。"（1）你的对方是出租汽车司机，你想去一个地方，那么怎么对话。（2）

你的手表停了，你怎么跟过路人打听时间。（3）你跟同学谈论家庭，怎么问对方父母的年龄和对方兄弟姐妹的孩子。（4）你在一个地方旅游，怎么问所在地方能否拍照或抽烟。"（崔永华，2008：230）先不评价这些练习的设计水平，仅就其类型来说，这些练习题似乎都是回答问题，既不是交际练习，更不能称得上是角色扮演。或者说，我们由此可以看出交际法语言教学在练习编排方面所显示出的局限性，其离真实的交际总还有一段距离，甚至是不小的距离。

角色扮演的致命弱点是其并非真正的语言交际，学习者只是在扮演而非真正的意义交流。"如果两个学生表演一个对话，而彼此都知道对方要说什么，这种活动还不是真正意义上的交流。互动或交流是为了交流信息，完成一个任务，做成一件事情。"（龚亚夫，罗少茜，2006：23）由此可见，角色扮演不是真正的、真实的互动，所以，我们才提倡充满真实交际的交互性语言教学方式。

3.2 交互性语言教学方式在课外的延伸

作为技能训练的语言学习，课内学习和课外学习同等重要，因为课外的实践作为课堂教学中学习的延伸，实际上是学习者语言学习的终极目标，即在实际生活中运用目的语。"假如交际技能是课堂语言教学的目标，那么教学就应该包含其所有成分：组织的、语用的、策略的和心理的。只有对于以下各方面给予应有的重视才能达到最佳的交际目标：关注语言的使用（use）而不仅是用法（usage）；关注语言的流利而不仅是准确；关注真实的语言和语境；关注学生（把课堂学到的知识应用到现实社会）的最终需求。"（朱晓申等，2007：6）重视语言学习成果在课外的应用，重视在实际交际中的实践，这样的理念与重视学习的真实性和语言的使用有关。那么对于教学者来说，促进和帮助学习者的课内学习和课外学习也是同等重要的教学任务。

最为主要的是，课内学习与课外学习相结合，是学习者们的愿望和期待的结果。"事实上学生们来华留学，是希望通过课内外相结合的复合式的途径提高汉语水平。'以正式学习为主，以日常生活中自然提高为辅'符合'学以致用'的理念；'以日常生活中自然提高为主，以正式学习为辅'符合'在用中学'的理念；'正式学习加日常生活中使用汉语'观点强调不偏不倚，居中。"（仇鑫奕，2010：82）我们责无旁贷地应该满足学习者的这种愿望和需求，使他们的来华留学能够真正发挥更好的作用。

3.2.1　充分发挥在目的语环境中交互的作用

即使是在语言学习的入门阶段，仅进行机械性的练习也太枯燥了，而且这样做的教学效果令人担忧。在目的语环境中要鼓励和设法促进学习者对所学的目的语多加运用，语言学习不只是语言知识的学习，甚至不应主要是语言知识的学习，应用更为重要。言语技能的培养、交际能力的获得是语言教学的首要目标，而这些必然要通过和依靠练习，交互性的练习最有价值，尤其是在目的语环境中的交互性练习更有效。应当充分利用和培育目的语环境，发挥其帮助和促进学习者语言习得的作用。

有学者在研究交互性外语教学时，提出了课外交互性活动的多种形式："课内外实现交互，课外的交互发挥了更主要的作用，其形式包括：在线学习与反馈，师生与生生交流、小组讨论、资料与经验共享、作业互评等。学习阶段之间通过测试实现交互，每个阶段均实现了'输入—内化—输出—评估—反馈'的交互过程。"（王晓军，官力，2010：48）在课外的交互性活动中，也注意到了实现语言学习的目的，并且是在有评估的情况下对课外的交互性学习进行掌控。

有学者认为课外的交互性活动可以实现"教学语境社会化"和"真实语境再现"等等目标。"关注社会交际与信息交际的综合，实现教学语境社会化和真实语境的再现、设置和多元互补。交互外语教学思想的嬗变符合主体间性哲学、语言学、学习论和教育技术学的发展趋势。"（王晓军，官力，2010：50）应当充分利用社会语境的资源，与社会（"社区"）❶的交互应当强化。

---

❶ 这也是美国《21世纪外语教学标准》中提出的"5C"标准其中之一的"社区"（community）标准的体现。

3.2.1.1　目的语语言环境的组成

对于语言学习环境的理解，有学者提出了"动态学习环境"的概念。"学习环境不是一个静态概念，而是一个动态概念，它与动态的学习进程是紧密联系在一起的，学习环境是学习活动过程中赖以持续的情况和条件（武法提，2000）。"（张红玲等，2010：62）而且还提出，对学习环境的理解不能局限于物质性的学习环境，"因此，学习环境的要素就不仅仅是支撑学习过程的物质条件（场所、学习资源等），而且还包括教学模式、教学策略、学习氛围、人际关系等非物质条件❶。"（张红玲等，2010：62）非物质的学习环境包括了许多因素，是需要在学习环境建设中全盘考虑的。

有一种基于建构主义学习理论的观点把学习环境视为是各种学习资源的组合。"这种观点将建构主义学习环境概括为是一种支持学习者进行建构性学习的各种学习资源的组合（杨开诚，2000）。其中学习资源不仅包括信息资源、认知工具、教师等物理资源，还包括任务情境❷。"（张红玲等，2010：63）建构主义对学习环境的资源性理解，可以开阔我们对学习环境更为广阔和全面的视野。

对学习环境的理解不能仅限于学习者的外部环境条件，还包括学习者内部的一些因素也构成了学习环境的一部分。"学习环境不论是作为学习者在进行学习活动时外部的物质条件（空间、教师、学习资源等），还是作为影响学习者学习效果的内部原因（学习观念、学习氛围、心理因素等），都是学习者周围的一切情况和条件，是学习活动展开过程中赖以持续、对学习活动的过程和效果产生影响的各种情况和条件。"（张红玲等，2010：64）这种对学习环境的认识提醒我们对于交互性的语言学习环境要全面地看待，因为学习者外部的各种环境因素是要与其内部的各种环境因素交互地发生相互作用的。

---

❶　"这种非物质条件主要是指人与人、人与物质环境相互作用而产生的心理环境，也称为软环境或精神环境。"（张红玲等，2010:62）

❷　"所谓任务情境是指呈现给学习者的问题解决情境，为了起到集成各种学习资源的作用，任务情境更注意智力环境或软环境的作用，包括学习观念、学习理论等抽象因素和信息、媒体、模式及人的因素（社会、教师、学习伙伴）等具体因素（王清、黄国华，2001:50-51），任务情境是建构主义学习环境的核心。"（张红玲等，2010:63）

语言学习者仅仅依靠个人的努力是不能很好地习得目的语的，因为语言是交流的工具，不进行交流是难以掌握交流的工具的，而最理想的进行语言交流的环境就是目的语环境。

3.2.1.2 语言环境对于目的语习得的重要性

目的语环境对提升学习者的语言水平有着极大的促进作用，在目的语学习中有着不容忽视的重要性。"有大量事例证明，在目的语环境中学习者的第二语言水平有可能会接近讲母语者的水平；而这是仅仅依靠课堂学习很难做到的（Swain，1985; SchinkeLlano， 1990; Fathman，1978; Ellis，1994）。"（仇鑫奕，2010：30）

目的语环境的有利之处在于，可以从多方面对学习者的目的语学习起到支持的作用，提供语言实践的机会和提供帮助者只是其中的两个方面而已。"在目的语国家学习第二语言，比学外语享有更多的环境支持。学习者可以经常通过非正式渠道从身边的目的语环境中习得一些东西。相比之下，外语学习者与外语社会相隔千里，需要更多的学校教育和其他措施来弥补目的语环境的缺失。"（Stern，1983/2000：16）处于缺少目的语环境的情况之下，也不能消极等待或无所作为，而是应该起而发挥自己的能动性，设法创造和开辟接近目的语的学习环境。

课外的学习环境中的实践，对学习者巩固课内的学习成果也是非常重要的。"学生课外如果没有使用目的语进行言语交际的机会（现实生活中的机会和未来生活中的机会），教学就会失去明确的方向和内在动力。而如果目的语言语交际只是远期计划，学生从课堂上学来的知识、技能不能及时、充分地在日常言语交际中付诸实践，那么，学到的知识和技能也就很难得到及时有效的巩固和提高。"（仇鑫奕，2010：32）

教学者应当理解学习者来华学习汉语的目的，要帮助而不是阻碍他们充分利用汉语环境，否则如果在中国的汉语学习仅限于课堂学习，那与他们在自己本国进行汉语学习何异？"外国人来华学汉语的目的，是充分利用这里的目的语习得环境促进自身的汉语习得进程。如果教师不去想方设法引导学生尽快进入目的语社会，反而将其紧紧地束缚住，迫使学生将时间精力都花在课本上，花在应对各种额外的作业上，很快就会将他们来华学汉语的热情消磨掉。"（仇鑫奕，2010：93）重视课堂里书本知识的学习，是应试教育的后果或必须，但是留学生不需要应试教育，不需要死抠书本并进行题海战术的解题训练，这样做不但违反了语言学习的规律，而且消解了他们来华学习汉语的必要性，使他们花费了大量的时间、精力和金钱却所获有限。有些教师想使学习者多在课堂上学习一些的愿望是好的，但是效果却适得其反，好心帮了倒忙。

注重课内的学习也与传统的只重视教师的作用的教学观念分不开。"'以教师为中心'的教学主要关注课内，很难兼顾课外；主要考虑学习，很难兼顾习得。学生是课外活动和社会交际活动的主体，只有学生真正成为学习的决策者、主导者、责任人，课堂教学、课外活动和社会环境里的交际活动才有望联系起来组成一个教学体系。"（仇鑫奕，2010：101）如果只是重视课内的学习，也会影响到学习者主体地位的落实和主体作用的发挥。

3.2.1.3 语言环境在学习者目的语习得中的作用

目的语环境有利于学习者学习的作用是多方面的，有国外学者总结出了四个方面。"（1）当目的语被用来作为交际工具时，学习者必须调动他（她）的目的语能力，全力争取交际的成功；（2）自然的外部环境能够为学习者提供大量的各种各样的语境线索，以便学习者理解目的语，掌握使用目的语进行言语交际的规律；（3）在目的语环境中，学习者面对各种语体和语域的实际需要，可以学到鲜活自然的而不是教科书式的语言；（4）由于人们总是力图保持交际的顺利进行，所以在目的语环境中，说话人会自然而然地降低言语难度，采用学习者容易理解的言语表达式。拥有自然的目的语交际环境，因而成为产生'可懂输入'的必要条件。（Spolsky，1989：171-173）"（仇鑫奕，2010：29-30）实际上，目的语学习环境的作用远远不只是这四个方面。

有国内学者概括了目的语环境更多方面的作用。"拥有目的语自然习得环境的优势意义还包括：（1）有利于学生获得大量真实的、有吸引力的可懂输入。（2）有利于学生通过自然认知渠道习得汉语的语音、语法和词汇。（3）有利于提高学生对中国文化的适应力。（4）有利于提高学生的语体意识。（5）有利于提高学生的汉语口语水平和汉语口语交际能力。（6）

有利于培养学生用汉语思维的能力。"（仇鑫奕，2010：32）这样的总结更加全面一些。

语言学习的相互作用理论就非常重视语言环境的重要作用。"相互作用论（Interaction Theory）将语言习得看作是语言环境和学习者的内在机能（internal mechanisms）相互作用的结果。"（仇鑫奕，2010：27）这实际上就提出了，学习者内在的努力与语言环境之间交互作用（interaction）的重要意义，语言习得是离不开这样的语言环境的。

从学习心理的角度看，"真实言语情景的强烈刺激和自身的迫切需要能够加深特定语境中的话语在人脑海中留下的印记，并且能使人突破语言障碍，在话语和实情实景之间建立直接而又牢固的联系。"（仇鑫奕，2010：37）目的语的环境中的话语交流，可以促进学习者的话语记忆和与真实情景的联系，这就可以使语言习得真正有成效。

课外活动中真实的交际，可以提升学习者言语理解的水平。"学生在课外活动中是真实的言语交际主体，能接触到大量与自身直接相关的话语，言语理解的结果直接反映到学生的言语和非言语行为中，由于学生必须为自己的行为负责，所以在理解话语时能自然而然地将注意力集中于话语的信息内容。"（仇鑫奕，2010：177）学习者在真实性的交际中关注的是信息内容，因此这会激发和调动起他们的全部注意力和努力去理解话语意义，这会给他们的理解带来明确的目标和强劲的动力。

最主要的是，课外活动使学习者进入到目的语环境之中，这不仅可以满足他们的需求，而且也符合他们作为年轻人的心理特点。"课外活动以吸引学生以欣然之心做喜爱之事为特征，学生自愿参加、自主活动，活动参加者容易结成互助合作的伙伴关系，一般情况下言语表达的时长不受限制，言语理解出现障碍时可自由提问，因而学生使用汉语是一个自然而然的过程，能够赢得尽可能多的习得机会。"（仇鑫奕，2010：177）目的语环境自然会产生和促成大量的习得机会，给学习者利用这样的机会创造了极好的条件。

在语言环境中学习者会面临许多语言障碍和文化冲突，这为他们进行有针对性地学习带来了目标和动力。"'有明确的目标和使用汉语进行交际的内在动力、有交际对象和辅助者、有自主学习的资源、可随时放弃不适合自己的活动'，课外活动中的语言障碍和文化冲突才会成为一种原动力，促使学生有针对性地进一步学习、咨询、探究、实践，在'做中学'，最终通过及时的双向信息交流、丰富的非语言信息和真实的言语交际效果，从形式、意义和语用等方面把握汉语表达式；与此同时，在知识经验、价值取向、审美情趣等方面增进对中国文化的感性认识和理解。"（仇鑫奕，2010：178）学习者可以在语言环境的语言实践之中得到对汉语和中国文化的全面理解，这样才能真正有效地解决言语交际障碍和文化冲突的问题。

有学者提出了在课外学习中应当给学习者充分的自由的观点。"理想中的留学生课外活动是一种自由学习。按罗杰斯在《自由学习》一书中的观点，促进自由学习的途径包括：经历真实的问题情境；促进体验性的探究训练；拥有学习资源；与指导教师签订独立研究契约（明确独立研究的课题目标、时间，与指导教师见面讨论课题的时间，独立研究的活动内容、评价方式、可资利用的学习资源，学生和指导教师的签名）；拥有社区资源（通过与社区居民交谈、参加社区服务获得学习经验和知识）；同伴间互相指导；参加交友小组活动；接受程序教学；进行自我评价。（Rogers & Freiberg，2006：169-189）"（仇鑫奕，2010：180）我们看到的是，学习者要想在真实的语言环境中自由地学习，是需要许多先决条件的，而且在这种"自由"当中是包括了教师的参与的，所以不能将这种"自由学习"理解为绝对的自由。

在课外真实的语言环境中的学习，给了学习者体验的机会，这也是其重要作用的一个方面。"对汉语初学者来说，这些以体验为主的课外活动，是最好的预习课和实践课。教师可以根据教学计划和课外活动计划提出预习提纲，学生在课外通过体验活动完成预习任务，进入课堂展示，进而获得教师的指导和反馈，在有针对性的训练下，掌握重点和难点，再回到课外活动中加以实践，从中获得新的体验和学习的成就感，促进课内学习。"（仇鑫奕，2010：183）课外的活动可以与课内的学习联系起来，作为预习和实践的机会也有助于课内的学习。课外学习与课内学习可以形成交互性的关系。这种课外学习实际上也是另一种形式的学习者与社会人士之间的交互，而且在他们之间是有真实的信息差，从而形成他们真实的交流动机。

课外活动还有有利于学习者实现可理解输入的作用。"相比之下，课外活动更有利于实现可懂输入，因为：①人们在实际交际场景中，可依赖交际双方的共有信息、交际场景和各种副语言手段简化语言表达式；②课外活动中的非语言信息可以为学生把握话语的含义提供可靠的依据，听不懂、看不懂的时候还可以请人解释；③真实言语交际场景中的口语交际是交互式的双向的信息交流过程，及时对言语表达作出调整，降低句法和词汇的难度，最终可实现可懂输入。"（仇鑫奕，2010：176）这种可理解输入是实质性的，有其真正的功效，因为这是在课外活动的交际实践中实现的。

课外活动中真实的语言交际场景，也有助于学习者对交际话语的理解。"在课外活动中学生接触到的不仅仅是话语，还有话语赖以产生的具体场景和特定交际事件。学生在理解话语时，语言信息是协同非语言的语境信息转换加工处理的。因此，学生在掌握话语语言特征的同时能建立起相应的语境图式，获得宝贵的言语实践经验。这对于培养学生的言语交际能力具有积极意义。"（仇鑫奕，2010：178）真实语言环境中的话语理解不同于课堂上的，因为课堂上的汉语理解有其假定性，这是由课堂环境场所局限的特点所决定的，课外活动可以突破课堂环境的局限，还可以使学习者获得语言实践的经验，对实现目的语习得的根本目标（获得交际能力）有着重要的作用。

3.2.1.4　网络也是课外一种不容忽视的交互性学习环境

（1）网络语言学习环境的定义

对于网络学习环境，有学者给出了这样的定义："网络学习环境指在网络环境下，利用网络技术、多媒体技术等现代信息技术手段，以现代教育思想和学习理论为指导，提供各种学习工具和丰富的学习资源，传递数字化内容，在教师和学习者之间提供辅导和学习，在学习者和学习者之间提供协作与共享，开展以学习者为中心的学习活动的环境。"（张红玲等，2010：69）并且认为在网络学习环境中有大量的交互性活动。"此外，我们认为，网络学习环境不仅包括学习者自由探索和自主学习的场所，还应该包括学习者与学习材料、支持系统之间在交流过程中所形成的氛围。"（张红玲等，2010：69）网络本身的交互性强的特点，也赋予网络学习环境充满交互性活动的可能性。既然我们生活在无处不在的网络环境之中，为什么不可以充分地利用网络环境的特点和优势，使之有利于学习者的课外学习呢？

进一步我们可以进行网络语言学习环境的定义，有学者已经给出了网络外语学习环境的定义。"我们可以对网络外语学习环境做如下定义：网络外语学习环境是在一定的思想或教学理论指导下，依托计算机网络技术，支持学习者外语学习活动，促成其达成外语学习目标的空间、丰富的教学资源、教学策略等学习支持服务系统。"（张红玲等，2010：69）作为第二语言学习的汉语学习环境基本上与此相似，可以参照。

（2）网络学习环境的特点和作用

网络学习环境有许多特点，交互性就是其中之一。"网络环境下的外语学习具有趣味性、文化性、交互性等特征，能激发学生的学习动机，提高学习兴趣，吸引学生注意力。抽象的、枯燥的学习内容转化成形象的、有趣的，而且在讲解一些内容比较抽象的课文时，还可以为学生提供直观形象的场景，便于学生理解、记忆，矫正发音错误。"（张红玲等，2010：75）网络学习环境对于促进学习者的学习有着多方面的积极作用。

网络学习环境中学习内容的呈现方式有自己的特点。"创造多维输入环境是外语学习成功的重要保证。网络外语学习环境的教学内容是以超文本及超媒体形式制作完成的，以网页、单元方式呈现，信息输入呈现全方位、多感官的立体性，使学习者最大限度地接受语言输入，自然习得语言。"（张红玲等，2010：73）看来，网络学习环境在学习者的输入方面，可以起到特别大的帮助作用，因为信息的输入除了便捷和领域、内容广泛之外，还有着真实、自然的特点。

网络环境中的语言学习，还可以给学习者带来排除干扰、建立自信、提高效率的有益作用。"网络环境下的外语学习有助于消除无关信息的干扰，降低了社会因素（如性别、口音、地位等）和个人因素（如非言语信息、迟疑、皱眉等）对交流的影响。这样，学习者可以更加自信地专注于任务的解决，提高学习效率。不仅如此，学习者还可以根据自己的时间和速度充分准备交流内容，这无疑降低了学习者因面对面而反应不及的焦虑。由于交流质量的提高，自信心也随之增强。"（张红玲等，2010：75）虽然真实性的面对面的交流能力是语言学习的最终目的，但是在进行这样的学习活动之前，不妨进行一些准备工作，网络学习环境现在已经可以做到对学习者的帮助，对学习者的课内学习和课外的交互性活动都能够发挥其辅助的作用。

有学者甚至提出网络学习环境具有面对面交流所不具备的一些优势，"网络环境下多对多的交流（many-to-many communication）为交流开拓了无限空间。小组成员可与其他任何成员进行交流。与面对面的交流相比，其优势在于：不受时间限制，从而提高了交流频率，其反思性和互动性为学习群体创造了共同创建知识的机会。交流方式多样，交互水平比较高，为交谈者提供了平等的参与机会。"（张红玲等，2010：73）网络学习环境可以为学习者的交流带来更多的机会和便捷性，充分发挥网络交互性强的特点，可以促进学习者在交互性活动中的平等参与。

3.2.2 课外交互性活动对语言学习的重要作用

3.2.2.1 课外交互性学习活动对课堂教学的补充作用

课外的交互性活动可以补课堂教学的不足。"要学好一种外语，必须同时了解使用这种语言的社会生活实际，包括当地的文化生活、社会习俗、价值观念等等，这些又是课上不能完全学到的。只有开展社会实践活动，把学生带到产生活的语言的情景中去，才能使学生体验语言的真实含义，了解中国社会，从而更好地理解含义、使用汉语。"（姜丽萍，2011：10）我们应当坦然面对和承认课堂教学尽管有着极大的作用，但是其局限性也是很大的。语言学习具有实践性很强的特点，而且对目的语的学习与目的语文化也有着密切的关联，课外的学习正好可以在这些方面发挥其作用。

课外活动可以随时随地开展，而且与学习者的生活密切相关，使他们易于进行。"需要强调的是，课堂上言语交际训练的时间十分有限，对提高学生运用第二语言进行思维的能力帮助不大。而如果学汉语的外国人来中国，其每日使用汉语的时间长度就基本上可以达到幼儿接触母语的时长。"（仇鑫奕，2010：38）课外活动超越了课堂教学的时间和场所的限制，给了学习者大量的使用目的语的机会和时间。

课外活动给学习者提供的是真实的语言交际情景，这是课堂教学所不具备的。"课外活动中交际情景的创建也是十分必要的。建构主义理论认为，学习总是离不开一定的情境，知识也是在一定的情境中才有意义。"（朱晓申等，2007：12）语言教学中课堂所学的也必然要应用于语言交际的实践才有意义。语言学习不是一种纯智力性的活动，至少对绝大部分的学习者而言不是，而是要用于实际的语言交际，是以掌握交际工具为目的的。语言学习和教学的实际意义就在于应用，我们（学习者、教学者）应当为对有益于社会发展作出的努力而感到自豪。

3.2.2.2　课外学习活动促进交互性语言教学方式的开展

有学者提出了与本族语者的交互性交流对语言学习有着最大的帮助的观点。"对学习最有帮助，被研究得最多的是学习者与本族语者的交互。与本族语者谈话对语言学习有何作用？其根本的好处是本族语者通过简化的话语使学习者更容易理解，因为没有理解也就没有学习可言。为便于非本族语者的语言理解，本族语者通常简化他们的语言，因而产生特定的非本族语者的语言特征……"（朱晓申等，2007：57）我们同意这样的看法，但是对其所提出的原因有不同的看法。难道与本族语者的交互所带来的对语言学习的作用主要是因本族语者表达的简洁？我们认为不是这样，主要能够起作用的还是因为本族语者表达的地道，而且还因为本族语者有修正能力因而能起到帮助学习者的作用。

仅仅是课堂教学中学习者自己之间的交互性活动，还不足以实现交互性语言教学方式的目标，因为交互的对象都是非本族语者（一般是除了教师以外），与本族语者的交互性交流有着特殊的意义、价值和作用。"非本族语者在课堂环境下通常花费更多的时间在原语活动方面。思考语言的能力通常与学习语言的能力相联系，例如双语儿童被认为比单语儿童原语意识更强。在交互的过程中，通过提问、澄清等形式，学习者更清楚他们在语言使用中的错误（包括语音、词汇、语法、内容、语篇等方面）。也就是说，交互使学习者发现自己使用的语言形式与本族语者使用的语言形式的差异。"（朱晓申等，2007：61）仅仅对目的语进行思考是不够的，而且对目的语的思考也不能空洞地形成，必在运用的过程中形成，也只有使用才能创造有针对性的、有具体对象的思考机会。

在课外活动中与本族语者的交流，可以给学习者带来多方面的帮助。

"在交互的过程中，本族语者或水平高的一方能给二语习得者或水平低的一方提供支持，提供准确的、可理解的输入，就学习者的语言进行评价，帮助学习者对语言进行反思等。"（朱晓申等，2007：62）这种一对一的交互性活动，是课堂教学中教师难以做到的，而且这种结合着交际活动实践的学习活动，更贴近实际的交际，也是课堂教学中的学习难以企及的。

课外活动可以带来语言学习的真实、自然的交互性活动，最为重要的是其真实性。"学生在课外活动中既有自己真实的角色，也有自己真实的活动任务，需与指导者或其他参加者之间在行动上互相适应、相互配合，发现问题、分析问题、解决问题、克服困难，言语交际频繁自然。在此过程中，学生不仅可以获得大量的可懂输入，而且会自然而然地输出，交际双方的互动十分自然。"（仇鑫奕，2010：177）在实施课外活动的过程中，学习者必然与其他人（尤其是本族语者）发生交互性的交际活动。

要想使课外活动中的语言学习能够顺利和有成效地进行，不能忽视实现课外学习与课内教学活动的交互。"课内教学是学生在课外遭遇汉语交际困难和跨文化交际障碍时最好的回归点。在由外及内的促动下，学生主动提出学习目标，教师适时设计教学过程、调配教学资源、组织有针对性的教学，辅助学生为解决自身交际中的实际问题而实现自主学习。"（仇鑫奕，2010：182）课堂教学是课外活动最好的依托和根据地，课外的学习还要回归到课堂学习之中，在课外和课内的学习之间反复进行交互往复。若非如此，学生的课外学习不是自主学习而仅仅是自学了●。

课外活动对课内的学习有促进和激励的作用。"如果能放手让外国学生在课外尝试体验活动、社团活动所包含的各种阅读和视听任务，就可以加深学生对课堂教学内容的理解，并给他们带来践行学习内容、获得新的学习的机会。而这能有效支持学生，激发学生的成就感、学习的主动性和自信心、促进课内外的良性循环。"（仇鑫奕，2010：182-183）把课内的任务带到课外，使课外的活动有语言学习的目的。再回到课内时，学习者可以互相交流、共同成长。

● "自主学习"和"自学"二者之间是有天壤之别的。其实，在自主学习中学生不是单独的个体，而是处于学习共同体之中。

自主学习的教学模式可以与对语言学习环境的利用结合起来，"如果采用自主学习的教学模式，教学内容服务于学生课外学习的需要，那么，植根于汉语习得环境中的国内对外汉语教学，定能与学生日常生活中的汉语交际需要结合起来，让学生'做中学'、'学以致用'，最终实现课内与课外、语言与言语、学习和习得的良性循环。"（仇鑫奕，2010：32）这样，学习者的自主学习就与语言环境形成了交互性的相互作用的良好关系。

3.2.3 想方设法充分利用和发挥语言环境的作用

3.2.3.1 课外学习活动不受重视的原因

在对来华汉语学习者进行的调查当中，他们的反馈也反映出学习者所处的语言环境没有很好地被利用起来的问题。"按照学生的回答，阻碍第二语言学习者利用目的语习得环境的因素，主要来自三个方面：一是学习者个人心理，如学生缺乏对课外习得必要性的认识、缺乏交际动力、缺少自信心怕出错、有跨文化交际问题；二是目的语语料习得条件，如：语料难度大、内容没有吸引力；三是学生所处的教育环境，确切地说是，目的语课外习得活动没有纳入教学计划。"（仇鑫奕，2010：85-86）

现阶段的汉语教学中课外学习活动的计划、安排和实施还存在着多方面的问题。有学者就指出，"是否帮助学生利用汉语习得环境纯属教师自发式的个人行为，学校只是对学生进行正式教育的地方，对此既没有监管机制也没有奖励措施。课内外相结合的教学在整个教学体系中既没有横向的照应，又缺乏纵向的衔接，学生获得的引导和帮助总体上说只是零星的、阶段式的，可有可无。"（仇鑫奕，2010：98-99）

课外的学习活动没有得到重视的根本原因，除了观念意识上的忽视和仍然重视课堂教学以外，也没有纳入对外汉语教学的教育体系之中。"课内教学为课外汉语交际活动服务实际上只停留于表面，在深层的意识领域，对外汉语体系并不包括课外汉语交际活动。最常见的教学场景仍然是教室内的教师、学生、课本、纸、笔。以培养汉语交际能力、服务课外汉语交际活动为导向的对外汉语教育体系尚未建立。"（仇鑫奕，2010：99）课外的汉语学习没有成为汉语教学的组成部分，没有得到应有的关注，更谈不上重视了。

3.2.3.2 积极设法开展多种形式课外交互性的学习活动

要想解决课外学习活动受到忽视的问题，首先就要把课外活动纳入汉语教学的教育体系。"课外活动是课堂教学之外的另一个重要的教育渠道，应当放手让学生'做中学'，从思想认识到时空安排，彻底改变课外活动在来华留学生教育中的附属地位和边缘地位，建立课内与课外并重的新型的来华留学生教育体系。"（仇鑫奕，2010：175）要想真正实现这样的目标，实际上就需要变革教学体系，给课外活动以重要的地位，在活动时间等等课外学习活动开展条件方面提供保障。

把课外活动纳入教学计划，才能有计划地开展课外的学习活动。有学者就呼吁，"应当从理论研究、教育理念、教学管理、资源建设资源分配到教学计划、教学实践彻底改变课外活动的边缘附属的地位，将课外活动纳入对外汉语教学体系。"（仇鑫奕，2010：181）课外活动要成为对外汉语教学体系当中的正式的成员，并且是不可分割的组成部分。

要实现语言环境的作用有效发挥的目标，首先要打破观念意识的束缚，除了教师以外各方面的有关人员也要这样做。"在不少教师看来，自身的职责是完成课内教学任务；制定教学计划的目的是要保证在有限的时间内完成课本上的教学内容；组织学生课外汉语交际活动则是额外的负担。事实上，这并不只是教师个人的意识，现有的第二语言教学体系、管理体系、教材，无不支持这一观点。如果教师个人要打破陈规，反倒会有多方压力。"（仇鑫奕，2010：94）另外，还要建立支持学习者课外交互性学习的体制和机制，这就要通过教学体系、管理体系、教材、教师等等各方面因素的全面变革来实现，这是一项牵涉颇多的系统工程，但是为了汉语教学能够提高水平这样做是值得的。

教师在课堂教学的过程中有规划地、甚至带有一点强制地要求学生参加课外活动，这其实是一种引导。布置课外活动的任务尽管带有一些强制，但这只是在一开始推进课外活动时采取的不得已的方式，如果学生不能或不愿坚持，教师也不应强迫，但学习者开始的坚持会带来以后的兴趣和乐趣，这样就可以自然地吸引学习者们的参与，并且会带动其他更多的学习者参与到课外活动中去。

要想顺利地开展多种形式课外交互性的学习活动，最根本的还是要将课外的学习活动纳入有保障的教学体系之中。有学者就提出了建议：建立"课内课外相结合、学习与习得相结合的立体的教学体系"，并且"新的教学体系应当突破课堂教学的框框，由课堂教学、课外活动和社会环境的交际活动三个层面组成。"（刘珣，1994：72）还有学者就此提出，"建立'课内课外相结合、学习与习得相结合的立体的教学体系'，关键是要变'以教师为中心'的教学原则为'以学生为中心'，建立体现自主学习理念的教学模式。"（仇鑫奕，2010：101）充分发挥学习者的自主性，是顺利开展课外学习活动的根本保证，因为自主学习的理念与课外学习活动最为契合。

3.3 交互性语言教学方式与现代教育技术的结合

在现代社会，在经济、社会甚至人们的家庭生活中人际沟通变得十分重要。现代教育技术中的很多手段，都是为了促进和方便人们进行沟通和信息交流的。"互动是沟通的条件，交互性概念的运用将人们的注意力集中在社会性的交流和沟通上，互动方式可促进学习者的主动思考，互动媒体可以促进人们的交流，有利于促进语言学习。"（郑艳群，2012：78-79）要想沟通得以实现和顺畅，就离不开交互性的交流方式。现代媒体在帮助人们进行沟通方面可以发挥重要的作用，也对交互性语言教学方式的实施必然具有帮助的作用。

对于在学习者之间开展交互性语言教学，有作者认为，"仅靠学生之间的中介语互动是很难学到地道的外语的，解决这一问题的最佳途径必须依赖现代媒体技术。"（程可拉，2006：198）现代媒体技术已经非常发达，而且无所不在、影响广泛、不容忽视，我们应该趁势利用好以现代媒体技术为代表的现代教育技术对语言学习的帮助作用，将现代教育技术与交互性语言教学方式结合起来。

由于计算机网络技术的飞速发展，现在教学的发展已经不只是将现代教育技术作为教学过程中的辅助的角色了。"随着计算机技术变得功能更加强大、具有更普遍的适用性，以及在学习心理学领域中行为主义向认知主义的转向，至20世纪80年代，许多教学设计人员并始将他们的注意力从计算机辅助教学转向基于计算机的教学（CBI：computer-based Instruction），基于计算机的教学也开始逐渐占据教学设计的领域。"（格桑央京，2010：4）计算机在教学中的作用和地位的变化，也会影响到教学思想、教学观念和教学设计理念的变化。

现代教育技术为学习者参与教学和学习活动提供了极大的便利。"在面谈中，教师经常提到，传统的课堂活动中很难融入的学生，会更加积极主动地参与到计算机活动中来。显然，计算机给了他们一种胜任感。教师经常说这种有胜任感也可以被传递到非计算机活动中。在计算机课程之后，一些学生变得更加自信、更加活跃。"（Branden编著，2005：116）现代教育技术的这种作用不容忽视，在研究交互性语言教学方式时，我们应当考虑这种作用。

3.3.1 现代教育技术所蕴含和发挥的教学交互性

3.3.1.1 现代教育技术所具有的交互性特点

交互性本来就是现代媒体技术不同于以往的特点。"交互性代表了传统媒体和现代媒体的根本区别，它是计算机辅助教学的重要特征。它的作用是使学习者能够融入计算机所提供的学习环境。交互的关键是引导学习者主动参与各种学习活动。"（郑艳群，2012：58）在开展交互性语言教学时，就应该充分利用好现代媒体技术的这一特点，使交互性语言教学方式能够更好地发挥其作用。

交互性不仅是语言教学领域关注的焦点，也是现代教育技术领域研究的热点，两方面的殊途同归，是十分令人欣慰的。"交互性是当前教育技术领域的研究热点。目前已有专家学者提出交互性教学模式的概念，以此为焦点，深入探讨教学中的交互关系、交互模式、交互过程、交互环境、交互功能、交互设计、交互手段、交互作用，以及构建交互性教学的条件、交互性

方式对教和学的影响等问题。❶"（郑艳群，2012：59）

3.3.1.2 现代教育技术使交互性语言教学方式更好地开展

　　现在的语言教学已经离不开现代教育技术的帮助，这也是因为现代教育技术为教学的开展提供了多方面的支持。"在21世纪的今天，任何一种教学模式，如果离开了对以计算机为终端的网络信息的充分利用，无论从哪一种意义上讲，都不可能成为一种有效或成功的教学模式，计算机网络技术赋予我们的已远不仅仅是各种超文本的便利链接方式，还包括我们进行教学与研究的平台，同时也为我们深层全面的交互模式提供了合适的场所，尤其是对听、说以外的输入/输出，如静态/动态的输出文本之间的交互特别是'形式协商'（negotiation of form）（Lyster，2001）提供了必要的场所……"（朱晓申等，2007：14）在进行语言教学时，现代教育技术为交互性语言教学方式的实施提供了良好的平台，对促进多方面的交互提供了可以展开的场所。

　　网络上进行的交互是全方位的，是社会交互的一种体现。"我们所探讨的'交互性外语教学'是以意义交互为平台、以关注形式为目的的交互性学习过程；是以网络为平台、以如Littlewood（2000：48）所实验的将教室作为社会交互的一种特殊形式的全方位的交互性学习。"（朱晓申等，2007：15）网络强劲的交互功能，为交互性语言教学提供了良好的平台。在利用网络这一交互性平台时，要注意不要仅限于"纯对话式交互"，对网络的交互效能要结合着交互性语言教学的目标充分地开发和利用。"我们是寄希望于网络虚拟空间是实时与异时交互，否则，所谓的'交互'性学习又将回到交际教学法的纯对话式交互，无法体现建构学习的复杂本质。"（朱晓申等，2007：90）

　　现代教育技术可以为交互性语言教学方式建立起一种"互动多媒体学习环境"。有国外的学者提出了对此种学习环境的定义。"威尔森（Wilson，

---

　　❶交互性理论认为，非线性的信息交流方式给人们更多的选择和主动参与的机会，具有这种互动特征的媒介系统也更容易被使用者接受并给人以满足感。由于适应了学习者的需要，学习变得更主动，知识也变得更易于被掌握。Rafaeli and Sudweeks 和 McMillan and Downes 提出互动特征六项标准。Kathryn Farley（2007）将各种不同的数字化教学工具应用于教学，经过5年的实验，发现多媒体资源可以为学生提供多重选择，从教学的角度来看，实际上为不同学习风格的学生基于学习自主性和自我管理能力的前提下，提供了平等学习的机会，从而全面提高了学习效率。——原注。

1992：186）对互动多媒体学习环境的定义如下：'各种媒体格式和信息类型的电子集成显示和用户控制，包含动态视频和电影、照片、文本、图形、动画、声音、数字和数据。形成的互动体验对使用者来说是包括自助阅读、浏览、倾听、互动在内的多维、多感官的相互结合。这种结合通过诸如扫描、搜索、处理、写作、连接、创造、并置和编辑等活动而达到。'大量的这些特征，特别是互动多媒体学习环境的探索型、自主式的和多感官的特点，与高效语言学习任务的特征紧密相连。"（Branden编著，2005：103）由上述定义可以看出，互动多媒体学习环境有着丰富的内容和学习手段，可以充分地调动学习者多方面内在因素的交互活动。

外语教学研究者提出这样的观点：对于学习外语的中国学生来说，在网络上找到国外学习汉语的学生，开展互助交流是很好的一种交互方式。同样，对外国学习汉语的学生来说亦是如此，通过网络平台找到学习外语的中国学生，就可以建立起互助的学伴关系，对双方的学习都会带来帮助。

在利用现代教育技术开展交互性语言教学时，在具体的教学设计过程中，要注意考虑到实施交互性教学方式时的便利。"设计中要使交互方式简洁、明确，不应给使用者在操作上带来困难。交互界面的常用形式有图形菜单、图标、按钮、窗口和热键等，是学生和计算机进行信息交换的通道。计算机辅助教学系统的设计不仅要具有交互性，而且还要使交互方式恰当。"（郑艳群，2012：58）现代教育技术支持下的交互性教学设计要以操作上的便利和方式上的恰当为原则，不能做到这些，就难以吸引学习者借助现代教育技术手段进行交互性语言学习，教师设计时"以人为本"的人性化考量也是十分重要的。

3.3.1.3 现代教育技术支持学习者进行自主性和个性化学习

现代教育技术还可以促进学习者语言学习的自主性。"互动的、基于计算机的材料能够使使用者处于驾驶员的座位，主导学习过程，但只有当项目能够提供大量的自由和控制的情况时才能这样。实际上，学习者对过程的控制的体验会提升他的自主感（Deci & Ryan，1985; Vallerand，1997），这一点已被证明对学习者的任务动机有着积极的影响，特别是在成功的例子里（Dörnyei，2001a，b;2002）。"（Branden编著，2005：108）现代教育技术可以实现学习者主导学习的目标，这对提升学习者的语言学习动机极为有利。

现代信息技术使自主学习成为可能，改变了学习方式和教学方式，也使学生自主和主体性成为学习过程中的必需，这也成为未来教学发展的必然方向。

现代教育技术适合学生个性化发展和学习的需求，也使教学更有针对性。"个别化教学模式是学生在多媒体网络计算机上直接运行多媒体课件或在某网站上调用课件，通过与计算机交互进行学习的一种教学模式。这种教学模式体现了学生的主体性，弥补了集体教学的不足，有利于学生自主学习能力的发展。❶"（郑艳群，2012：45）现代教育技术使得个性化教学的实施真正具备了技术支持下的可能性。有学者提出："强调个别化教学、增强交互性是汉语远程教学的基本特点。"（郑艳群，2012：145）技术的发展使得许多以往难以实现的教学理想，可以方便地变成现实了。

3.3.2　以虚拟现实技术支持交互性语言教学方式

3.3.2.1　虚拟现实技术的构成和特性

虚拟现实的技术有着传统的现代教育技术手段所不能比拟和取代的优势作用。"虚拟现实技术（virtual reality）利用三维图形生成技术、多传感交互技术以及高分辨显示技术，生成三维逼真的虚拟环境，使用者戴上特殊的头盔、数据手套等传感设备，或利用键盘、鼠标等输入设备，便可以进入虚拟空间，成为虚拟环境的一员，进行实时交互，感知和操作虚拟世界中的各种对象，从而获得身临其境的感受和体会。"（张红玲等，2010：198）

在语言学习中，"虽然传统的视听技术可以弥补一些不足，但也无法造成身临其境的感觉。因此，仍然需要虚拟现实技术发挥作用。"（郑艳群，

---

❶ 以往的电教设备，如幻灯机、录音机、录像机，甚至广播、电视，虽然在教学中起到了一些作用，但它们传播的信息（数据）是按顺序存储的，不能随机访问，更主要的是这样的教学辅助手段只是单向地向学生传播信息，因而效果并不显著。而计算机辅助教学具有交互性，可以由学习者自由地选择学习的内容和进度，这正是计算机辅助教学区别于以往使用电教设备进行教学的重要标志。——原注。

2012：150）虚拟现实技术可以部分地帮助学习者实现身临其境的感受。例如，对于历史场景和现实中难以捕捉的场景，都可以通过虚拟现实技术进行模拟，在第二语言学习中，虚拟现实技术可以为学习者提供目的语国家的历史、现实社会生活和文化活动生动的模拟画面，便于学习者获得直观的感受，进而深入地体会和理解。

虚拟现实技术可以在教育领域发挥多方面的作用，所虚拟出的多种虚拟学习环境和条件，成为了教学的重要组成部分。"虚拟教室、虚拟语言实验室、虚拟校园、虚拟图书馆、虚拟社团、虚拟主持人等，都是虚拟教育重要的组成部分❶。充分开发网络虚拟教育功能，使虚拟教育与现实教育相结合、校内教育与校外教育相补充，这是未来学校信息化的发展方向。"（郑艳群，2012：33）虚拟现实技术也是教育信息化的重要一环。

虚拟现实技术的非物理特性，不但扩大了教育场所，而且在某些情况下还降低了教育的成本。"如果说传统的学校给人们提供的是一种实在的学习场所，计算机网络学习环境和虚拟现实则是一种非物理存在、但能被人所感知和控制的电子现实空间。可见，计算机网络技术使得学习环境显现出一种趋势，即物理特征越来越模糊，非物理特征越来越清晰。"（张红玲等，2010：68）教育本身作用于人的认知的特点，其实就带有较多的非物理特性，而虚拟技术并不违背教育本身的特性。

3.3.2.2　虚拟现实技术在语言学习中的重要作用

（1）虚拟现实技术有助于虚拟学习的开展

虚拟并非"虚无"，反而是要依托现代教育的多种技术手段来实现，从其非物理特性看似乎是非实在性的，但是就学习的内容而言却是实实在在地存在着的。"虚拟学习是基于学生的自学能力及自我控制学习步调的能力，以各种讨论方式来进行的学习，它让学生可以有更大的弹性空间来选择学习。虚拟学习是混合各种多媒体教学所形成的影响进行统整，达到统合多媒体教学成效、优点的一种功能强大的学习途径。"（郑世珏，张萍，2013：93）可以从这段论述中发现，虚拟学习带有灵活的富有弹性的

---

❶ 有些专家学者提出分布式学习概念。它是一种教学模式，学习者、学生和学习内容分布于不同的地方，教学和学习不受时空限制。分布式学习不是代替远程学习，分布式学习对语言学习的作用，以及网络在分布式语言学习中的地位，都值得我们去探讨和研究。——原注。

特点。

虚拟学习不仅与传统的课堂教学不同，而且与以往的现代教育技术途径也有所不同。例如，虚拟教学与传统的远程教学就有些差异。"'远程教学'与'虚拟学习'不能混为一谈，两者都是采用'远距离'的学习，但是其中主要的差异性即在实施方式的不同，前者主要是采用异步教学，如录像带教学、电视教学等，而后者主要是采用同步教学，进行同步的讨论会，现场有虚拟教室、虚拟同学、虚拟学伴、虚拟教师等来进行'教'与'学'的动作。虚拟学习社区的交互学习优势正好可以补充汉语学习的课外活动和课后训练。"（郑世珏，张萍，2013：92-93）虚拟教学不同于传统的远程教学异步性的同步性特点，并非只是在一个固定的时间才可以开始进行同步的教学，而是随时可以进行这种同步的教学，而且我们还可以发现，虚拟教学具有远程教学不具备的交互性的优势。

虚拟教学还可以满足学习者个性化学习的需求。"虚拟学习和以往教学方式的不同之处还体现在'因材施教'。这种学习模式比小班化教学更加注重学生的个性特点，学习者通过网上注册，可以进入一个完全适合个人特点的课程体系，实现一对一的学习，并且可以向'社区'定制自己所需的课程、资源来满足自己的学习需求，学习时间也更具弹性，完全体现了以学生为中心的新型教学模式的特点。"（郑世珏，张萍，2013：93）虚拟学习这种途径可以实现许多个性化学习的理想，也可以使"以学习者为中心"的教育理念得以实现。

（2）虚拟现实技术有助于建立虚拟学习社区

有学者还提出了建立虚拟学习社区的想法。"虚拟学习社区是以建构主义学习理论为基础，基于计算机信息处理技术、计算机网络资源共享技术和多媒体信息展示技术的新型远程教育网络教学支撑平台。同时虚拟学习社区也是一种新型的学习组织，因此它不仅具有社会学属性，也同时具有人机系统的基本属性特征。虚拟学习社区是当代社会需求和科学技术及其学与教理论相结合的产物（袁松鹤，邱崇光，2008）。"（郑世珏，张萍，2013：92）虚拟学习社区为在更大的范围内进行交互性语言教学提供了便利的平台。

虚拟学习社区受到的条件限制更少，可以开展的学习活动更为丰富多样。"虚拟学习社区中的学习和各种活动丰富多彩，交互形式非常灵活多样。从学习的对象到讨论、交流的主题，以及沟通的方式（如E-mail、讨论、游戏、角色扮演和聊天等）都非常富于变化。"（郑世珏，张萍，2013：94）虚拟学习社区中开展的各种活动，为交互性语言教学方式的实施提供了更多的可选方案。

（3）虚拟现实技术有利于虚拟学习环境的建立

有学者提出了建立"虚拟语言学习环境"的设想。"第二语言学习环境，人们通常把它分为课堂环境和社会环境。对于这两种环境，虚拟现实技术都可以进行模拟。因此，我们可以认为，虚拟现实技术创造了第三种语言学习环境，可以叫作'虚拟语言学习环境'。"（郑艳群，2012：150）虚拟学习环境具有这样的作用："它可以把课堂学习和课外习得有机地结合起来，成为一种新的学习方式。在这种环境下，学习者感觉时而是在教室里听讲，时而又是在异国他乡漫游；老师时而出现，时而隐去；虽然不如在教室听课那样真切，但是不受教师和课堂的局限；它虽然不如真实目的语环境所提供的信息丰富、刺激、强烈，但是不受时空的限制，而且信息和刺激都是经过筛选和浓缩的。在这样的环境中，可以在很大程度上反复进行'输入→内化→输出→反馈'的循环过程。"（郑艳群，2012：150）

虚拟现实技术可以帮助我们突破语言学习环境条件的限制，创造出仿真程度很高的语言交际环境。"语言学习需要真实化的情景，让学习者能把语言与生活经验相结合，留下深刻印象，自然地逐渐增进语言的运用能力。在无法让学生亲身经历语言情景的情形下，通过媒体学习语言，成为一种最佳的学习途径。"（郑艳群，2012：149）在缺乏语言实践机会的情况下，虚拟是不得已的但也是必不可少的替代，在别无选择的情况下是最为有效的，至少学习者可以亲身体验目的语交际的情况。也为更为接近实际的实践环节（语言实习）做准备，更为接近学习的目标。

在目的语真实学习环境存在局限性的地方，虚拟现实技术所创造的学习环境带有可以控制的优点。"对于第二语言教学（以外国人在中国学习汉语为例）来说，学生生活在汉语的氛围之中，这种社会环境是客观真实的，对提高学生的汉语能力有积极的作用。然而，这种'真实现实'的环境也存在着局限性，因为它很难根据学生的第二语言程度进行调整，更不可能与教学内容相协调。"（郑艳群，2012：150）虚拟学习环境是可以根据学习者的学习需求进行难度的调节的，或者在不同难度的学习环境中选择适合的。语言学习环境的难度可以掌控，是虚拟学习环境优于真实的目的语交际环境之处。

虚拟学习环境在非目的语环境展开教学时，对学习者获得替代性的语言学习环境的作用，是令人欣喜的给语言学习带来极大便利的技术进步。

展望未来，虚拟学习环境的作用会越来越明显，越来越重要。"未来的对外汉语教学，将使真实课堂和虚拟课堂、真实教师和虚拟教师、真实语言环境和虚拟语言环境通过网络交织在一起，克服时空的局限，对汉语的传播发挥更有效的作用。"（郑艳群，2012：151）虚拟学习环境的建立给汉语传播带来的积极作用，真应该令我们欢呼，这解决了汉语在海外传播最缺少语言环境的大问题。

（4）虚拟现实技术有助于虚拟教学的实施

在虚拟现实技术的支持下，虚拟教学这种新型的教学才能够得以实施。"虚拟教学就是传统教学适应信息技术和现代人才培养观的一种新型教学，是人类进入虚拟空间进行受教育的一种教学形式。"（郑世珏，张萍，2013：264）虚拟教学为人类各方面的学习（当然也包括语言学习），提供了更为广阔的空间。

有学者认为虚拟教学至少要包括三个方面的内容。

第一个方面是教师的虚拟化。"智能 Agent 可作为虚拟教师来实施虚拟教学，它可以担当'导航'和'解惑'的重任，指导和帮助学习者获得所需要的学习资源，防止出现'信息过载'和'资源迷向'，根据网络教学资源回答学习者有关的问题，对教学课件、教学方案、教学计划进行补充、修改、重组，进行因材施教，并与其他教师交流合作。"（郑世珏，张萍，2013：265）

第二方面是学习者的虚拟化："虚拟教学中学习者的概念得到了广泛的拓展，不同年龄阶段、不同身份、不同区域的人可以走进同一堂课进行讨论、学习，学习者不是按照智力水平、年龄组织起来的，而是按照个人所需组成的学习团体。"（郑世珏，张萍，2013：265）虚拟教学实际上是向所有的学习者开放了学习的机会。

第三方面是教学资源虚拟化。"虚拟教学中的教学资源不是一本书、一个道具、一盘磁带等原子资源，而是比特资源，比如一段文本内容、一次虚拟实验、一个多媒体课件等，它是有形与无形、有限与无限的结合。"（郑世珏，张萍，2013：265）教学资源在虚拟教学中超越了物质的形式，更加便于学习者获取和利用。

3.3.3　网络技术的新发展与交互性语言教学方式

3.3.3.1　网络语言教学中的各种交互性方式

网络语言教学中的各种交互性方式可以从不同的角度进行区分，依据交互性教学活动参加者的数量可以分为"一对一"和"一对多"两种；依据交互时间的不同可以分为"同步交互"和"异步交互"两种。

（1）一对一的交互性网络教学方式

有学者提出了"一对一"的交互性网络教学方式："一对一的交互其实质就是点对点的交互。一对一的交互主要应用在学习者的个别化学习中。"（张红玲等，2010：186）

一对一的交互性网络教学方式的最大优势，就是可以实现学习者的个性化学习。"一对一交互的优势在于尊重学习者的个性，善于最大限度地发挥学习者的自主学习能力。学习者可以得到有针对性的个别化反馈，如与其他学习者进行语音对话，或者获得来自于教师的、有关作业方面的意见或评价。"（张红玲等，2010：186）通过网络进行的一对一的有针对性的反馈，是对采取这种方式的学习者最有效的帮助和指导。

（2）一对多的交互性网络教学方式

有研究网络教学的学者还提出了"一对多"的交互性网络教学方式。"一对多的交互是点对面的交互。"（张红玲等，2010：186）

"一对多"的网络语言教学方式分为两种："在网络外语教学中，一种情况是教师作为'一'，而学习者们作为'多'，通过一对多的交互，教师向全体或部分学习者传授新知识，让他们巩固旧知识，如讲解外语句式的语法，外语单词的语义，示范外语演讲的技巧，回答学习者的问题，等等。另一种情况是学习者个体作为'一'，而教师和其他学习者作为'多'，通过网络，学习者用外语语言或文字表达自己的意见、观点和言论，其他参与者则作为合作伙伴或竞争对手与之进行交互。"（张红玲等，2010：186-187）可以看出，"一对多"的网络教学方式带有更为丰富的交互性内容。

（3）同步交互的网络语言教学方式

网络同步交互可以给学习者的语言学习，特别是听说方面的学习，创造较好的条件。"同步交互是创造小组学习机会的有效工具，学习者通过参加讨论组，开展头脑风暴，进行问题解决活动，相互学习。……具有自然和激励的语言气氛，使学习者由被动视听转为主动探究语言的交际功能。"（张红玲等，2010：187）

网络同步交互对于目的语听说技能的训练具有良好的作用。"网络外语教学中，关于语言听说训练方面主要采用同步交互的交互手段，这是因为语言的听说具有易失性的特点，而且需要一定的语境和及时的反馈，如果没有同步的语言交流，那么对于听说的学习也就在某种程度上无法迁移到现实的语言交际中。"（张红玲等，2010：188）网络即时性的特性可以使同步交互得以实现。

（4）异步交互的网络语言教学方式

网络异步交互带有时间交错的特性。"异步交互是指受众在接收信息后的一段时间内再进行交互。在网络外语教学活动中，异步交互可以是教师就学习者的问题进行解答，或对学习者的作业给予评价，也可以是学习者之间就某一主题的协作学习。"（张红玲等，2010：187）异步的非同时的特性就给教学和学习带来了较多的变化形式。

有学者总结了异步交互的优点。"异步交互的优点在于交互时间长，可以给交互双方以充分的时间酝酿和准备反馈信息，可以给学习者提供足够的时间和空间进行自主学习和协作学习，以达到最好的教学效果。"（张红玲等，2010：187）

3.3.3.2 多种交互学习方式在网络上的开展

（1）网络自主学习的开展

网络自主学习要通过学习者与计算机的交互活动来开展。"网络自主学习，是指学习者自行利用网络媒体，主动运用和调控自己的元认知、动机和行为进行网络课程的学习。只有通过学习者与计算机之间的交互才能实现学习者对学习内容、学习进度、学习时间的自主选择和自我调控。"（张红玲等，2010：193）网络语言教学更便于学习者进行自主的选择和调控，使学习者的学习带有更多的自主性。"在基于网络的自主学习中，最突出的特点之一就是学生享有空前的自主权。网络课程本身并没有强制学生贯彻某学习日程或学习方式，这就为发展学生的自主探索和创新能力提供了潜在的便利条件。"（肖武云，2011：47）网络上的学习本身并不具有课堂教学中的强制性，特别是在学习进度方面学习者可以灵活掌握。

自主学习的许多环节都可以在网络的支持下完成。"我们认为网络以其资源的丰富性、交互的实时性和广域性以及学习方式的灵活性等特征为自主学习提供了一个良好的支持条件。"（肖武云，2011：47）网络所提供的自主学习的外部条件和内部条件，可以共同发挥作用给学习者的学习以良好的支持。"丰富可靠的资源、良好的管理、及时的交互是网络环境自主学习发生的必要外部条件，而作为评估、自我计划、自我监控、自我管理等元认知能力是实现自主学习的内部条件。只有在内外部条件的共同支持下，学生才能够保持良好的学习状态和进度，并随时监控自己的学习效果实现自主学习。"（肖武云，2011：47）在内外部条件充分具备的情况下，学习者基于网络的自主学习就可以顺利地展开。

网络中丰富的辅助学习工具形式，可以为学习者的自主学习提供多样化的学习手段。"不必像普通传统课堂学习那样，学习者有择时择地学习的时空限制，在网络环境中学生可以在自己认为最合适的时间、最合适的地点、选择最合适的学习方式进行自主学习。大量的学习辅助支撑工具可以帮助学习者开展个性化的自主学习，如专家系统、智能导师系统、搜索引擎、虚拟现实、多媒体教学软件、虚拟教室、微型世界、BBS、新闻组、聊天室、留言板、网络日志、电子学档等。"（张红玲等，2010：151-152）如此多样的网络学习工具，可以给学习者很大的选择余地，他们总可以寻找到适合自己和自己喜爱的自主学习工具。

（2）网络合作学习的开展

对于网络合作学习，有研究现代教育技术的学者给出了这样的界定："网上合作学习是指基于网络进行群体或小组形式的学习。它强调通过因特网和计算机来支持同伴之间的交互活动，学生在不受时间和空间限制的基础上，相互学习、讨论和交流。这种教学形式的重点在于群体的开发。"（郑艳群，2012：44-45）

网络合作学习可以使学习者在与同伴的合作中共同完成学习任务。"网络协作探究模式的核心要素是项目或任务，主要教学理念是让学习者通过使用目标语言合作完成较为复杂的项目或任务，提高自身的语言综合应用能力和团队协作能力，其中项目或任务往往是与社会生活或工作紧密相关的，比如策划一个产品的销售方案。"（张红玲等，2010：43）网络在合作学习的过程中，成为了极为便捷的沟通和传递信息的渠道，并且还可以给学习者提供丰富的学习资源。

（3）网络小组活动的开展

网络环境也为语言学习小组活动的开展创造了良好的条件。"在网络环境中，小组活动无疑有了更广阔的空间。与他们合作的人可以不在同一个地方，他们的成果通过网络进行展示。"（张红玲等，2010：407）组成小组的成员可以从更为广阔的范围中去寻找。

网络技术的发展也为小组活动开展时的实时交流创造了便捷的条件。"网上对话是基于语音信箱或实时的音频传输系统，如网络电话和即时通讯进行的语言交际方式。这种形式可以把交际的语言置于一个相对具体的、真实的交谈环境中进行交际，是一种培养语言交际能力的主要策略。有利于培养学习者在一定语境中的口头语言表达能力和应变能力。这种交际形式通过网络可以在师生之间进行，也可以在学习者之间进行。"（张红玲等，2010：407）网络小组活动的目标仍然是通过使用目的语进行学习，而网络所能提供的交流渠道有利于学习者交际能力的培养。

（4）网络交互性口语教学的开展

有学者对在网络上开展口语教学的可能性和作用进行了肯定，认为网络可以创造出仿真的口语交际环境，有助于学习者口语学习的开展。"在设计口语教学活动时应该尽可能将生活场景、交际目的和交际角色紧密地结合起来，让学习者沉浸在仿真的交际环境中，讨论与他们的生活息息相关的话题，使他们有感而发、有话可谈，激发他们参与交际活动的兴趣和动力。在这种仿真交际环境中，学习者不断探索所学语言的各个方面，关注如何运用语言来达到交际目的，使他们有意识地去解决交际中遇到的障碍，成功地传达交际信息。这种以解决问题为导向的口语教学活动可以更有效地提高学习者的交际能力（李洪波，詹作琼，2006）。"（张红玲等，2010：405-406）

由于网络口语学习是主要通过学习者自己发动的，所以帮助学习者确定自己的初始水平就极为关键，因为这涉及学习难度定位的重要问题。"在网络外语口语教学中，主要应考虑学习者的初始水平，即：语言表达能力、词汇量、准确的发音、交际策略、学习动机以及活动参与的积极程度、性格特征、应变能力和知识背景等因素。"（张红玲等，2010：391）网络学习定位需要考虑的因素是多方面的，学习者对此的把握如果有困难，在开展网络口语教学时，教学者就有责任帮助他们做好此项关键的学习任务。

在开展网络口语教学时，提供学习资源是网络的优势，也是网络口语教学有效地开展的重要保证，所以应当引起我们的重视。"网络外语口语教学要保证所提供学习资源的多样性、丰富性和科学系统性，所设计活动的真实性、知识性和趣味性，也要把资源的利用、搜索方法以及学习口语的优秀经验有意识、循序渐进地传授给学习者，帮助他们在学习过程中逐渐提高学习策略的应用能力。"（张红玲等，2010：403）网络资源是网络口语教学开展的主要依托，设计水平和设计内容是决定着网络口语教学成败的关键因素。

3.3.3.3　网络交互性教学中存在的问题及其解决途径

在网络教学中也会出现和课堂教学中类似的问题，如果交互和反馈不力，也会给网络交互性教学带来不利的影响。"由教师或学习材料提供的交互和反馈（包括知识之间的链接、学习结果的批改和比对、学习评价等）缺乏个性化及有效的激励和引导，使得既有的交互设计在真正实施时不能够按照理想的方式运用，成了摆设，因而无法得到预想的效果，造成精力和时间的浪费。"（张红玲等，2010：204）网络教学中无论是固化的教学材料还是动态的教师因素，如果不能对交互性教学的开展提供有效的支持，就会给学习者的学习带来挫折。

提高网络教学中教师的反馈水平，是保证交互性语言教学方式在网络上顺利开展的当务之急。"从我国当前的网络外语教学来看，受技术条件、师资力量等的限制，教学中有效的言语交互活动非常贫乏，学习者的语言输出大多是回答教师提出的问题，与之相应，来自教师的反馈大多是直接的对错判断或简单的错误更正。"（张红玲等，2010：206）要想提高交互的水平，还需要在交互内容的研究和设计上多下功夫。

网络由于在线而非见面学习的局限性，使得课堂教学所具有的外在监督的作用在减弱，就容易造成学习者畏缩、观望情况出现。"在网络外语教学的交互中，特别是在一对多的交互中，存在着许多交互的观望者。这些观望者由于学习风格的原因，或者由于学习动机不强、知识基础不扎实等原因，往往只是观察其他学习者的交互，很少积极主动地参与交互。这种情况就要求教师和其他学习者给予这些观望者耐心的鼓励反馈，让他们有信心和动力参与到网络课程的交互活动中，乐于、也敢于用外语语言表达自己的观点和意见。"（张红玲等，2010：195）教师在这个时候就要充分发挥其引导和鼓励学习者的作用，这也是教师在网络教学中发挥其作用的契机和责任。

欲使交互性网络教学顺利地开展，教师还要有许多工作要做。"将学习过程中可能使用到的各种交互活动拆分成具体、可操作的步骤，将交互方式与内容联结起来，而不是仅仅告知学生有哪些技术手段。教师通过小步子的、可操作的交互指导让学生按照从模仿到自主、从简单到复杂的顺序，循序渐进地将交互的概念转化为自发、主动和生动的行为。"（张红玲等，2010：207）教师要将交互性学习任务落实到可以操作的程度，要化难为易地为学习者提供好学习的服务和支持。

3.3.3.4 博客和播客在交互性语言教学中的作用

（1）博客[1]在交互性语言教学中的作用

有学者提出博客具有交互性的语言交流功能，并且认可博客提高学习者积极性和带来良好教学效果的作用。"博客的最大功能是互动。这一功能使学习者在网上不仅仅是阅读，而且还能写日记、写灵感录、写读书笔记等，这样，学习者不但会改善写作能力，也会改善思考能力。此外，互动功能还体现在课后师生可以在网上进行交流，这将大大提高学习者学习的积极性和兴趣，最后导致教学效果大幅提高。"（莫锦国，2011：54）第二语言学习者利用博客的这种不同于其他交流手段的交互性功能，可以促进其交互性语言学习的发展。

在博客上师生之间、生生之间都可以方便地交流。"师生交流博客化可以让更多的外国学习群体迅速地融入汉语的语境中，目前很多博客都提供丰富多彩的模版功能，这使得用于学习汉语的博客有声有色。"（郑世珏，张萍，2013：22）可以看出，博客对建立和使学习者获取汉语学习语境都有重要的作用。

博客还为形成性评价的落实提供了方便的手段。"博客的出现使形成性评价不仅成为可能，而且操作相对容易，因为博客能准确地采集学习者学习过程中的信息。这些信息不仅可以使教师给每位学习者一个客观公正的评价，也为学习者间的互评提供了殷实的依据。"（莫锦国，2011：54）博客的"立此存照"功能，对学习者学习成果的保存和传播都带来了便利，同样也为各种形式的评价提供了参考材料。

（2）播客在交互性语言教学中的作用

发挥播客在汉语教学中的作用，已经在海外的汉语教学中得到了重视。"播客（podcasting）教学法是近两年来法国本土中学汉语教师培训的主要课题。这种新型的教学法将教学内容制作成学生熟悉并喜爱的mp3、mp4的形

---

[1] 对于"博客"（blog）的定义有学者是这样提出的："简言之，Blog就是以网络作为载体，简易迅速便捷地发布自己的心得，及时有效轻松地与他人进行交流，再集丰富多彩的个性化展示于一体的综合性平台。Blog是继Email、BBS、ICQ之后出现的第四种网络交流方式，至今已十分受大家的欢迎，是网络时代的个人"读者文摘"，是以超级链接为武器的网络日记，是代表着新的生活方式和新的工作方式，更代表着新的学习方式。"（郑世珏，张萍，2013:22）

式，学生可以根据自己的实际情况随时随地收听收看。这种先进便捷的网络手段能提高学生的听力理解能力，增强自主学习性。"（廖敏，2013：118）博客具有"随时随地收听收看"的便捷性，在提高学习者听力水平的同时，也必然会对他们学习汉语口语带来益处。

播客还有着很好的传播和分享的功能。"播客可以使学生和教师在任何时候相互分享信息，下载播客教学内容，或定期将教学内容发送到学生手中（通过订阅方式），教师也可以创建播客成为学生学习的工具或资源。其发展趋势一是在互联网上更广泛地提供实时媒体传输；二是实现新媒体技术与传统媒体的有机融合，人们可以定制或自建属于自己的节目或教学内容。❶"（郑艳群，2012：141）

有学者直接肯定了播客在汉语口语学习中的作用，尤其是在非汉语环境之中。"在缺乏语言环境的二语习得中，播客不失为一种良好的学习媒介。播客不但可以让学生直接听和说，而且可以将学习成果保留在语音资料库中，经由'反复听'或'重复说'，让学生有机会模仿练习和自我修正，达到口语学习的目的。更重要的是，学生在完成自己的听说任务后，还可以通过互评与回馈，进行同侪间的合作与协作学习，以期从互动交流中达到知识的建构。"（沈淑华等，2011：219）播客能够促进学习者之间互动交流的功能，应当在口语教学中充分地加以利用。

3.3.4　移动学习的发展带来更为便捷的交互方式和途径

3.3.4.1　移动学习的界定和特性

对于移动学习，有学者进行了这样的界定："移动学习（Mobile Learning）是一种在移动计算设备帮助下的能够在任何时间、任何地点发生的学习，移动学习所使用的移动计算设备必须能够有效地呈现学习内容并且提供教师与学习者之间的双向交流。"（郑世珏，张萍，2013：22）也有学者这样界定："移动学习（mobile learning，也称M-learning）是一种在移动计算设备帮助下的能够在任何时间任何地点开展的全新的学习模式。它是无线通信技

---

❶有人认为平板电脑和智能手机将会取代PC电脑，进入后PC电脑时代。对此，我们应该认识到这不是简单的设备更新，而是理念的创新。——原注。

术、互联网技术和现代教育三者结合的产物，具有移动性、高效性、广泛性和个性化等特征。"（莫锦国，2011：41）

移动学习具有随时随地学习的特性，"移动学习在数字化学习的基础上通过有效结合移动计算技术带给学习者随时随地学习的全新感受。"（郑世珏，张萍，2013：22）移动学习还具有使学习变得无处不在的特性："移动学习也体现出无处不在的学习（U-Learning：Ubiquitous Learning）。"（郑世珏，张萍，2013：209）可以说，移动通信技术使得学习变得前所未有的方便。

移动学习属于非正式学习，可以向任何学习者开放。"移动学习，作为非正式学习的主要方式，学习者可以通过它享受 4A（Anyone、Anytime、Anywhere、Anystyle）的学习，已成为普通大众进行终身学习的有效可选方式。正因如此，当前移动学习已作为新的学习方式取向在世界各地蓬勃应用起来。"（郑世珏，张萍，2013：202）移动学习有广泛的应用前景，在未来还有很大的发展空间。

移动学习有许多新型的学习理论作为支撑，有着坚实的理论基础。"移动学习与非正式学习（informal learning）、情境学习（situated learning）、境脉学习（contextual learning）、活动学习（action learning）、经验学习（experiential learning）等学习理论有着密切的关系。一方面，这些新型的学习理论为移动学习实践提供了理论基础；另一方面，移动学习又为这些学习理论在实践中的应用提供了技术手段与方法。"（郑世珏，张萍，2013：203）移动学习是以新技术手段为支撑的实践性很强的学习方式。

对于移动学习的特点，有学者进行了这样的概括："移动学习除具备了数字化学习的所有特征之外，还有其独一无二的特性，即学习者不再被限制在电脑桌前，而是可以自由自在、随时随地进行不同目的、不同方式的学习。而且，学习环境也是移动的，教师、研究人员、技术人员和学生都可以在移动中完成各自任务。"（莫锦国，2011：41）可以认为，移动学习突破了许多学校条件的限制，特别是学习场所和学习环境的限制。

研究移动学习的学者从教育的角度总结了移动学习的特点。"根据移动教育的有关定义和应用领域，可以认为，移动教育的主要特点应该是：移动教育的形式包括交互式教学、管理及服务等活动；移动教育强调提供数字化的信息和内容；教学辅助信息（课程表、学术会议通知、餐馆菜单等）属于特定教育的内容；移动教育不受时间和地点的限制（anytime、anywhere learning）；移动教育提倡在做中学（learning while doing）；移动教育的实现工具是小型化的移动计算设备。"（郑世珏，张萍，2013：203）

3.3.4.2 移动学习在开展交互性语言教学中的作用

有学者认为移动学习有提供良好的交互环境的作用。"移动学习为学习提供了良好的交互环境。学习者在学习中遇到难以解决的问题时，轻点屏幕，就能够及时与教师或其他学习伙伴进行交流，从而解决问题。这不仅提高了学习的效率，同时也培养了学习者协作解决问题的能力。"（郑世珏，张萍，2013：213）可以看出，移动学习的即时性为学习者答疑解难提供了前所未有的便利条件，还可以促进学习者的合作学习。

移动学习为师生之间的交互提供了方便，这是课堂教学和以往的其他通信技术手段所难以达到的。"移动学习提供的交互形式使得教师和学习者随时随地保持联系，便于教师指导和管理学习者，随时了解学习者的学习情况，向学习者提供答疑，收发作业等。"（郑世珏，张萍，2013：213）移动学习除了便于师生之间进行交流外，还给教师对学习者的学习进行管理带来了方便，最终受益的还是学习者本人。

移动学习可以改变教学组织的方式。"移动学习的出现，在很大程度上使得教学能够摆脱教室——这种一成不变的空间的束缚，使得教学组织形式更加多样化。教师将课前准备好的教学内容存储在移动设备中，然后在授课过程中按授课进度将教学内容分批发送到学习者的移动设备上，这里的教学内容包括课堂笔记、思考题、小测验和课后作业等。目前国外的一些学校已经开始尝试让教师根据教学需要组织学习者在户外或者特定场所进行教学，如：博物馆、医院、工厂等。"（郑世珏，张萍，2013：213）移动学习的技术手段，可以使教学和学习活动可以在更为广阔的空间和场所中进行，而不再局限于教室。

移动学习为各种学习活动的开展提供了方便。"在学习活动进行之中，学习者能否随时随地方便地获取需要的知识与信息，是活动学习能否成功的一个关键因素。以移动学习技术为支撑开展活动学习往往能充分发挥活动学习的优势，优化活动学习的效果。"（郑世珏，张萍，2013：204）在实施交互性语言教学时，移动学习同样也可以为学习活动的开展带来极大的便利。

移动学习对学习者的素养提出了较高的要求。"移动学习素养包括：移动学习把认知工具（移动设备）真正交给学生，使学生学会利用信息资源进行扩展性学习；学会借助移动设备进行讨论式学习；通过激发学生的好奇心和兴奋感，提高学生的学习积极性，使学生各方面能力得到充分的发展。"（郑世珏，张萍，2013：211）所以，要在培养和提高学习者利用移动学习的素养方面做好准备。

第四章
在交互性口语教学中充分发挥学习者的作用

4.1 交互性语言教学方式促进学习者语言与社会能力发展

4.1.1 交互性语言教学方式促进学习者语言能力发展

4.1.1.1 交互性语言教学方式促进学习者合作和意义协商

（1）交互性语言教学方式促进学习者之间的合作

在交互性语言教学方式的各种活动中，可以形成大量的学习者之间的交流，这对于促进学习者之间的合作极为有利。"不论是全班做活动，还是对子活动或小组活动，都是学生与学生之间的交流接触，既是了解别人也是让别人了解自己，互相显露能力，展示各人的自尊、自主、自强的精神风貌，是发挥学生主体作用的有效途径。"（王才仁，1996：86）还应该认识到，在这些活动中学生之间主要进行的是互助合作活动，培养的是互助合作的精神。

学生榜样在学习者之间开展合作之时，才能充分发挥其作用。"相对于传统教学中教师作为学生学习的榜样，学生榜样可能会对促进行为或特点的学习更有作用。首先，相对于教师，学生榜样与其他学生在生活经验、身份等方面更接近，相近的情况可以激励学生对榜样行为的学习欲望，'你能做到，我也能做到'。其次，学生之间的认知能力、社会交往能力等相近，榜样行为比较容易让其他学生理解和模仿。第三，小组成员之间会形成亲密的情感联系，组员因认同自己的小组以及小组的规范，因而更愿意模仿或表现出得到整个小组称赞的那些行为。"（伍新春，管琳，2010：4）教师的行为、地位必然与学生的有差异，学生的行为对其他学生来说，近身性、相似性和可模仿性更强，更易于形成合作。

（2）交互性语言教学方式促进学习者进行意义协商[●]

意义协商是交互性语言教学方式的重要特色，意义协商在语言交际中有着重要的作用。有学者认为意义协商的这种作用有两个方面，"协商位于'理解'和'产出'之后，是语言体验中的第三大组成部分，在交际中起着两方面的作用：一是协商交流中的意义；二是协商小组应讨论的内容。在自觉的口语交际中，协商是自然的、必要的。教室里的协商式学习比起学生独立的、有计划的产出更为重要。"（朱晓申等，2007：98）

由于意义协商在交互性教学方式中的重要性，受到了语言教学中互动理论的关注。"互动理论又提出，在意义协商过程中，学习者进行语言输出（output）之后，往往会得到其他人的反馈（feedback），而反馈也是促进语言学习的重要因素之一。反馈可以使学习者知道自己说的话是否正确、是否准确。"（程晓堂，2004：13-14）反馈能够促进语言学习不仅因为学习者可以知道他人的学习情况，还因为学习者在语言学习中还可以对自己二语习得情况形成自知。

4.1.1.2 交互性语言教学方式促进学习者的意义表达

有学者提出交互性语言教学应当以促进学习者的语言表达为主要目标，特别是以口语的说的技能培养为主要目标。"外语教学必须从学生学习外语的交际需要出发，融教学的诸要素于一体，并使学生与诸要素进行交互，必须推行'自由论坛教育'模式开展真实情景中技能的交互学习和使用，应该集听说法的'听说领先'和情景法的句型操练、认知法的听说读写整合、交际法的语言学习和应用以及建构主义的合作学习、意义建构、语境创建、自主学习、学生主体教师主导等理论于一体，坚持教学以培养交际能力为目

[●] 对于"意义协商"，有学者提出了界定："意义协商就是交流双方并不是一次性地、毫无障碍地成功表达意义或传递信息，而是要经过提问、证实、复述等一系列协商过程。"（程晓堂，2004:13）

标，为学生提供感兴趣的话题、合作学习策略和自主学习方法，利用计算机网络多媒体手段营造真实的学习环境，并且根据学生的语言水平能力设计基于说的技能交互训练活动，使不同语言能力层次的学生都能够在有意义的交互学习活动中做到有话必说、有学必用。"（朱晓申等，2007：109）在提出整合了多种学习方法之后，交互性语言教学还是要落实到"基于说的交互训练活动"之上。

有学者认为，口语说的学习方式与其余技能的学习是结合在一起的，但听的理解技能是最为重要的。"实践表明，学生说口语的方式，有读中说、写中说、译中说和听中说。但只有听懂了才能够说，所以理解在先，表达在后；而讨论，则寓说于理解的过程之中。"（朱晓申等，2007：110）对于教学设计和处理来说，口语教学目标的设定应当是表达在先，由表达来带动理解，不能停留在理解的第一步，应当以第二步为目标提出教学要求。强调听力的重要性，是听力课或听力技能教学的目标。

4.1.2　交互性语言教学方式促进学习者社会能力发展

4.1.2.1　交互性语言教学方式改善学习者之间的关系

对在语言教学中开展学习者之间的交互性交流，有学者提出了质疑："在生生互动中，一方是如何受另一方的第二语言的影响的？这些影响是积极的还是消极的？学生是否可能受到同伴的语言偏误的影响？这些都还有待于进一步的实证研究。在汉语作为第二语言教学、特别是作为外语教学的课堂上，对于生生之间的互动在输入方面的作用，恐怕不宜做乐观的估计。"（吴中伟，郭鹏，2009：20）其实，作者的意思无非是担心学习者不能提供标准的目的语示范，不能进行有效的纠正表达中的偏误。而这些疑问和担心只是作者的猜测和揣想，实际上的情况并不是这样，最好的回答是学习者的看法，而来自学习者的反馈有效地证明这样的担心是多余的。实际上，这里对生生互动的目的和作用的理解有偏差，不应当对生生互动提出与师生互动一样的要求。生生互动就是为了开展交际互动，即使有偏误，即使不标准，也比没有交际互动强百倍，创造交际的机会是首要的，纠正偏误和趋近标准是第二步的要求。即使学习者说得不好，也比不说要好得多！表达得不好，可以逐步变好，而不开口说、没有表达的机会，则永远不能变好。应该担心的是学习者不开口说、没有机会开口说，对学习者出现"化石化"是有防范机制和防范机会的，不会因此而束手无策，也不会无所作为。

前文我们的问卷调查已经显示出学习者对他们之间的交流对语言学习的促进作用的认可，其他学者的调查也同样肯定了这一作用。"据调查，同龄人传授更为有效，尤其是当学生中有人具有学习语言的先进技能时。另外，同龄人传授还使学生们在心理上感到很轻松。"（孙红琼，2007：133）

交互性的语言教学方式把学习者之间的关系，从竞争引向了合作。"在英语教学中应多开展以小组为单位的课堂活动，提倡小组之间的竞争，而不应过分强调个体之间的竞争。"（朱晓申等，2007：50）交互性的语言教学方式这样做，就可以建立起学习者之间的良好关系。这是与我们的学习传统和学习文化有着很大不同的做法。处理竞争与合作的关系，在开展交互性语言教学时就可以重新进行合理的分配安排，使其各得其所，从而把竞争从学生个体的身边引开，引向并安排在他们的外部大环境中。

学习者之间关系的改善，就可以带来同伴群体之间良好的学习氛围。"因为合作学习紧紧围绕学业任务展开，其根基是学生的积极互赖，所有成员会彼此关心对方的学习情况，都真诚地希望对方可以学得更好。在这样的氛围中，同伴群体会形成鼓励努力学习的规范，而不是嘲笑努力学习的学生。"（伍新春，管琳，2010：81）

4.1.2.2　交互性语言教学方式促进学习者之间的互助

互助是交互式语言教学方式中重要的组成部分，也是充分发挥学习者自主性、主动性的重要内容。

我们有时候会担心学生不愿意帮助同伴，可实际上这种担心是多余的，帮助他人对帮助者自己也是有益的。"Coopersmith（1967）认为，提高人的自尊水平有三个先决条件：一是重要感（sense of signification），指个人觉得他的存在是重要的和有意义的。学生的重要感主要来自于得到老师和同学的接纳。二是胜任感（sense of competence），指个人能在具有挑战性的任务中表现出成就，并且达到预期目的。三是能力感（sense of powerness），指个人感觉到自己有处理事物的能力，能力感可以使人敢于面对困难，接受挑战。"（朱晓申等，2007：40）帮助者也能获得这样积极、正面的心理感受，就可以激励其进一步开展帮助活动，进入良性循环。而且学习者如果能够互相帮助，则对双方有益的互帮、互补的行为更能够顺利开展下去。

学习者之间的差异使他们处于口语训练和口语技能发展的不同阶段，正好可以利用来开展同学之间的互帮互学，已会的学生使用已会的语言知识和技能，不会的学生可以因他们的帮助而学会，因此而受益。已学会的、处于后期口语技能发展阶段的学生，帮助尚未学会的、处于前期口语技能发展阶段的学生，对他们自己来说也是一个巩固和提高。

我们不必担心学习者之间的互助会影响他们自己的语言发展。有学者提出了疑问："学生之间用中介语进行交流是否能导致他们掌握地道的外语？这个问题一直没有得到很好的解决。"（程可拉，2006：135）这种疑问是作者多虑了，首先"地道"的标准就有些强人所难，说母语者也有口音，这种"高标准、严要求"并不符合语言学习的规律；其次，学习者接触目的语的机会也不仅限于课堂中的同学之间，即使在国外缺少汉语环境的情况下，仍然可以寻找和创造接触目的语的机会，另外，还可以利用互联网等等传媒手段与本族语者进行交流。

在学习者自己进行互助的过程中帮助者自己也可以得到提高，大家共同发展。"信息的发出者为了把自己的意思清楚地传达给对方，必定会对该部分内容进行更精细的加工。他必须把书本上的语言或教师的语言转化成自己的语言和同伴能理解的语言，这种转化将促进他对知识的深层理解。"（伍新春，管琳，2010：52）可见，要帮助别人帮助者首先就要对自己可以帮助别人和需要帮助别人的知识和技能储存进行精细加工，这就会对帮助者的学习起促进和提升的作用。

学习者之间的互助所带来的精细加工，可以促进每个人的学习进步。"因为每个人持有不同的信息和观点，在互动的过程中，大家轮流充当信息的接收者和发出者，所以每个人都在不断地对信息进行精细加工，并从深加工中取得了更好的学习效果。为此，学者们得出了这样的结论：把材料解释给别人听，这是最有效的对信息进行精细加工的方法（Slavin，1990）。"（伍新春，管琳，2010：53）其实，精细加工就是一种深入学习的方法，使用能够调动学习者精细加工的合作学习方式是有利于学生进行深入学习的。

4.1.2.3　交互性语言教学方式促进学习者更好地社会化

有学者明确提出了在学习者之间形成的交流互动，可以促进他们的社会化进程。"在'用目的语做事'中，通过学习者之间的交流互动，感受语言的社会功能，理解语言对于建立和维系人与人之间的社会关系所起的重要作用。学用一致原则拉近了课堂与社会的距离，使学习过程本身也成为促进学习者社会化的过程。"（魏永红，2004：44）学习者的社会化就是建立起他们之间的良好社会关系，在交互性语言教学中所发生大量交互性活动，正是学习者社会化的良好契机。

为了顺利地开展交互性语言教学，教师在正式实施之前的准备阶段必须先教给学习者社会交往技能。"……所教授的社会技能分为两类：（1）小组活动程序有关的技能，包括把活动划分成小块、每人承担部分、鼓励平等参与、共享资源等；（2）促进人际关系的技能，包括倾听、提供建设性反馈、试着理解他人观点、监控和评价等。培训方法有讨论、示范、角色扮演等。"（伍新春，管琳，2010：94）在对语言知识和技能的学习之外，进行社会交往技能的培训，是交互性语言教学方式的特殊要求，这是教学顺利开展的前提条件和保障。学习者由此也习得了社会技能，促进和加快了他们的社会化进程。

社会化就是与他人建立良好的关系，学习者要掌握这样的技能，是不能独自完成的，必然要经过与他人的互动交往实践来完成。"皮亚杰（Piaget，1926）认为，社会约定俗成的知识，比如语言、价值观、规划、道德、符号系统等只能通过互动来学习。同伴互动对于打破学生的自我中心概念、建立逻辑数学思维的平衡、向儿童的逻辑建构进行反馈，都非常重要。"（伍新春，管琳，2010：104）相对于其他知识性课程的学习，交互性语言教学可以为学习者的社会化做出更多的贡献。

4.2 交互性语言教学方式促进学习者的学习

4.2.1 交互性语言教学方式促进学习者的自主

4.2.1.1 交互性语言教学方式激发学习者自主性的学习

自主学习强调由学习者自己选择和自己负责。"'自主'涉及学生的自我调整、动机、责任感与义务感。自主的两个主要方面是'选择性'(choice)与'责任感'(sense of responsibility)。如果学习者只是被动地接受所传授的知识,其注意力就会减弱,并且不能真正关注所学的知识。"(龚亚夫,罗少茜,2006:27)自主学习的目标是为了改变学习者被动接受知识的教学局面,减少或取消知识的传授而改由学习者自主探索,实际上就为他们与知识、学习材料和他人的交互创造了条件。

自主学习并不限于个人,而是要在与他人共处的环境中完成,但是却可以促进学习者个人的学习。"教师通过布置口语等作业使学习者了解并确立其自我个体以及小组的学习目标,从而制定出相应的学习计划;至于学习策略的运用及其监控,其实学习者或多或少,自觉不自觉地都在运用一定的学习策略。这里必须指出,自主学习绝不仅限于自学,自主学习在外语学习上的主要成分包括态度(Attitude)、能力(Capacity)、环境(Environment)(束定芳,2004)。"(丁仁仑,2010:163)自主学习使学习者能够自己意识到并且确定学习的目标和重点所在,在自主学习里学习目标的明确是要首先做到的,这样学习者通过掌握学习的主导权、决定权就获得了自主性。

4.2.1.2 交互性语言教学方式使学习者主体地位真正得到落实

与自主学习不同的传统教学却是强调"他主"的。"传统教学过分强调他主学习(他人为学生做主的学习)这一方式,从而使学习异化为一种外在于学生的控制力量,并最终导致人的主体性、能动性、独立性不能得到充分发挥。"(孙红琼,2007:35)显然,在这种教学中"以学习者为主体"的教学原则根本不能得到落实,学习者难以获得主体地位。

有学者提出了教师和学生都是主体的论点。"现代教育学一般把教育规定为'教育是教育者有目的地培养、训练受教育者的工作'。必须说明的是，这里的'教育者'和'受教育者'都是角色的称号，正如'教师'和'学生'一样，说明在教育活动中的身份，说明主体内部的分工。正如交际活动中的'传者'和'受者'。不能认为教育者是主体，受教育者不是主体。在教育过程中，师生都是主体。"（王才仁，1996：76-77）双主体会不会发生冲突？而冲突中学生是弱者，必然难以形成或争夺到自己的主体地位。这里提到的"分工"说明了双主体提法的实质，仍然有主次之分，何言平等？既然对其言"受"（受教育者），何来学生的主体性？如果学生在学习中只能是被动的、无选择权的，何来主体地位？主体之意是可自主，可主宰自己的命运，可自由，被动者何来自由？教学实际上应当是以学生为主体的实践性活动。此实践虽然可能只是模拟的间接实践，但是不实践无以学、无以教，无学生的学习则教师的教学如何进行？如何落实？

学习者的主体地位不能落实，交互性语言教学方式就难以开展。"学校教学主要是传授人类已经创造的知识和经验。在英语教学中，这一点就表现得十分清楚……在课堂里学习英语，是教师把前人在教学中总结出来的认识通过教材、教具和一定的教学活动传递给学生，并组织师生共同参与的活动，帮助学生掌握。这时，教师所起的作用实际是中介作用，他关注的是传递的过程和方式；学生是认识的主体，他们注意的是关于英语的信息。这种传、受的方法相互交替，构成交际，所以教学是师生二主体互相依存、互相作用的交际过程。"（王才仁，1996：76）学生只是关注信息吗？能力的发展呢？仅仅如此还构不成交际。而且交际不是知识的学习，而是能力的培养。如果学习者的主体地位不能得到落实，在学习中就难以"交互"起来，恐怕仍然是单向交流。只有以学为主，而不是二主体，才能真正"交互"起来。存在问题的原因在于，教师本来就处于优势地位、强势地位，何以能跟学生平等？表面上的平等最终还是会回到"一头独大"的老路上去。接受教师教育的学生变成老师之后，仍然无法挣脱这种恶性循环，二主体是个陷阱，实际上是在维护教师的权威性和主体地位。如果是二主体，只能形成单向的"交互"（灌输），学生能对教师有多少影响？所谓"教学相长"是欺人语。教师的"长"不是从学生那里，是从教师处。表面是平等的，两个方面都照顾到了，可实际上呢？树立起的是教师的"师道尊严"。可是此时的学生呢？

有学者提出了教师主导与学生主体的差别。"教学活动中教师主导与学生主体相互之间的地位与作用完全不一样，只有承认了学生的主体作用，教师的主导作用才能得以生成并发挥。"（孙红琼，2007：24）但是，有教师在主导，学生的主体就难以落实，即使强调了学生的主体地位，但是有教师的主导与之并置，则学生的主体地位就很容易被架空。

教师应当在交互性语言教学中注意落实学习者的主体地位。"作为教学活动的主体，学生对于客体的认知同样具有能动性，同样要进行选择和加工……如果教师能恰当地利用这种选择性，激发学生的学习兴趣，帮助他们找到适合自己的学习方式，那么，即使教师讲得不多，学生也能自主地构建起自己的知识体系来。"（孙红琼，2007：25）学生的知识和能力必须由学生自己来建构，教师只能起辅助作用，教师不可能主导甚至代替学生的作用。

4.2.2　交互性语言教学发挥非智力因素在学习中的作用

非智力因素在以往的教学中被忽视了，而多方面的非智力因素在学生成长的过程中有着重要的地位和作用。"健康的身体和心理，正确的价值观和积极的人生态度，能恰当地控制和调节自己的情绪，会恰当运用社会技能建立良好的人际关系……这些对一个人的成功和幸福都起着非常重要的作用。而我们一直以来的教育都过于注重对孩子智力因素的培养，而忽视了非智力因素。"（伍新春，管琳，2010：83）交互性语言教学方式可以改变这种忽视非智力因素的局面。

4.2.2.1　交互性语言教学方式有助于学习者学习信心的建立

在研究任务型语言教学的专著中，有学者提出了对教学者的期望和要求。"应使学生有信心表达自己，不必担心犯错误，而是对自己的错误持积极的态度，明白犯错误是正常语言学习活动过程中必然经历的阶段。只要学生所表达的信息可以被理解，就应得到鼓励。"（龚亚夫，罗少茜，2006：190）

　　教师对待学习者在学习过程中所犯的错误的态度是至关重要的，会影响到他们对自己的错误的看法，进而影响到对自己的语言学习的看法。如果学习者形成的是消极的看法，那么就会影响到他们学习语言的自信心。交互性语言教学方式在看待学习者的错误上，是持一种开放式的宽容态度的，这对建立学习者的学习信心是有帮助的。

4.2.2.2　交互性语言教学方式对学习者积极情感的调动

　　交互性语言教学方式可以给学习者带来积极的学习态度。"还有研究证明，与一直进行接受学习的学生相比，在课堂上有机会与教师和其他同学进行积极互动的学生对自己的学习过程更满意，对所学课程持更积极的态度（Bligh，1972; Kulik & Kulik，1979）。"（伍新春，管琳，2010：82-83）

　　由学生自主的学习会给学习者带来积极的学习情感，尤其是当他们的学习成果被展示出来的时候。"当学生看到自己找到的资料在课堂上被投影仪播映出来或是被录音机播放出来，其熟悉感、亲切感和自豪感都会让学生对课堂教学更为感兴趣，从而注意力更为集中，学习效果大为提高。"（朱晓申等，2007：143）本书作者在实际的教学中也实施过这样的方式，确实效果良好，得到了学生们的肯定和积极的参与。

　　学习者要想学习获得成功，积极的情感态度是必不可少的。"用目的语交际使学习者感受到学习的价值和必要，从而转化为个人需求的内在动机。交际任务的完成表明他有能力'做'，因此获得成就感……研究表明：积极参与交际、乐于冒险、善于合作是成功语言学习者应具备的特征（Stern，1983：411）。"（魏永红，2004：30）

4.2.2.3　交互性语言教学方式使学习者获得成就感

　　交互性语言教学方式可以调动学习者的学习积极性，从而使学习易于获得成功。"当学习者发现所学内容与现实生活联系紧密，可以马上用于应对生活中的交际问题，他们的学习积极性将被充分调动起来，竭尽全力去做并从任务的完成中获得自我愉悦感和成功感。"（魏永红，2004：33）学习的成功可以使学习者获得成就感，还可以得到自我实现的满足感。

　　学习者之间开展的合作学习，不仅是能够合作完成学习任务，共同进步和成长，还可以获得完成任务之后的成就感和对合作集体的归属感。"合作学习给不同能力和特点的学生提供了展示自己特长的机会，并通过同伴的帮助使其获得学业成功的可能性增大，加上合作学习采用了进步分计分制、和自己能力相近的人比赛等机制，学生会慢慢体验到成功的喜悦⋯⋯合作学习使得学生对学校、班级产生更强的归属感，因为小组成员总会注意和关心自己是否来上学了。"（伍新春，管琳，2010：83）合作学习的成功，可以使学生对以后的学习更有期待感，形成学习的动力，进入良性循环。

4.2.2.4　交互性语言教学方式培养学习者的责任感

赋予学习者个人责任可以使教学取得成功。"研究发现，高度的个人责任和成功的课堂紧密相连，凡在个人责任特征上得高分的课，其总体上都属于成功的课堂。"（伍新春，管琳，2010：92）学习者有了责任感就可以努力地去完成他们的学习任务。交互性语言教学方式注重在学习者之间互动的展开，此时连带着也把责任赋予了他们，这样就可以树立起学习者的责任感。

奖励的办法固然可以在某种程度上起到激励学习者努力学习的作用，但是并不总是有效，因为奖励所激发的仅仅是学习者的外部动机。"在采用奖励互赖时，不能区分出个人责任的评价和奖励方法容易造成责任不清或责任扩散，不利于所有学生努力学习、掌握知识。只有保证个人责任，才能让学习任务落实到个人，帮助每个学生认识到自己对小组成功负有责任，因此每个学生更加努力学习，从而提高所有组员的学习成绩。"（伍新春，管琳，2010：91）赋予学习者责任，可以激发他们努力学习的内部动机，形成真正的学习动力，把"要我学"变成了"我要学"。

4.2.3　交互性语言教学方式使个性化教学便于实施

4.2.3.1　个性化教学的特点与交互性语言教学方式

有国外学者总结了个性化教学的7方面的特点。"个别教学（也叫适应性教学）有下列显著特点：1.教学以学生的能力为依据；2.教材、教学过程允许每个学生按适合自己的能力和兴趣的进度学习；3.定期评估学生掌握知识的情况；4.学生有责任评估自己的学习需要和能力、学习计划、学习活动、平衡知识的掌握情况；5.提供额外的材料、活动，帮助学生掌握基本的学习内容和技能；6.学生有权决定教育目标、结果和相关的活动；7.学生在追求自己的目标时互相帮助，合作学习，共同达到小组学习目标。很少有个别教学方案能包含以上所有几个特点的，但大多数具有其中几个特征。"（Good & Brophy，2002：426）其中的第7点可以让我们发现，在个性化教学中也提倡学习者的互助和合作学习，这与交互性语言教学方式的理念是一致的。

　　个性化教学中的多个学习变量因素，都是可以按学习者的学习需求而进行调节的。"个别教学应包含下列四个主要变量：学习进度、学习内容、学习方法和学习目标，这些变量可以有很多形式，也可以多种方式结合在一起，因此产生一系列的个别教学的概念和方案。"（Good & Brophy，2002：426）四个主要的学习变量进行调节，就可以形成多种多样的教学方案，可以满足学习者个性化学习的需要。

4.2.3.2　个性化教学在交互性语言教学中的实施

　　学习者存在着个体差异，采取统一的课堂教学步骤和方式，难以满足学习者的个体学习需求。"教师的教学风格和策略不可能适应每一位学生的需求，学生个体认知方式不同，学习方式存在差异，要求学生'齐步走'是不科学的。自主学习可以弥补不足。"（肖惜，2010：4）通过交互性的语言教学方式开展自主学习可以解决这一问题。

　　交互性语言教学方式可以实现对学习者的个别化教学，这是尊重学习者个体差异的必由之路。"个别教学最显著的特点在于它尊重学生个体的差异性，教学计划、教学内容、教学手段都很个性化，完全是'以学生为中心'的。"（李柏令主编，2010：176）课堂教学中统一步调的教学难以实现的愿望，在交互性教学方式之中就可以落实了，因为交互性语言教学方式是把学生摆在第一位，以满足学习者的需求为最主要的目标。

　　有学者提醒我们，至少在个性化教学开展的初期教师要进行比其他教学方式更多的准备。"毫无疑问，至少在刚开始的时候，个性化教学需要花费更多的准备时间。这就是为什么我们建议刚踏上个性化教学旅程的老师要'保持简单和互动'。教师需要计划备课时间，既能充分备课又能享受自己工作之外的生活。"（鲍威尔，库苏玛—鲍威尔主编，2013：167）由不熟练到熟练也是一个减少工作量和所需时间的过程，所以总的时间并未增加，尽管教师前期的投入（时间、精力、组织安排等等）多，但后期教学效率高、进度快，总体上与按部就班的讲授式教学方式所需时间是相等和平衡的。

4.2.4 解决学生水平程度差异的问题和帮助学习困难的学生

4.2.4.1 交互性语言教学解决学生水平程度差异的问题

在学习者之间存在语言水平程度等等多方面的差异是正常的现象，差异固然会给教学带来一些不利的影响，但是我们可以解决这个问题，首先想方设法消除学习者之间差异的不利影响，其次对学习者之间的差异还可以积极的利用。

（1）消除学习者之间差异的不利影响

对学习者之间较弱的一方进行帮助，是教师为消除学习者之间差异的不利影响必然要做的事务。"为削弱地位差异，尤其是学业水平差异带来地位差异的负面影响，提高成绩较差的学生在小组中的地位，有研究者（Slavin，1994）建议：给这些学生分配一些事务性角色（比如报告员、检查员），这相当于赋予这些学生特殊的权利以提高其地位；或选用那些所有学生都不太熟悉的、结构不良的学习任务，这些任务的完成需要多种能力的学生参与，好学生在这些任务上的优势会下降，而差学生的地位相对提高（Cohen，1994）；或教师对差学生的贡献进行公开表扬，承认他们的能力。使用最广泛的一种方法，就是向学生教授社会技能，或向学生强调合作小组对学生合作过程的要求（Johnson & Johnson，1999b）。"（伍新春，管琳，2010：96）学者们的建议，为教师消除学习者之间的差异开拓了思路，提供了可采纳的策略库，教师还可以根据学习者的实际情况，创造性地拓展出更多的策略，以满足需求。

（2）对学习者差异进行积极的利用

差异并非都是不利的，对差异进行合理、积极的利用，就可以化不利为有利。

我们可以把个体差异不利教学的条件转化为有利的学习资源，差异正好可以导向互补，差异也可以带来和实现学习者之间的互助。互补是以差异为前提的，互补需要差异才可以得以实现，也使学习者个体得以展示自己的学习成果，使自己的学习得到肯定。

就如同不同的水位会造成水的流动一样，学习者之间的差异才能创造信息的流动，才能有条件使学习者之间形成互帮互学的局面。学习者之间的多方面的差异，并不总是单向的、绝对化的，在某些方面强的学习者可能会在某些方面弱，这样就形成的交互学习的可能性和必要性，否则学习者之间的相互作用就会出现不平衡。我们甚至可以说，学习者之间的差异是交互性语言教学方式实施的契机和先决条件，学习者之间如果没有差异，那么交互性语言教学方式就没有采用的必要性了。

对于汉语教学来说，学习者之间的差异更为突出而且易于显性地存在，这是不同于陈述性知识教学的特点。在程序性知识训练的过程中，学习者的差异明显容易感受到，会给学习者带来心理压力，但是另一方面，在学习者之间也容易比量出各自的长处和短处，汉语教学在学习者差异方面的这些特质，就要求教学者更加重视对差异的积极利用，发挥好其有益于学习的作用。

4.2.4.2 交互性语言教学帮助学习困难的学生

学习困难的形成原因，有学者对此进行了分析："学习困难的学生在学习中缺乏自我调节学习。他们学习态度消极而被动，原因在于学业失败的经验削弱了他们的学习动机，反复出现的学业失败降低了他们的自我效能感。学习中他们虽然也有一些策略，但往往是低效、无效甚至是错误的；即使是正确的，也不知如何恰当应用。他们尤其缺乏应对复杂学习的策略，特别是对学习的监控策略。"（朱晓申等，2007：33）可以看出学习者学习困难消除的原因主要集中于自我调节能力、学习动机和学习策略方面，而这些问题的解决正是交互性语言教学方式可以发挥特长之处。

就交互性口语教学而言，学习者口语学习困难的原因在于，他们之间特点的差异造成了口语发展的先后、快慢的不同，也与学习外语口语所学习的是输出性的技能有关。"Asher（1972：134）指出，二语学习就像母语学习那样要经历一个'沉默'期，在这个'沉默期'中，学生只是输入知识、理解知识，不进行口头输出。"（朱晓申等，2007：111）教师可以帮助学生尽快度过沉默期，不要被这种沉默期所抑制住，要给他们机会，甚至到教学的后期要给这些学困生更多的机会。

对所谓"差生"的看法要宽容。"不宜用考试压学生，更不宜用'竞争机制'表扬先进，促进落后。学生各人情况不同，都有学习潜力，不要过早地高估优生和低估差生。即使一个差生最后还是差，也不奇怪，'差'总还是学了一些英语，比完全不学还好些吧。"（王才仁，1996：84）这里对差生的看法未免有些消极、无奈，这也是传统的课堂教学设计和教学方式的"死角"。在传统的教学方式中，考试和竞争无处不在，整个的课堂环境就是不利于"差生"的，同时也易于产生"差生"，因为"竞争机制"就是以区分优劣为主要目的的，其筛选的意图十分明确，而且在教学观念和设计方面已经这样安排，在具体的教学中就会无时无刻不存在这种筛选，也就无时无刻不存在着竞争。开展弱化竞争、强调合作的交互性语言教学可以有助于解决差生的问题。

4.2.5 交互性语言教学方式减低学习者的学习焦虑

4.2.5.1 学习者学习焦虑的形成

教师和同学的消极反馈（负面评价）是引起学习者学习焦虑形成的主要原因。"许多学习者（特别是自尊心弱者）害怕由于犯错误而使教师和同学们对自己的课堂表现做出消极的反馈，因为这种消极反馈会提醒他们本来就有的对自己的消极评价，使他们想起自己的其他缺点和弱点，从而引发学习者焦虑，使学习者变得泄气和缺乏动机。为了保护自我，避免负评价恐惧，许多学习者选择了沉默和逃避，上课缺乏主动性，严重影响了交互性外语教学模式的开展和实施。"（朱晓申等，2007：36）

4.2.5.2 采用交互性语言教学方式降低学习者的焦虑

有学者建议采取合作学习的方式降低学习者的焦虑。"教师应多采用一些有益于减少学生学习焦虑的教学方法，如合作学习。研究表明，学习者在小组中进行交流时的焦虑程度远低于当着全班同学面回答问题时的焦虑程度；学习者在交流的过程中，增加了听、说的机会，尤其是害羞、胆怯、内向的学习者能够有更多的交流机会，促进交际。"（朱晓申等，

2007：36）学习者在合作学习的过程中，共同面对学习中的障碍和困难，发挥互助、互补的重要作用，就可以减低学习者个人面对的压力从而降低他们的焦虑。学生在交互性的活动中，面对的交际对象范围缩小，则能够降低焦虑的程度。

在口语教学中同伴易于形成学习者的焦虑，因为口语要求学习者主动地表达甚至表现。"心理学研究表明：语言学习焦虑与各项语言成绩均呈显著的负相关，特别是对'说'的影响更为显著。促进性焦虑可以激励学生努力达到想目标，但焦虑过度则又对外语学习产生副作用。"（徐锦芬，2007：140）焦虑并非全无益处，但是掌握好适度的焦虑则是教师要慎重对待的工作。

对竞争的评价要看竞争是否能有效地促进语言学习，也就是竞争的教学手段运用是否得当，是否能带来较好的教学效果。在没有升学压力和选优要求的情况下，仍然采取淘汰性的竞争机制开展教学明显就是不适当的。对外汉语教学是非竞争性、非筛选性的教学活动，本应当平等地面向每一个学习者而不是仅仅面向其中的优秀者。我们的教学者应当考虑如何向那些本不应该被淘汰的学习者有个交代。

有学者从学习者个体和群体的角度，分别论证了竞争的不利于学习的方面。"群体内的竞争也有不利的一面，从学生个人的角度看，对于那些学习成绩一贯优异，知道自己不需要太多努力就能成功的学生，竞争缺乏激励作用；对于那些学习成绩一般，但又想在群体中获得好名次的学生，竞争会产生过分的压力；对于那些知道自己没有成功希望的学生，竞争会使其丧失信心。从学生群体的角度看，频繁的竞争会使学生之间产生敌意和失去信任感，从而使班级集体出现紧张、不安、不团结等消极气氛。此外，经常不断的竞争还会降低学生学习的内在动机，使学生的注意力集中于取得好成绩以赢得教师的称赞和同学的羡慕，从而削弱或失去学习活动本身带来的愉悦感。"（朱晓申等，2007：47）竞争有利的一些结果，也可以通过其他途径获得，但是竞争不利的一面，却无法通过其他途径消除和弥补，给学习者和语言学习都会带来伤害和不良后果。

我们不是不敢正视和有意要回避群体之中的个体之间必然存在竞争的现

实情况，而是利用合作学习的方式冲淡和减低竞争带来的不利因素和结果。"学生之间的合作与竞争是对立统一的，它们都以能否满足各自的需求而转移。在课堂活动中，教师应灵活处理合作与竞争的关系，不能片面强调合作，也不能片面强调竞争。相反，应该使两者成为调动学生学习积极性的有效手段。"（朱晓申等，2007：49）在交互性语言教学中处理好合作与竞争的关系尤为重要。

4.3 交互性语言教学方式更能够发挥学习者自身的作用

4.3.1 交互性语言教学方式使学习者形成学习的主动性和积极性

对发挥学习者学习主动性和积极性的重视，实际上也是教育发展的结果，是学习者对教育的需求所导致的，更是教育观念更新所带来的。"传统学习方式过分突出和强调接受和掌握，冷落和忽视发现和探索，学生学习成了被动的接受、记忆的过程。这种学习窒息人的思维和智慧，销蚀人的主动性、能动性和独立性，压抑了学生的学习兴趣和热情，已到了非改不可的地步。"（肖惜，2010：4）传统的教学方式在扼杀学习者的主动性和积极性方面的不良影响，让学者们痛心疾首。这是我们都了解或感受过的现实情况，要改变这种状况，借助于交互性教学方式不失为一条可取的道路。

有学者在论及自主学习时提到，"自主学习需要学习者自愿采取一种积极的态度对待自己的学习，即对自己的学习负责并积极投身于学习。"（肖惜，2010：4）实际上，这也是所有学习的前提条件，无此则一切其他的策略都谈不上有效了，对于需要依靠学习者自觉的自主学习来说，没有了外在的约束，更加需要依靠他们自己自觉的时候，这些前提条件就要比在其他学习方式中的作用更显突出。

传统课堂教学方式所造成的对学习者主动性和积极性的压抑，给教师和学生都带来了折磨。"对于血气方刚、活泼好动的青年学生而言，机械的语言课堂不亚于煎熬；对于有着独立见解与科研压力的教师而言，英语课堂上沉闷的学习气氛同样不是一种享受。"（朱晓申等，2007：74）特别是对于活泼好动的年轻学子来说，这种折磨尤甚。为了适应他们的特点，发挥他们的主动性和积极性，就应当让其多参加各种学习活动，这正是交互性语言教学方式之所长。交互式语言教学实际上也是通过强调交互的教学方式，意图更充分地发挥学习者的主动性的作用。

4.3.2　交互性语言教学方式发挥学习者的创造性

任何有效的学习都是需要发挥学习者的创造性的，即使是知识的学习也需要学习者的再创造。"知识并不能精确地概括世界的法则，在具体问题中，我们并不是拿来使用，一用就灵，而是需要针对具体情境进行再创造。每个人接触到的对知识的文字表述可能是相同的，但每个人对知识的理解可能各不相同，因为每个人都会根据自己已有的经验来解释和建构新的经验。"（伍新春，管琳，2010：55）学习是为了使用，而使用就是对所学的一种再创造，而且使用时必须进行创造，照搬的效果必然不佳，这就会迫使学习者进行创造以便更好地使用。而创造是最有助于掌握知识的，而且是灵活的掌握，是可提取和使用的掌握。

发挥学生的自主性，减少他们对教师和课堂教学的依赖，增强他们对目的语语言环境和各种学习资源（包括互联网等信息和学习资料的来源）的利用能力，培养他们自主解决语言学习和交际实践中出现的问题和困难的能力。这样就可以为学习者创造性的发挥提供良好的条件。

交互性语言教学方式可以充分发挥学习者的创造性，如在任务型语言教学中就存在着"创造性任务"。"创造性的任务则是学生把以前学习过的语言与目前正在学习的语言结合起来使用。Nunan（1999：77）认为，要鼓励学生创造性地使用语言。他专门用了相当的篇幅阐明什么是创造性。他说：创造性地使用语言就是把熟悉的语言成分，如单词、句型结构以及固定的搭配等，用以前没有使用过的方式重新组合起来使用。"（龚亚夫，罗少茜，2006：66）这样还可以把学生的语言使用向上拉升，做到（i+1），学生在使用语言完成任务时，除了重复以往已经熟悉的语言形式之外，还需要从自己的原有掌握之中开发出适合交际新需求的语言表达。创造并不是凭空进行的，而是有依托的。

教学者要注意的是，发挥学习者的创造性并不排斥他们在学习过程中的模仿。"Nunan（2004）还提出了'从模仿到创造原则'（reproduction to creation）。任务型语言教学并不反对模仿。按 Nunan 的用法，他把这样的活动称为'reproductive tasks'。可以看出，这样的模仿活动也可以被称为'任务'。"（龚亚夫，罗少茜，2006：65-66）模仿可以说是创造的基础，模仿是为了创造，所以这里的模仿不同于以往，有其为了发展到创造的目的和目标。

第五章

交互性教学语言方式中教师角色和作用的变化

5.1 交互性语言教学方式中教师教学观念的革新

汉语教学中可引入交互性语言教学来解决目前的许多问题，而阻力却仍然不小。这些阻力不是源于学习者，或者是学习环境、学习条件方面的问题，而是来自教学者，原因在于传统教学观念对他们的影响。例如，在任务型语言教学中就存在这种情况。"在学生执行任务的过程中，教师对学生的干扰也比较多，一发现学生遇到语言问题，马上给予解答。本来任务段就是让学生在没有压力的情况下用语言做事，把学生的注意力吸引到任务而不是语言上。如果过多地纠正学生的语言错误，学生必定会把重心转移到语言的正确输出上，意义交流就会受到影响。"（程可拉，2006：155）教学者的观念没有改变，就会是教学重回"老路"。

5.1.1 交互性语言教学方式使教师对师生关系形成平等的新认识

5.1.1.1 传统教学方式中难以形成师生之间的平等关系

对教师在学习者学习中的作用形成的新认识，是建立师生平等关系的基础。有学者提出了对教师的新认识，"作为教师（teacher）的解释词'facilitator'已为我国外语教学界广泛认同。教师是'引导者'，是'助学者'，是帮助学生学，是创造条件让学生学。这是对英语教学二主体的作用的深刻阐明。"（王才仁，1996：78）但是令人遗憾的是，明明教师的解释词说的是教师为辅助者，教师是处于辅助的次要地位，可还是偏要强拉回"二主体'的说法上去，这实际上是死抱/死守着"以教师为主"的传统观念不放，可见传统教育观念的影响是多么"深入人心"。

在传统的教学观念的影响下，学生难以和教师获得平等的地位。"如果教师自以为是'大人'，学生是'小孩'，学生的期待就得不到满足，教师也会产生'居高临下'的态度，以为学生是一些被动的有待于喂以知识的学习者，就会用几乎是单向传递的方式，把自己对于需要学什么和应当怎么学的标准强加给他们，就会满足于要学生跟我学。在这种情况下，教师不容易看到学生的潜能和主动精神，也不会把学生看成值得尊重的人，还经常有意无意地挫伤学生的积极性。"（王才仁，1996：80）在传统的教学模式之下，难以让教师不再"居高临下"，而成为学习者学习的辅助者。这种情况不是教师的个人行为造成的，是制度性教学体系的安排所造成的，学生的积极性、主体性根本无从发挥，就是教师的积极性也发挥不好。

真正实现"以学生为主体"的教育理念，才能真正形成师生平等的关系。"教师和学生是分工合作的关系，而不是主体与客体的关系；把学生看成是教师认识的客体，就会影响学生主体作用的发挥，也不利于对教育本质内涵的进一步揭示。"（王才仁，1996：78）发挥学生主体作用不应当是教育本质内涵的辅助部分，而应是其主体的部分。应该以学生为主，为中心！这就是教育的本质内涵，或者说应该是我们对教育的本质内涵的新认识。

在提出"以学生为主体"的口号的同时，还提出了"以教师为主导"的口号，有学者对此的解释是："主导不是以我（教师）为主，不是教师唱主角，恰恰相反，教师的主导是组织学生集体自学，开展师生之间的多向交际，帮助学生自主地学、自觉地学，更好发挥学生的主体作用。"（王才仁，1996：78）这里的看法是脱离当前的课堂教学实际的，在课堂上如果教师不唱主角，就会出现主角空缺，最终还是要教师来唱主角。所以，这样做的话就会出现与建立"以学生为主体"的愿望恰恰相反的情况，还是仍然会回到教师唱主角的老路上去。若想避免出现教师唱主角的情况，其实很简单，教师让位,不再唱主角,让学生来唱主角。可是有多少教学法是让学生"唱主角"的呢?更重要的是建立学生之间的交流,应切断师生之间的交流,师生之间的交流,只会以教师这一强者为主宰。交互性语言教学方式倡导学习者之间的交流在课堂上为主,就可以使教师不再成为主宰者,这样做才可以形成师生之间的平等关系。

师生平等关系的核心是互相尊重,对此有学者提出,"心理学家马斯洛提出人的五层需要,其中'尊重需要'已为我国广大教师所重视,已经在教学中发挥了很好的作用。"(王才仁,1996:80)我国教育的真实情况是否像作者所言且不论,"自我实现"才是马斯洛五层需要中最高层次的需要,只是尊重而学生无从完成自我实现又有何用?不是通过自己的努力得来的,只是表面化的尊重毫无意义。

5.1.1.2 交互性语言教学方式带来对师生之间关系的新认识

交互性的教学方式在促进教师教学观念转变上可以发挥重要的作用,这是由交互性教学符合了教学本身的本质性特点所决定的。"教学是教师与学生的交往、互动,师生双方相互交流,相互沟通,相互启发,相互补充,在这个过程中,教师与学生相互分享彼此的思考、经验和知识,交流彼此的情感、体验与观念,丰富教学内容,求得新的发现,从而彼此达成共识、共享、共进,实现教学相长和共同发展。"(孙红琼,2007:17-18)有学者肯定交互性教学方式在这一方面的作用:"互动性的课堂教学必然带来教师、学生角色的变化。在我们对外汉语课堂中教师往往是知识的传授者,课堂活动由老师控制,学生的思维和活动都跟着老师转。这样的角色的弊病就在于忽视了输出的数量和质量,导致了输入与输出之间的不平衡,影响学生中介语系统的完善。而在互动性的课堂教学中,教师和学生的角色都是动态的。"(姜安,2009:169)这种变化正是我们汉语教学发展所需要的,我们应该举双手赞成,并且欢呼出现这样的变化。

交互性语言教学方式既解放了学生也解放了教师,教师在教学中其活动不再局限于语言知识的传授。"交互外语课堂中的教师地位应该上移而不是下降:加强理论学习和策略指导,吃透教材并弥补教材的不足,在与学生的交互中实现教学相长并最终实现育人质量和效益的提升。"(王晓军,宫力,

2010：51）在交互性语言教学方式中，教师可以发挥更大的作用，可以更高水平地提升学习者的语言水平。要做到教学的转变，首先是教师的教学观念变。教师由知识传授者向技能训练指导者转变。现时代知识获取的容易，也使知识教学的重要性下降、技能教学的重要性上升。

在任务型语言教学中，对任务的教学安排要具有系统性和循序渐进的特点，实际上对教学提出了更高的要求。"任务型语言教学强调'以学生为中心'，但是这并不意味着所有课堂教学都必须是一个模式，似乎教师的作用可有可无；而是提倡课堂的民主气氛，师生平等概念，教学相长的真谛。"（龚亚夫，罗少茜，2006：86）在任务型语言教学的教学过程中，不像通常的语言课堂教学那样，非程式化的因素（也就是在通常的教学程序之外的意外突发的情况）较多，使教师对课堂教学进程的掌控较难，对教师提出了更高的要求，比起以往教学的照本宣科来，教师的操作要难很多。"在教师与学生的互动中，双方都在重新建构自己的认知方法、建构对各种事物和观点的理解。他们也都在重新建构着对彼此的理解。教学内容和教学方法是教师人格的一部分，这就要求教师对自己认识世界的方法、自己的教育观念和教学方法有更多的自我意识。"（严明主编，2009：125）教师首先对自己在教学中的地位有了新的认识，才能建立起新型的师生关系。

在交互性语言教学方式所倡导的新型的师生平等关系中，也包括教师要平等地对待每一个学生。有学者提出，"为了调动起学生参与课堂交际活动的积极性，我们应当尊重和关爱每一个学生，平等对待每个学生，形成一种平等、友好的师生关系，进而营造一种民主、和谐的课堂氛围，使得每个学生都能积极、主动地参与课堂教学活动，轻松自由地用汉语表达自己的想法，开展积极活动，从而实现教学目的。"（姜丽萍，2011：17）

5.1.2 交互性语言教学方式带来对课堂教学的新认识

有学者明确提出了传统课堂教学的弊害。"课堂教学之所以有必要，是因为课堂使人面对面的交际、双向交流、发挥师生双方的积极性；互相协商、教学相长；直接反馈，以便了解学生的个别差异。课堂是班的集体，教学必须发挥集体效应。各个学生只是听一人讲，或者重复回答一个问题，这种'一言堂'置全体成员的积极性不顾，集体的作用难以发挥，所谓'集体'也就徒具形式了。"（王才仁，1996：9-10）这种"一言堂"式的教学，实际上也不能真正很好地发挥课堂教学的作用。交互性语言教学方式对课堂教学中交互活动的提倡，正好可以解决课堂教学中"一言堂"的问题。

交互性语言教学方式使教学目的首先发生了变化。"教学的目的不在于使学习者达到预先设定的学习目标，而应是为学习者提供有利于语言学习发生的条件和环境。"（魏永红，2004：147）由此带来了教学过程的变化，"教学过程应有利于学习者充分发挥主动性、语言运用的创造性，体现出对学习者主体地位的充分重视；学习者积极的认知参与、主动思考是学习发生的前提。"（魏永红，2004：144）这也是第二语言学习者对目的语能够高效学习和真正吸收的前提。

在交互性语言教学方式中教学内容也由知识的学习为主、为重，转变为以能力的培养特别是学习能力的培养为主、为重的轨道上来。"教育不能只注重向学生传递静态的知识，还要培养学生学习知识的能力；不仅要让学生知道、记住知识，还要开发其思维的潜能，比如独立分析、解决问题的能力，灵活运用知识的能力，创造的能力等。教育要提升个体获取、转化、应用、创造知识的能力，这是动态的财富。因此，我们现在所说的学业目标既包括学科相关的知识和技能的获得，又包括学习能力、思维水平的提高。"（伍新春，管琳，2010：267）

交互性语言教学方式对教学法形成了新的认识，认为教学法是成系统、不定于一、多样组合、灵活多变的。这种认识实际上正符合"教学有法，而无定法"的教学原则。"进入20世纪80年代，第二语言教学逐渐走向成熟。人们开始认识到，学习者千差万别，教师风格不一，教学环境不尽相同，不可能有一种'放之四海而皆准'的方法，而必须有一个动态的、随时可以调整的——因人而异、因时而变的开放系统。"（朱晓申等，2007：2）交互性语言教学方式为教学法的灵活运用、更有针对性、更有教学成效，提供了空间和可能性。

交互性语言教学方式还带来了对学习场所认识的改变，"教室也不再是一个传统的教语言的地方，而是一个提供给学生有组织、高效率、语言输入丰富、语言理解容易、语言运用恰当、语言交际真实的环境。"（温晓虹，2008：211）在第二语言的口语教学中，课堂更应该充分发挥其开展交互性教学的作用，要很好地对其加以利用，"课堂是完成口语教学任务、开展口语技能训练、检验口语教学效果的主要场所，课堂教学则是教师与学习者双方为了达到同一个教学目的而进行的互动活动。"（翟艳，2013：101）可以看出，交互性语言教学方式带来了对教学各个方面一系列的认识上的改变。

5.2 交互性语言教学方式中教师角色的转变

教师固然有在知识的海洋中指示知识聚焦的作用，但教师仅仅发挥这样的作用在现今信息技术发达时代的教学中就显得很不够了，教师对学生实践的指导更有价值，也更能发挥教师的作用。"其实，作为教师，我们教给学生的那一点叫做'知识'的东西，在媒体高度发达的今天，学生完全可以很轻松地自己从网络上或图书馆里找到，而且我们在全神贯注地讲的时候，有多少学生在听，听进了多少，这听进的一点东西又对他的学习有多大的裨益？"（朱晓申等，2007：81）所以，教师要进行转变，要达到这一点除了首先要更新对教学的认识、对教师作用的认识以外，还要通过改变教学方式保障教师宝贵的、不能由现代教育技术所能替代的指导实践的作用得以发挥出来，建立有效的渠道使教师的转变通过交互性的语言教学方式在具体的教学操作过程中得到落实。

5.2.1 教师从教学主导者的角色转变为帮助者

教室不应是教师表演的舞台，教师不能再一个人在课堂上"唱主角"，传统课堂上经常出现的这种情况应当改变。"正如我国学者（王坦，2000）评论的那样，传统课堂上教师既'导'且'演'，以此维护着自己的权威地位，他们侵占了课堂的绝大部分时间。学生只能跑跑龙套，敲敲边鼓，充当配角或背景，甚至是旁观者。久而久之，学生就对当配角失去了兴趣，在课堂上再也提不起兴趣来。"（伍新春，管琳，2010：219）教师这样做本来是好心要多帮助学生一些，教师的良好愿望可以理解，但是违背了教学和学习的规律，反而得到了适得其反的效果，这也违背了他们的初衷。"教师原以为自己那样做是对学生好，却在不知不觉中侵占了学生的学习时间和成长机会，实质上是损害了学生的利益。这种在不自觉中犯下的错误是非常危险的，教师应该对此产生警觉。"（伍新春，管琳，2010：219-220）新的教学方式可能会对教师的教学习惯形成冲击，但这也说明教师的脆弱，冲击是现实，那么教师就应该设法改变调整自己和教学，哪怕是逐步地改变也要适应和跟上时代发展和教学发展的脚步，尽管改变自己习以为常的教学习惯是痛苦和困难的，但是也是值得的。

教师作为帮助者要避免习惯性地直接介入学习者的学习，甚至在代替学习者的学习。"要尽量避免代劳，让学生自己去思考。学生需要检验自己的假设，需要自己去发现。不要急于帮助学生，要稍微有点耐心，要不了一会儿，他们就可以自己解决问题。教师要时刻留意差生，或许应该给他们多一点关照。"（程可拉，刘津开，2003：34）教师要把握好提供帮助的时机，在不该过早帮助的时候就要有耐心去等待，只有在学习者需要的时候再提供帮助。当然，在学习者需要帮助的时候，提供帮助要及时。教师还要注意根据学习者的特点，提供适宜和适度的帮助。

5.2.2 教师要努力成为交互性语言教学方式中学习的促进者

在交互性语言教学方式中，教师要作学生语言学习的促进者，如何完成这样的任务？完成这样的任务教师不是要奋勇向前，"去争取更大的光荣"，这样反而会适得其反，但这也并不是说教师不应当努力，而是应当改变努力的方式，应退后一步，通过间接的方式达到这一目标。"促进者的角色要求教师间接而不是直接地让学生在其指引下摸索探寻他们自己的成功之路。作为课堂促进者，教师应利用内在动力原则，让学生在语言的实际使用中去发现语言而不是直接告诉他们。"（朱晓申等，2007：7）教师要发挥好促进者的角色作用，就要给予学生使用目的语的自由和使用目的语的机会，让学生自己来完成对语言的学习。

　　教师要做好思想准备，教师的角色转变为帮助者和促进者之后，并不必然会给教师带来工作上的轻松，反而是对教师的工作提出了更高的要求。"从表面上看，采用交际教学法的教师在课堂上比较轻松，因为教师不用满堂灌，大部分时间是学生之间在进行活动。但实际上，交际教学法对教师的要求更高。"（徐强，2000：12）后一句话说得没错，但是前边说的满堂灌真的很累吗？其实那样的话只是累嘴而不累心，而且很容易出现"南郭先生"，要开展交互性语言教学，教师也许"累嘴"的机会减少了，但是"累心"的工作量就会相应地大大增加。

　　教师要积极地应对这一角色转变带来的"严要求"，才能做好开展交互性语言教学的工作。"'严师出高徒'。教师要严于律己，以超前的标准要求自己，处处事事起表率作用，正面地、积极地引导学生，发挥主导作用。教师在教学中尊重学生，是引导学生学会尊重别人；教师严于律己，宽以待人也是教会学生严于律己、宽以待人；教师自身与人合作的示范也会对学生发生深刻的影响。课堂交际是最经常、最生动、最有说服力的互教互学的形式，这是'教学相长'的真谛。"（王才仁，1996：100）教师是"严师"乃是对自己严，而非对学生。应当说"严于律己，宽以待生"。另外，在交互性语言教学方式实施的过程中，"教学相长"也可以主要发生在学生之间，学生的互帮互学，使他们可以互为教学对象，互相促进。

5.2.3　教师要适应角色的改变发挥应有的作用

　　要作一个真正高质量地完成自己的教学任务的好教师，就要以学习者为中心，就要把自己放在不重要的地位上，在无权威性的重要地位作保障的前提下仍然能够完成教学任务。这表面上看似矛盾，却是交互性语言教学方式的特性所期望和要求教师要做到的。

　　教师要想在交互性语言教学中顺利完成角色转变并且发挥出更好的作用，就要摆脱传统的应试教育的不良影响。因此，在交互性语言教学中，教师不能只想着自己的教而不考虑学生的学，首先要想到的是学生，一切的教学设计都应当从这个角度、从这个出发点考虑。

　　提倡学习者的自主学习，并非要放弃和否认教师在学习者自主学习中的重要作用。在"以学习者为中心"的教学环境中，教师仍然要充分发挥自己的作用。"以学生为中心并不意味着教师无所作为。教师最重要的作用是激活学生的内在知识系统，并提供给学生一个可进行探究的环境。"（龚亚夫，罗少茜，2006：17）把学生组织起来，把组织起来的学生安排在活动中，使活动有内容，使活动有积极的参与者，这些是教师的艰巨任务。

5.3　交互性语言教学方式中教师课堂教学方式的改变

5.3.1　交互性语言教学方式中教师操练方式的改变

有学者在研究交互性语言教学方式时提出，不要过度关注和分析语言形式。"有效的二语习得包含及时迁移——对较少语言形式的控制向相对无限量语言形式的自动处理迁移。过度分析语言、过分考虑语言形式和有意在语言规则上徘徊都会妨碍向自动化的过渡。"（朱晓申等，2007：4）如果过度重视语言形式的教学观念影响到操练方式的选择上，就会不利于学习者的学习，特别是交际能力的获得。

有学者认为应当追求教学中交际的真实性，反对机械的练习方式。"应当追求真实性的交际，尽量创造运用目的语进行真实交际的机会，而不是停留在练习，特别是机械练习的水平上。"（崔永华，2008：229）机械的练习通常会较多关注语言的形式，会偏离语言学习获得交际能力的根本目标。

对学习的新认识也影响到对操练的新理解，操练现在被认为应当主要由学习者自己来进行，而且机械的操练不是学习，在语言学习中尤其如此。"好的语言课堂教学活动应当主要由'学'的活动组成。过去认为操练就是练习，现在我们认为，通过学生自己的活动，对学习内容进行信息加工、思考和理解、记忆活动才是学习。例如学习生词，只有领读和教师的讲解不是学习，经过学生思考的连线、看图说话、写出、分类、分析、讨论一类的活动才是学习生词的方法。学习语法，教师讲解规则、领读句子、机械替换不是学习，学生从文本中找出，自己归纳规则，看图说话，讲故事，复述等活动，才是学习。学习课文，只有领读、串讲、分角色朗读不是学习，经过热身、读前预测、读中思考、加深理解的过程，才是学习。学习汉字，仅是朗读、抄写、听写单字/生词不是学习，在环境中辨认、各种连线、分析、分解、猜测等引起信息加工的活动，才是学习。"（崔永华，2008：263）在语言的课堂教学中操练占有举足轻重的地位，拥有重要的作用。教师对操练有了新的认识并且落实到教学之中，才能使新型的交互性语言教学方式得到实现。

在交互性语言教学中，特别是任务型语言教学中，强调实现教学的真实性以及教学和练习材料的真实性。"对同一个人来说，一篇阅读材料或者一段听力录音的难度不仅取决于材料本身的长度、语言的难度和信息的密度，更取决于相应的练习难度。恰当地处理练习的难度是有效地使用真实材料的关键。"（徐强，2000：63）练习方式体现着对学习的要求，要从新的角度来看待语言练习的难度问题。

5.3.2　交互性语言教学方式中教师提问方式的改变

以往的课堂交流被认为是"封闭式"的。"所谓封闭式交流模式是指在师生的问与答之中，学生的答围绕教师的意图，体现教师的意愿，无形中是被教师画了圈的，是课文的字面意思，没有多少积极思考。"（魏永红，2004：176）在这种课堂交流模式中，学习者完全是被动的，其成效如何也值得怀疑。

传统的提问方式会带来许多不利于学习者语言学习的问题。"现实教育中人们对学生学习主人地位的培养还停留在观念层面，在实践操作过程中往往流于形式。如教学从过去的'传递–接受'式变成了'提问–回答'式，学生在整个学习过程中仍然处于受支配的被动状态。"（徐锦芬，2007：169）简单的、单向的（教师→学生）的提问方式，会导致学生处于被动回答问题的学习状态。"看似热闹的教师提问与学生答问只徒有问与答的形式，却没有信息差，没有真实的思想表达，一切都是既定的，都在教师的掌控之中……只有当你真的试图要表达思想和理解他人的时候，你会由于自己表达的不准确或无效、会由于理解不了对方而发现自身语言中的问题，进而努力改进。受教师控制的语言表达是起不到这种作用的。"（魏永红，2004：128）交互性语言教学方式会带来学习者在交互过程中带有真实交际意义的提问和回答，是真正有意义的，也是真正解决问题的，对学习者进入社会生活中的交际有直接的帮助，是一种新型的提问理念和操作方式。

实际上，课堂教学中的提问有不同的类别，采用不同的提问方式，会带来不同的学习效果。"教师在课堂上提问的类别对'学'会产生不同影响：事实性问题重视知识；社会性问题能促使学生服从；封闭性问题提倡记忆和背诵；推理性和开放性问题能加深理解、鼓励思考和表达，增加输出量。"（朱晓申等，2007：20）显然，更适宜于学习者口语表达的是"推理性和开放性"的提问，它们也是在采用交互性语言教学方式时教师应当注意加以利用的提问类型。

有学者提出，教师在课堂教学中应该坚持采用"开放性提问"。她对不这样做的教师们提出了质疑："为什么不继续坚持开放性提问，多片刻等待？学生此时的表面沉默或许是内心世界、思维思想最活跃的时刻。究其原因，是因为怕遭遇冷场的尴尬。为什么让自己滔滔不绝的讲解占用大部分课堂时间，而不去多组织一些小组间的交流，让学生能更放松，更自由地去探索、表达他们自己的思想呢？扪心自问，是因为害怕失去时间、失去对话语权的控制。为什么不肯放弃既定的教的程序，去寻找和顺从学的轨道和节奏？是为了逃避挑战和探索带来的焦虑不安。这样一来保全了教师的安全感、权威感，失去的恰恰是学生以及教师自己发展思维能力、语言运用能力、意义协商、沟通合作能力的机遇和条件。"（魏永红，2004：177）教师们回避采用开放性提问的理由都是站不住脚的。采用传统的提问方式会使学生失去学习的兴趣，失去学习信心，也失去学习的机会，会徒然浪费他们宝贵的时间和生命。

许多课堂教学中的提问是虚假的，因为没有信息交流的意义。"提问是一种练习。练习是学生运用所学知识试着进行交际的过程。练习是练习运用，练习交际，不能把练当作检查。练习一旦有检查性质，学生就会有压力感，就会畏缩。练不起来是因为学生有保守情绪，怕出错。"（王才仁，

1996：92）实际上，提问变成了一种对学生的检测，回答不了的学生会有失败感，其压力、紧张和焦虑度就会上升，对学习效果自然会有不利的影响。交互性语言教学方式中的提问，尤其是学习者之间的互问互答，可以改变这种状况，从根本上解决这样的问题。

5.3.3　交互性语言教学方式中教师纠错方式的改变

　　面对学习者的偏误，教学者不要畏惧，也不要自责，应视之为学习者在语言学习过程中正常出现的情况，视之为语言学习之中过程性的必然现象，因而就会采取宽容的态度。"对于学生在课堂交际活动中所犯的语言错误，只要不影响交际的顺利进行，就要采取宽容的态度，不要打断学生的语言去立即纠错，应等学生完成交际活动之后，再给予正确引导。"（姜丽萍，2011：17）

　　以往的汉语教学中对学习者错误"有错必纠"的严苛要求，也许与担心学习者形成"化石化"的不良习得后果有关。学习者语言习得中的"化石化"的命题也许有一定的道理，但是是否也有问题？因为有许多问题没有得到"化石化"命题的令人满意的回答：学习者的语言习得是一开始就正确还是逐步走向正确？语言表达中一些习惯的形成是初始性的还是过程性的？"在对待学生的错误方面，无论是语法翻译法还是听说法都强调有错必纠，总想把学生的错误扼杀在萌芽之中；而任务型教学模式认为教师应该对学生的语言错误采取宽容的态度，应该多给学生正面评价，突出他们的成绩，以增强他们学习的自信心。"（程可拉，刘津开，2003：41）任务型语言教学的纠错态度和方式，开阔了我们的眼界，使我们看到了新型的认识和做法。"任务型教学既重视语言知识也重视语言运用能力的培养，不是'不纠错'，而是考虑应该在'什么时机'、'用什么方式'或'怎样'去纠错。"（程可拉，刘津开，2003：55）对纠错的新型认识并不是不进行纠错，而是采取更有利于学习者语言习得的方式纠错。

　　教师应当对纠错形成一种自己成熟的认识和相应的操作系统。"教师应该有一套改正学习者错误的体系，决定什么时候和怎样运用此体系能最大限度地强化改错的效益。首先，改错应该以一种积极的、鼓励的形式。老师的态度应该是尊重和礼貌的；其次，改错的方式方法应该多样化，以适应学习者不同的语言能力、学习任务、课堂活动的目的等。在老师改正错误以前学习者应该首先自己互相改。学生通常有能力自己改正错误，并且也很善于帮助别的同学，改他们的错。Waltz（1982）提出纠正学习者错误的三步骤：1. 在老师的帮助下学习者自己改正；2.在互相帮助的环境下学习者互相改正；3.教师用多种方式给学习者改正，如直接或间接改，及时或稍后改。"（温晓虹，2008：48）这里提出的新型的教师纠错步骤，实际上就带有对纠错的新认识。这种以学习者的自我纠错和学习者的互相纠错为先的纠错步骤安排，实际上体现着以学习者自主为先的理念，但是也没有放弃教师的帮助和最后保障的作用。

表面上看，让学习者首先进行自我纠错或同伴纠错，似乎减少了教师评判的责任，但是这样做既满足了学生彰显自己的能力的愿望，使学生获得自主感；同时也减低了教师的压力，使师生之间的关系由对立走向和谐，但是这并不等于要减低教师的工作量，教师在其他方面还有大量的工作要做。

教师纠错的目的和作用首先应当定位于帮助和有利于学习者的语言习得，而不是妨碍这种习得。教师在纠错之后再进行一些点评，可以有助于学习者获得积极的对于错误的态度和正面的收获。

教师如果抱有对学生的错误要进行惩罚的认识，则是更加错误的。尽管有教师可能会认为，对学生错误的惩罚是为了学生以后少犯错误，表面上看似乎这样的说法能够成立，但实际上在教学实践中真正这样实行的话，就会导致学生怕犯错误，反而使学生战战兢兢，更容易出错，因其处于经常性的过于紧张的状态，必然会影响其学习的效果。

5.4　交互式语言教学方式中教师对现代教育技术的利用

5.4.1　现代教育技术条件下交互性语言教学方式对教师发展提出了新要求

现代教育技术日新月异的发展，对教师提出了随时学习、不断进取的要求。"Warschauer（1996，2000）指出，在过去的四十年间，CALL[1]经历了三个不同的发展阶段，从结构性电脑辅助语言教学（Structural CALL）到交际性电脑辅助语言教学（Communicative CALL）再到整合性电脑辅助语言教学（Integrative CALL）。"（柯传仁，黄懿慈，朱嘉，2012：157）电脑辅助语言教学发展的具体情况可见下表5-1。

表5-1　计算机辅助语言教学发展的三个阶段

阶段	1970s—1980s：结构性CALL	1970s—1990s：交际性CALL	21stCentury：整合性CALL
科技	大型中央处理器	电脑	多媒体与网络
教学范例	语法翻译教学法 听说教学法	交际语言教学法	以内容为主、为了特殊或是学术需求
语言观	结构的（正式的结构体系）	认知的（心理建构的体系）	社会认知的（在社会互动中形成的）
电脑使用的原则	口语操练	交际的练习	真实对话
主要目标	准确度	准确度与流利度	准确、流利与媒介

可以看出，计算机技术的发展越来越突出和适应交互性语言教学方式的开展。

现代教育技术对交互性语言教学方式开展的有益作用已如前述，但是这种作用的充分发挥还要依靠教师才能够得以实现，教师也要在现代教育技术在汉语教学中得到普遍利用的形势下，努力调整和充实自己，以适应现代教育技术及交互性语言教学方式对自己的新要求。有学者提出，"教师还要随着技术的不断变化和提高而努力学习利用信息技术的能力，比如信息检索、处理、传输、交流等信息工具的使用技能；选择和运用教学媒体及适应新的教学环境的能力；对汉语教学资源进行整合、设计、开发、利用、管理和评价的实践能力。"（郑艳群，2012：147）

由新型网络技术发展所支持的网络汉语教学、移动汉语教学，对教师利

---

[1] CALL在此处是"计算机辅助语言学习"的英文（computer assissant language learning）大写首字母缩写。

用网络开展教学的能力更是提出了新的要求。"网络环境给教师的教学带来了诸多挑战，教师的角色也相应发生了改变。教师不仅是知识的传授者，更是教学的组织者，是学生学习的引导者、合作者。教师不仅要具备一般意义上的教学技能，更要熟悉网络教学的环境，有驾驭网络教学环境的能力。因此，对教师的评价，除了包括传统的评价内容之外，还应该包括如下内容：计算机操作能力、对网络课程的整体组织能力、对网络外语教学方法的把握和应用、教学效果，等等。"（张红玲等，2010：219）教师要想达到网络教学的新要求，就要进一步学习，努力适应发展的需要，而不能固步自封，这样做也是为了满足学习者日益增长的新的学习需求。

新的技术手段使得学习者的学习方式也发生了改变，教师跟上这种变化，就需要跟踪技术的进步所带来的学习和教学的发展。"当电脑与我们的日常生活越来越密不可分时，越来越多的学生期待教师能熟悉且擅长使用教育技术（Windham，2005）。电脑知识或技术贫乏的教师被认为是落伍的（Grabe，2004），这意味着教师的电脑技术能力直接影响学生对老师的印象以及评价（Arnold & Ducate，2006）。然而，大多数的教师并未察觉到学生的这些期待，他们在教学上的努力也没有满足学生的期待。"（柯传仁，黄懿慈，朱嘉，2012：155）教师跟踪现代教育技术的发展，虽然辛苦却对自己提高教学效率、创造更佳的教学效果带来好处，最终还是有益于实现教学的目标。

教师不着力提高自己的现代教育技术水平，就会出现"新瓶装旧酒"、"穿新鞋走老路"的情况。"即使是现代多媒体课堂教学，由于教师教学观念的惯性和教育技术水平欠佳，没有把信息技术作为认知工具来使用，而是用PPT替代传统的板书，从过去的'人灌'变成现在的'电灌'——把大量的信息放在一个计算机多媒体中由教师一人播放，学生只能'看中学'（learning by seeing），而不能'做中学'（learning by doing）。"（肖惜，2010：106）"电灌"等于根本没有充分发挥出现代教育技术的作用，问题还是出在教师那里。因此，教师在现代教育技术不断快速更新发展的环境中，要跟上时代发展的步伐，努力提升自己利用现代教育技术的能力水平。

5.4.2 现代教育技术条件下交互性语言教学方式中教师的辅助作用

在现代教育技术应用的场域，教师仍然有不可或缺的辅助学习者更好地利用新型学习方式的作用。"在网络外语教学环境中学习者不是'自由'学习，同样需要得到指引、指导和反馈。能够给予学习者指导和反馈的除了教师以外，还有计算机本身。也就是通过人机交互和师生交互可以帮助学习者更好、更快地掌握学科内容，达到学习目标。"（张红玲等，2010：304）教师的辅助作用除了通过面对面交互的方式完成之外，还会常常要通过计算机网络的交流方式来完成，这就对教师的网络交流能力提出了新要求。

在网络交互性语言教学方式应用的各种教学环境中，还需教师起到多方面的辅助作用。有学者提出，"在网络自主学习模式中，教师以指导者的角色出现在教学活动之中，通过设计的课程或资源链接，来引导学生的学习路径。在网络协作教学模式中，教师作为协作小组的成员参与到学生的学习活动之中，他们共同制订学习目标、共同决定学习活动的过程，通过网络传输系统和管理系统这一中介，学生和教师作为共同的主体开展学习活动。"（郑艳群，2012：148）可以看出，无论是学习者的自主学习还是他们进行合作学习，都需要教师进行指导和帮助。教师的指导和帮助作用，不仅体现在对学习者学习的技术性支持上，还要体现在对学习者情感和心理的支持和帮助上面。"网络教学中，网络教师的职能也发生了变化，面对学习过程中遇到挫折容易迷失方向或放弃学业的学生，教师应定期与学生见面（可以是虚拟在线的形式），体现关爱之情；及时了解学生的学习进度，提供相应指导。"（郑艳群，2012：148）

5.4.3 现代教育技术条件下交互性语言教学方式中教师的补足作用

现代教育技术虽然有极强的信息处理即储存能力和极强的异地异时交互的能力，这些长处都对交互性语言教学的开展有重要的支撑作用，但是现代教育技术也有其短处。有学者就指出了这一点，"计算机虽然与学生有交互活动，但它缺乏人类教师特有的品质，如教师面授时的感情和语气等。长期面对计算机进行语言学习，缺少人际交流，学生有时容易感到单调乏味。特别是对于具体的语言表达形式，在课堂教学中，教师可以通过放宽一些语法限度，鼓励学生在一定的容错范围内继续表达，但在计算机辅助教学系统中就可能被判断为错误。"（郑艳群，2012：55）尽管信息技术的发展使得人机交流越来越接近人际交流，并且为各种形式的通过现代新型通信技术给非面对面的人际交流带来更多的便利，但是仍然无法取代人际面对面的交流。教师的教学作用，正是要在现代教育技术所不能发挥作用的"死角"，发挥其补足的作用。例如，在上文中所提及的计算机缺乏灵活性的问题，就可以通过教师对学习者偏误标准的灵活掌握而补其不足。

网络教学等新型的现代教育方式的技术死角，为课堂教学发挥作用留有了空间。"网络型汉语教学最大的不足仍在于缺乏语言教学所需的基本成分——有效的交互。在传统课堂里，学生可以看到教师的表情、手势等，但在网上如果没有清晰的音像，就会阻碍这种沟通，有人把它称为'疏离感'，但毕竟网络为汉语学习者提供了一个语言实践和交流的场所，为学习者建立归属感，是以往任何技术手段都难以实现的，在提高学习兴趣和促进持续性学习方面有一定的作用。"（郑艳群，2012：135）网络在提供了比以往更为强大的交互功能的同时，仍然无法企及人际面对面的沟通，所以其交互还难以达到面对面交互那样全方位进行。

有学者提出了"交际性电脑辅助教学"的设想，也是力图补足计算机教学的不足之处。"交际性电脑辅助语言教学（Communicative CALL）的重心在于把更多真实交际任务融入活动的设计。由 Underwood 在1984年提出的'交际性电脑辅助语言教学的假说'，包括语言使用、内隐式语法教学、学生的口语表达以及只使用目的语的沉浸式环境。Warschauer（1996，2000）指出，交际性的 CALL 是根据语言学习的认知角度，强调学习者通过互动形成内部心理的语言系统。在互动过程中产生的语言输入远比互动的内容重要。"（柯传仁，黄懿慈，朱嘉，2012：159）可以看出，随着现代教育技术互动的特性越来越重要和突出，使得其所支撑的交互性语言教学方式的开展更加具有了现实可行性。

第六章

结　语

交互式语言教学方式所具备的建构基础，实际上可以形成一个可拓展的表达框架，在拓展的过程中，教学的新方式、新技术都可以融入其中，进而形成一种开放式的、综合性的教学方式，并且使这种教学方式具备能动性、能产性的特质。

6.1　交互性语言教学方式中的语言形式教学的问题[❶]

6.1.1　偏重语言形式教学所带来的对教学的不利影响

偏重语言形式的教学传统曾经在相当长的时间存在，在当今也仍然存在着很深的影响。"在相当长的一段时间里，也在相当多数的语言教学者那里，语言教学尤其是外语或第二语言教学却多注重在'工具'的教学而疏略于'交际'的教学……语言教学只着眼于'工具'而不着眼于'交际'，单教'部件'和'结构'而不教'怎么使唤'语言即运用语言，这对于以养成学习者的语言交际能力为目标的语言教学来说，显然是不够的。"（陈

[❶] 我们在此之所以关注语言形式教学的问题，是因为此课题是教学研究中的一个重点问题。有学者就此问题认为："事实上，不同语言教学理论和流派的差异，在很大程度上恰恰可以归结为对于形式和内容、知识和能力关系问题的看法上的差异。形式和内容的问题与知识和能力的问题有很大的相关性。强调语言形式的教学，在教学内容和方式上难免倾向于语言知识的讲解和机械性操练；而要在教学中强调语言的工具性，努力创造条件让学生在用中学，则必然高度重视表达内容。"（吴中伟，郭鹏，2009:25）可以看出，不同的教学方式在教学根本观念的问题上有很大的差异。

光磊，2009：1）但是，问题是偏重语言形式的教学就会偏离语言教学的根本目标，不利于学习者对目的语的掌握，难以满足学习者的学习需求和交际需要。

偏重语言形式的教学，首先就会导致教学材料的真实性出现问题。"由于偏重形式上的灌输，尽力要把体现教学大纲（产品式大纲）的内容'组合'到课文中去，并且凸显这些教学内容，最终可能导致'伪语篇'的产生，即，一篇对话或短文缺乏上下文之间内在的联系，缺乏明确的可能的语境，缺乏交际的价值，在内容上显得虚假。"（吴中伟，郭鹏，2009：151）教学中的实例更可以说明这一问题。"我们也许遇到过这样的例子，学生跟老师念了半天课文，始终感到很困惑：'老师，他们（课文里的人物）为什么说这些话？他们在干什么呀？''他们是什么关系？'老师无奈之下只好回答：'别管他们在干什么，记住里面的句子就行了。'"（吴中伟，郭鹏，2009：151）教学材料是教学的基础，如果出现不真实的情况，在教学中就很难改变，要想改变的话，就等于"另起炉灶"了。

重视语言形式教学的影响在提倡交互性语言教学方式的学者那里仍然可以见到。有研究交互性语言教学方式的学者提出，"交互不仅要表达自己的思想，而且要理解别人的思想，从而形成一个'我听—你答、你听—我答'的交互关系以及'听时注重语义内容，说时重视语法形式'的学习方式。"（朱晓申等，2007：113）仍然是关注语法，教学观念未变。重视语法教学的阴影仍然有影响。难道口语教学真的离不开语法吗？难道拼命教语法和拼命学习语法就可以学习好语言？

6.1.2 交互性语言教学方式是避免偏重语言形式教学弊端的良好途径

交互性语言教学方式并不是不重视语言形式，但是重视语言形式并不仅仅只有直奔主题式地只教、只练习语言形式，可以有多种途径和方式。只教、只练习语言形式，教学方式未免太简单、未免太初级阶段了。

交互性语言教学方式并非不重视语言形式的教学，但是语言要素的学习是要为交际服务的，是为使用目的语而服务的。教师首先要抱着这样的教学意识，也才能达到这样的教学目标。"二语习得中的Focus on form，即对语言

形式的关注，可以很好地将流利性和准确性融合起来，因为注重形式的课堂
教学是学习者在注重意义的交际过程中，在理解和运用语言上发生明显困难
而引发的关注语言形式。这样有助于学习者在意义和形式上找到平衡，因此
能够最有效地促进语言习得。同时，给学习者提供在处理语言的意思和形式
间转换的机会，让学习者得以关注原本可能被忽视的语言形式（Loewen，
2005：361-386）。"（朱晓申等，2007：155）在注重交流的前提下，教师引
导学生关注形式，只要教师重视起来，不放任学生，学生也会跟进注意语言
形式，而且还有很多机会纠正学生的表达偏误，这些都是使学生注重语言形
式学习的机会。

　　语言形式是显性的东西，具有规律性，易于把握。汉语教学如果只停留
在教语言的形式，就只是教了容易在教学时操作的一些内容，对于那些真正
重要的、学生难以通过自己的努力完成的、教学难以把握和操作的教学内容
回避掉了，这种教学显现出学科发展水平不高的阶段性特征。"语言作为交
际工具，其物质结构具有系统性、层级性和规则性，'语言点'是人们可以
也是能够直接感知和把握的，这样，设计教学大纲、实施教学计划、编写相
关教材和展开课堂教学乃至进行教学评估也就都有了可以遵循的实在依凭，
而且音、字、词、句、篇的教学也颇具操作性。语言教学的3P模式❶由此形
成，并得到极为广泛的应用，就表明这种语言教学法已经很成熟。但同时，
它被突破和革新的时机随着也就到来了。"（陈光磊，2009：2）这段论述里
暗含的意思是，对于语言形式的教学因其简单而且易于形式化而易于达致成
熟，但由此而导致的3P模式的不足也正是对其革新和超越的原因。实际上，
导致3P模式偏重语言形式教学的根本原因在于不是"以学生为中心"的，不
是以学生的学习目标和学习需求为中心。在以往的对外汉语教学中，回避争
议性的话题、回避关注内容的教学，部分的原因可以在3P模式中找到。交互
性语言教学方式的特点和作用在本书的上文中已经揭示，我们认为要在教学

---

❶ 对于3P模式偏重语言形式的教学，有学者提出了这样的看法："从（PPP模式教学）三个阶段
来看，在具体的教学安排上，也是以语言形式为中心的。在展示阶段，教师强调的是语言点的形式
和意义（而不是内容），在练习阶段，始终是大量的结构形式方面的操练，即使是在表达阶段，对表
达内容所运用的语言形式仍然有严格的规定，教师的注意力仍然放在语言形式上，而不是表达内容
上。"（吴中伟，郭鹏，2009:151）

方面进行突破和革新，弥补3P教学模式的不足，对其进行革新和超越，交互性语言教学方式正可以在此发挥其所长。

交互性语言教学可以解决语言教学中由来已久而未曾解决的许多根本性矛盾。有学者就提及了任务型语言教学在这方面的作用："语言教学中一直存在着语言形式与表达内容之间的矛盾、发展语言系统和发展语言交际能力之间的矛盾、语言课堂教学与语言自然习得之间的矛盾、提高语言流利性和准确性与复杂性之间的矛盾……在任务型教学中，通过合理设计和成功完成任务，这些矛盾会得到协调与平衡。"（吴中伟，郭鹏，2009：31）达到作者所期待的这一目标，尽管难度很大，但是是可以实现的。

6.1.3 交互性语言教学对语言形式的教学方式与以往不同

交互性语言教学方式对语言形式和语言能力的教学顺序关系有了新的认识。"一般认为，知识不等于能力，知识是能力的基础，但是我们不应该把知识和能力简单地分割开来，不应该简单地认为必须先传授知识，然后培养能力。何况，就语言交际能力而言，语言知识是可以隐性地存在的，是可以以某种隐性的方式教授的。"（吴中伟，郭鹏，2009：23）可以看出，交互性语言教学方式对语言形式的教学方式也形成了新的看法，认为不一定要用传统的直接传授的方式，而是可以通过隐性的间接方式使学习者进行习得。由此看来，教师对语言形式的讲解不一定要成为语言课堂教学的必然组成部分。"教师关于词语和结构的必要讲解，只是为学生理解内容、完成任务而给学生提供帮助，而不是把这些词语和结构按照计划生硬地、孤立地灌输给学生。"（吴中伟，郭鹏，2009：156）对此，我们认为词语、结构的学习可以作为任务在课前由学生自己去完成，课堂上可以通过操练或在任务完成的过程中检查学习者的掌握情况，在任务完成之后的展示阶段及其后的集中总结阶段，教师仍然有机会使学习者进一步巩固习得或补其不足。

在交互性语言教学中，对语言形式的关注实际上更侧重于有益于交际的形成。"Rivers（2000：F13-14）提出交互性引发口语的练习方法。Rivers认为：对话练习（如按图示对话）有一定形式的对话格式，能够使学生有针对性地使用某种语言形式……"（朱晓申等，2007：111）在交互性语言教学中，注重的是通过交互中的使用使学习者掌握语言形式，在这一过程中要注意给学习者提供使用语言形式的机会，具体到口语教学中，使学习者建立交互的"对话格式"❶有助于对口语交际中实用的语言形式的掌握和运用。

6.2 开展交互性语言教学要处理好与现代教育技术的关系

现代教育技术无限广阔的发展前景，为更好地实现交互性语言教学提供了可能和便利。"在线学习环境体现了语言学习的可能性和潜力，具有生成现实的能力，因此，可以为学习者提供接触现实的机会，为合作交流提供工具支持，这是其他学习环境不可能做到的。"（程可拉，2006：168）现代教育技术的发展既支持了交互性语言教学方式的实施，也使交互性语言教学变为现实有了更大的可能性。同时，也说明交互性语言教学理论对于技术发展的适应使其具有了前瞻性，而其实最为根本的还是交互性语言教学方式适应汉语教学顺应时代发展的合规律性。

现代教育技术为交互性语言教学方式的实施提供了更为充分的技术手段和支持。"技术，尤其是网络技术，不但可以让我们接触到大量的目标语策略，而且还可以把情景带进课堂，让我们能够在课堂中体验真实世界的意义交流与互动。这种真实的体验、互动、协商以及合作参与，为学习者建构语言知识，尤其是默会知识，创造了必要条件和手段。"（程可拉，2006：168）可以看出，现代教育技术在促进人们之间互动交流方面有着多方面的作用，在交互性语言教学中应该对此善加利用。"机器的特点支持学习者中心的互动形式。学习者在这样的环境中可以把握谈话和写作的目标和方向。当学习者为具体任务目标使用多媒体时，便会出现更多的主题控制、冒险、对歧义的忍耐和意义的合作建构。"（程可拉，2006：170）

在开展交互性语言教学过程中利用现代教育技术时，要注意避免出现偏离语言教学目标的情况发生。"多媒体演示的目的并非是让学习者浸润在信息的海洋中，而是要帮助学习者理解所演示的材料，组织话语，生成意义。

---

❶ 实际上，这就是会话语篇结构。对于会话语篇结构在促进学习者的口语表达中的作用，可参看本书作者的另一著作《汉语初级口语教材语篇结构研究》（王丕承，2015）。

正如布兰思福特等人（Bransford，2002）所述，'在过去的30年中，有效学习的观念发生了变化，教学的重心已从勤奋操练和练习转向学习者的理解和对知识的运用上。'"（程可拉，2006：161）现代教育技术也带来和促进了教学观念的根本改变，教学已经不再是教师带领着学习者进行"精讲多练"，重心已经转到学习者那里，以学习者的理解和使用为教学和学习的重点了。"交际CALL旨在体现以人为本的教学思想，计算机提供建立在学生已有知识基础上的情景和练习项目，而获得新知识与复习活动则完全由学生掌握，学生可以选择学习内容，控制学习进程，并在人机互动中充当重要的角色。"（程可拉，2006：166）学习者已经在现代教育技术的运用过程中成为了他们自己学习的主导者，这是"以人为本"的新型教育理念在汉语教学中的体现和落实，"以人为本"就是以学习者为本，学习者就是教学和学习的中心。

现代教育技术有助于在交互性语言教学中落实"以学习者为中心"的教育理念，要做到这一点，就要落实交互性的教育技术设计原则。对此，有学者提出了一些原则。"交际CALL体现了以下几条设计原则：为学习者提供与计算机进行有意义交际的互动；为学习者提供可理解性输入；提升学习者的自我形象；激励学习者使用软件；鼓励学习者学习语言；提供挑战但不会产生困惑或焦虑；对错误采取容忍的态度；让学习者有机会生成可理解性输出；促进学习者之间的目标语互动。（Hubbard，1987：227-254）"（程可拉，2006：166）看来，在依靠现代教育技术的交互性语言教学方式的教学设计过程中，我们要始终不忘考虑交互性的原则。

参考文献

[1]包育彬,陈素燕.中学英语任务教学的策略与艺术[M]. 杭州：浙江大学出版社, 2004.

[2]蔡永强. 任务型教学法——理论与实践[C]. //中国人民大学对外语言文化学院编, 汉语研究与应用（第四辑）. 北京：中国社会科学出版社, 2006: 197-217.

[3]车俊英.交互式教学在对外汉语课堂教学中的运用[D]. 天津师范大学硕士学位论文, 2006.

[4]陈光磊.《对外汉语任务型教学》序. //对外汉语任务型教学[M]. 北京：北京大学出版社, 2009.

[5]陈丽. 远程学习的教学交互模型和教学交互层次塔[J]. 中国远程教育,2004 (3): 24-28.

[6]陈作宏. 交际任务在初级口语词汇教学中的应用[C]. //吴应辉主编, 汉语国际教育研究（第1辑）. 北京：商务印书馆, 2011: 210-219.

[7]程可拉,刘津开. 中学英语任务型教学理念与教学实例[M]. 广州: 华南理工大学出版社, 2003.

[8]程可拉. 任务型外语学习研究[M]. 广州: 广东高等教育出版社, 2006.

[9]程伟民. 论对外汉语教师的素质[J]. 清华大学教育研究,2000. (2), :142-146.

[10]程晓堂.任务型语言教学[M]. 北京: 高等教育出版社, 2004.

[11]崔佳兴. 对外汉语教师反思渐进培养模式的个案研究——以商务汉语课程为例[C]. //姜明宝主编.汉语国际教育人才培养理论研究. 北京：北京语言大学出版社, 2013: 161-171.

[12]崔永华.对外汉语教学设计导论[M]. 北京: 北京语言大学出版社, 2008.

[13]丁仁仑.交际型大学英语创新教学模式研究[M]. 北京: 国防工业出版社, 2010.

[14]董明.大学英语课堂"生生互动"模式初探[J]. 外语与外语教学, 2004, (5): 30-33.

[15]方文礼.外语任务型教学法纵横谈[J]. 外语与外语教学, 2003,（9）.

[16]高婧洁. 合作学习在对外汉语口语教学中的应用及分析[J]. 现代企业教育，2008，(12·下)，2008: 229-230.

[17]高婧洁,金毅. 合作学习研究及其在对外汉语口语教学中的应用[J]. 东南大学学报(哲学社会科学版), 2008, (S1): 270-272

[18]格桑央京. 长城汉语教学设计与研究[M]. 北京: 中国社会出版社, 2010.

[19]宫力主编. 交互式语言教学研究[M]. 北京：清华大学出版社, 2010.

[20]宫力. 浅谈《新时代交互英语》的交互理念与实践[C]. //宫力主编，交互式语言教学研究.北京：清华大学出版社，2010:13-38.

[21]龚亚夫,罗少茜. 任务型语言教学[M]. 北京: 人民教育出版社, 2003.

[22]龚亚夫,罗少茜. 任务型语言教学（修订版）[M]. 北京: 人民教育出版社, 2006.

[23]郭跃进. 高中英语新课程高效创新教学法 新课标·新理念·新教材·新策略·新方法[M].武汉: 武汉大学出版社, 2008.

[24]黄晓颖. 对外汉语课堂教学艺术——来自教学实践的微技能探讨[M]. 北京: 北京语言大学出版社, 2008.

[25]贾放. 利用社会环境进行口语教学的几点设想及实践[J]. 世界汉语教学, 2000,（4）: 84-86.

[26]姜安.任务型语言教学对对外汉语教学的启示[J]. 语文学刊, 2009,（9）: 168-169.

[27]姜丽萍. 汉语作为第二语言课堂教学[M]. 北京: 北京大学出版社, 2011.

[28]蒋以亮. 课堂交际技能训练的一种方法——谈"分组"[J]. 汉语学习, 1998,（1）: 46-50.

[29]靳雅姝. 互动型教学模式及其在对外汉语口语课堂教学中的应用[J]. 中国科技信息, 2007, (24): 268、270.

[30]柯传仁,黄懿慈,朱嘉. 汉语口语教学[M]. 北京: 北京大学出版社, 2012.

[31]李柏令主编. 新思域下的汉语课堂——"以学生为中心"的对外汉语教学探索[M].上海: 上海交通大学出版社, 2010.

[32]李丹丽. 二语课堂互动话语中教师"支架"的构建[J].外语教学与研究, 2012, 44 (4): 572-84.

[33]李洪波,詹作琼.论英语口语教材编写和口语活动设计的真实性[J]. 教学研究, 2006, (11): 539-541.

[34]李芒.信息化学习方式[M]. 北京：北京师范大学出版社, 2006.

[35]李青、张晓慧. 任务型语言教学模式在商务汉语口语课教学中的运用[J].国际汉语

教学动态与研究, 2006,（2）: 11–19.

[36]李泉.试论对外汉语教学教学原则[C].//中国对外汉语教学学会北京分会第二届学术年会论文集.北京：北京语言文化大学出版社，2001: 9–11.

[37]李艳萍.合作学习与汉语口语教学[J]. 新疆教育学院学报，2005, (2): 21–23

[38]李奕.利用聊天室进行英语口语教学[J]. 长春师范学院学报, 2003, (6): 147–148.

[39]廖敏.法国本土汉语教师培训的现状——以2011年法国汉语教师培训项目为例[C].//姜明宝主编.汉语国际教育人才培养现状与对策.北京：北京语言大学出版社, 2013: 116–121.

[40]林立,易燕,马青,朱昱,代芊编著.任务型学习在英语教学中的应用[M].北京: 首都师范大学出版社, 2005.

[41]刘颂浩.第二语言习得导论——对外汉语教学视角[M].北京: 世界图书出版公司北京公司, 2007.

[42]刘珣.语言学习理论的研究与对外汉语教学[A].语言学习理论研究[C].北京：北京语言学院出版社, 1994.

[43]刘玉静,高艳.合作学习教学策略[M].北京: 北京师范大学出版社, 2001.

[44]刘壮,戴雪梅,阎彤,竺燕.任务式教学法给对外汉语教学的启示[J].世界汉语教学, 2007, (2): 118–125.

[45]卢华岩.海外汉语初级口语教材编写及教学对策——"想说就说·初级汉语"教材的编写思考[C].//北京汉语国际推广中心、北京师范大学汉语文化学院编.国际汉语教育人才培养论丛（第四辑）.北京：北京大学出版社, 2014: 309–314.

[46]鲁子问.任务型英语教学简述[J]. 学科教育, 2002, (6).

[47]鲁子问. 中小学英语真实任务教学实践论[M].北京: 外语教学与研究出版社, 2003.

[48]马箭飞. 任务式大纲与汉语交际任务[J]. 语言教学与研究, 2002,（4）: 27–34.

[49]马兰. 合作学习[M].北京: 高等教育出版社, 2005: 8–15.

[50]莫锦国. 外语 E-learning——理论与实践[M].上海: 上海外语教育出版社, 2011.

[51]倪传斌. 外国留学生汉语需求分析[J]. 语言教学与研究, 2007, (1).

[52]欧阳芬编著. 多元智能与建构主义理论在课堂教学中的应用[M].北京: 中国轻工业出版社, 2004.

[53]欧洲理事会文化合作教育委员会编. 欧洲语言共同参考框架：学习、教学、评估[M].刘骏,傅荣译. 北京: 外语教学与研究出版社, 2008.

[54]钱玉莲,赵晴菊.留学生汉语输出学习策略研究[M].北京: 世界图书出版公司北京公

司，2009.

[55]乔世燕.任务教学法与体验英语[C].//黄国文主编，功能语言学与语篇分析研究（第一辑）.北京: 高等教育出版社, 2009: 314–317.

[56]覃辉,鲍勤主编.建构主义教学策略实证研究——以云南农村高中英语教学为案例[M].昆明: 云南大学出版社, 2010.

[57]仇鑫奕. 目的语环境优势与对外汉语教学的新思路[M]. 北京: 世界图书出版公司北京公司, 2010.

[58]沈淑华,刘渼,吴福焕,刘增娇,卓慧敏,侯良.融入播客的华文听说课程：以任务型学习为主[C].//陈志锐主编，行动与反思——华文作为第二语言之教与学.南京：南京大学出版社, 2011.

[59]施良方. 学习论[M]. 上海: 上海教育出版社, 1994.

[60]束定芳,庄智象. 现代外语教学——理论、实践与方法[M]. 上海: 上海外语教育出版社, 2004.

[61]孙冬惠,李勉东. 对外汉语"互动式"教学模式的建构原则[J]. 汉语学习，2009, (3): 93–98.

[62]孙红琼. 大学生英语自主学习的优化构建[M]. 昆明: 云南大学出版社, 2007.

[63]孙蕾. 互动教学模式在汉语口语教学中的应用研究[J]. 现代语文, 2010, (10): 117–119.

[64]孙瑞,李丽虹. 论合作学习模式在对外汉语教学中的运用[J].云南师范大学学报(对外汉语教学与研究版), 2007, (2): 66–69.

[65]陶文好. 成人外语听说教学探讨[J]. 外语与外语教学, 2000, （1）: 62–64.

[66]王才仁. 英语教学交际论[M]. 南宁: 广西教育出版社, 1996.

[67]王初明. 论外语学习的语境[J]. 外语教学与研究, 2007, (3).

[68]王初明. 语言学习与交互[J]. 外国语，2008, (6): 53–60.

[69]王初明. 学相伴 用相随——外语学习的学伴用随原则[J]. 中国外语，2009, (5): 53–59.

[70]王得杏. 英语话语分析与跨文化交际[M]. 北京：北京语言文化大学出版社, 1998.

[71]王笃勤. 大学英语自主学习能力的培养[J]. 现代远距离教育，2002, (2).

[72]王丕承.汉语初级口语教材语篇结构研究[M]. 北京: 知识产权出版社, 2015a.

[73]王丕承. 汉语国际教育师资任务培养方式[M]. 北京: 知识产权出版社, 2015b.

[74]王琦. 信息技术环境下的外语教学研究[M]. 北京: 中国社会出版社, 2006.

[75]王清,黄国华. 多媒体学习环境的建构[J]. 中国远程教育, 2001, (4): 50–51.

[76]王荣英. 大学英语输出教学论[M]. 上海:上海交通大学出版社, 2008.

[77]王瑞烽. 小组活动的任务形式和设计方式及其在对外汉语教学中的应用[J]. 语言教学与研究, 2007, (1): 82–88.

[78]王坦. 试论合作教学的理论基础[J]. 山东教育科研, 2000, (12).

[79]王坦. 合作学习的理念与实施[M]. 北京:中国人事出版社, 2004.

[80]王坦. 合作教学导论[M]. 济南:山东教育出版社, 2007.

[81]王坦,宋宝和,刘吉林. 走向自主——杜郎口中学教学改革解读[M]. 济南:山东教育出版社, 2007.

[82]王晓军. 外语教学法的折中道路:一个语言学视角——兼评《新时代交互英语》[C]. //宫力主编.交互式语言教学研究. 北京:清华大学出版社, 2010: 329–340.

[83]王晓军,宫力. 交互外语教学思想的嬗变与反思[C]. //宫力主编. 交互式语言教学研究. 北京:清华大学出版社. 2010: 39–54.

[84]王晓钧. 互动性教学策略及教材编写[J]. 世界汉语教学, 2005, (3): 106–112.

[85]王媛.互动式教学在对外汉语初级综合课中的应用[C]. 迟兰英主编, 汉语速成教学研究. 北京:北京语言大学出版社, 2011: 321–330.

[86]魏永红. 任务型外语教学研究:认知心理学视角[M]. 上海:华东师范大学出版社, 2004.

[87]温晓虹. 汉语作为外语的习得研究——理论基础与课堂实践[M]. 北京:北京大学出版社, 2008.

[88]吴本虎.《交互性语言教学》导读. Wilga M. Rivers编著. 交互性语言教学（*Interactive Language Teaching*）[M]. 北京:人民教育出版社, 2000.

[89]吴中伟,郭鹏. 对外汉语任务型教学[M]. 北京:北京大学出版社, 2009.

[90]伍法提. 基于Web的学习环境设计[J]. 中国电化教育, 2000, (4): 33–38.

[91]伍新春,管琳.合作学习与课堂教学[M]. 北京:人民教育出版社, 2010.

[92]肖武云. 元认知与外语教学研究[M]. 上海:上海交通大学出版社, 2011.

[93]肖惜. 信息化外语自主学习导航[M]. 武汉:武汉大学出版社, 2010.

[94]徐剑. 对外汉语口语课教学设计研究[J]. 内蒙古师范大学学报(教育科学版), 2008, (9): 122–124.

[95]徐锦芬. 大学外语自主学习理论与实践[M]. 北京:中国社会科学出版社, 2007.

[96]徐强. 交际法英语教学和考试评估[M]. 上海:上海外语教育出版社, 2000.

[97]许希阳. 以问题为导向的任务型教学研究——以对外汉语口语教学为例[J]. 暨南大学华文学院学报（华文教学与研究），2009，（3）：7-13.

[98]阎彤. 尝试汉语口语课任务式教学——以《汉语口语速成（提高篇）》教学为例[C]. //刘晓天主编，汉语教学与研究论丛. 北京: 首都师范大学出版社，2011: 45-49.

[99]严明主编. 语言教育心理学理论研究[M]. 长春: 吉林出版集团有限责任公司，2009.

[100]杨开城. 建构主义学习环境的设计原则[J]. 中国电化教育，2000，(4): 17.

[101]袁芳远. 任务式教学在北美汉语教学界：应用与研究[J].国际汉语教育，2010，(4): 56-62.

[102]袁松鹤，邱崇光. 虚拟学习环境与虚拟学习环境开发工具的概念辨析[J]. 广州广播电视大学学报，2008，(6).

[103]翟艳. 汉语口语：从教学到测试[M]. 北京: 北京语言大学出版社，2013.

[104]张和生，马燕华. 对外汉语教学示范教案[M]. 北京：北京师范大学出版社，2009.

[105]张红玲，朱晔，孙桂芳等. 网络外语教学理论与设计[M]. 上海: 上海外语教育出版社，2010.

[106]张美霞. 在短期汉语教学中开展任务式教学法的设想——以初级汉语水平的短期汉语教学为例[J]. 云南师范大学学报（对外汉语教学与研究版），2009，（2）：42-48.

[107]赵金铭. 汉语作为第二语言教学：理念与模式[J]. 世界汉语教学，2008，（1）：93-107.

[108]赵金铭.《汉语口语：从教学到测试》序[C]. //翟 艳. 汉语口语：从教学到测试.北京: 北京语言大学出版社，2013.

[109]郑家平. 互动式汉语口语课堂教学模式实验研究[J]. 世界汉语教学，2010，(4): 83-90.

[110]郑世珏，张萍. 对外汉语可视化教学方法论[M]. 北京: 清华大学出版社，2013.

[111]郑艳群. 对外汉语教育技术概论[M]. 北京: 商务印书馆，2012.

[112]朱锦岚. 对外汉语口语教学的课堂互动[C]. 程爱民主编. 对外汉语教学与研究(2009.1).南京：南京大学出版社，2009: 75-81.

[113]朱晓申，邓天中等. 交互性外语教学：理论与实践[M]. 上海：上海外语教育出版社，2007.

[114] [比]Kris Van den Branden 编. 任务型语言教育：从理论到实践[M]，陈亚杰、薛枝、栗霞译. 北京: 外语教学与研究出版社，2011.

[115] [美]Thomas L. Good & Jere E. Brophy. 透视课堂[M]，陶志琼等译.北京: 中国轻工业

出版社, 2002.

[116] [美]Carl R. Rogers 和 H. Jerome Freiberg. 自由学习[M], 伍新春等译.北京: 北京师范大学出版社, 2006.

[117] [新加坡]Ng Aik Kwang. 解放亚洲学生的创造力[M], 李朝晖译.北京: 中国轻工业出版社, 2005.

[118] [英]Seligson，P. *Helping Students to Speak*（《帮助学生说英语》）[M]. 李冬云译. 南京：凤凰出版传媒集团 译林出版社, 2007.

[119] [英]Ur, P. 课堂讨论——目标教学小智慧[M]. 国庆祝,撒德全译. 天津：南开大学出版社, 2007.

[120] [美]威廉·鲍威尔和［印尼］欧辰·库苏玛-鲍威尔主编. 如何进行个性化进行——来自国际学校的启示[M], 张园译.北京: 北京大学出版社, 2013.

[121] [苏]M.H.斯卡特金. 现代教育论问题[M], 北京:教育科学出版社, 1982.

[122]Al-Humaidi, M. 2007. Communicative Language Teaching Retrieved 03/07, 2011, from http:// fachlty.ksu.edu.sa/alhumaidi/Publications/Communicative%20 Language%20 Teaching. pdf

[123]Arnold, N. & Ducate, L. 2006. *Calling on CALL: From Theory and Research to New Directions in Foreign Language Teaching*. San Marcos, TX: CALICO.

[124]Asher, G. 1972. Children's first language as a model for second-language learning, *Modern Language Journal*, 56 , 133-139.

[125]Baloche, L. 1998. *The cooperative classroom: Empowering learning*. Upper Saddle River, NJ: Prentice Hall.

[126]Bialystok, E. 1991. Achieving proficiency in a second language: A processing description, In R. Phillipson, E. Kellerman, L. Selinker, M. Sharwood Smith, & M. Swain (Eds.), *Foreign/ Second Language Pedagogy Research* (pp.113- 140), Clevedon: Multilingual Matters.Bligh, D. 1972. What's the Use of Lectures, Harmondsworth: Penguin.

[127]Brandsford, J. et al. 1990. Anchored instruction: Why we need it and how technology can help. In D. Nix & R. Sprio (Eds.), *Cognition, Education and Multimedia* (pp.115-141). Hillsdale, NJ: Erlbaum Association.

[128]Breen, M. P. 1987. Learner contributions to task design. In C. Candlin & D. Murphy (Eds.), *Language Learning Tasks*, Englewood Cliffs, NJ: Prentice Hall.

[129]Brindley, G. (1987). Verb tenses and TESOL. In D. Nunan (Ed.), *Appling Second Language Acquisition Research* (pp.173-204), Adelaide: National Curriculum Resource Centre.

[130]Brindley, G. 1998. Describing language development? Rating scale and SLA, In L. Bachman & A. D. Cohen (Eds.), *Interfaces between Language Acquisition and Language Testing Research*, Cambridge: Cambridge University Press.

[131]Brown, H. D. 2001. *Teaching by Principles: An Interactive Approach to Language Pedagogy*（《根据原理教学：交互式语言教学》）[M]. 北京: 外语教学与研究出版社.

[132]Brown, H. D., Hudson, T., Norris, J. & Bonk, W. J. 2002. *An Investigation of Second Language Task-based Performance Assessments*. Second Language Teaching & Curriculum Center, University of Hawaii at Manoa Honolulu, HI: University of Hawaii Press.

[133]Bygate, M., Skehan, P. & Swain, M. 2001. *Researching Pedagogic Tasks: Second Language Learning, Teaching and Testing*, Oxford: Oxford University Press.

[134]Carrell, P. L., J. Devine, D. E. Eskey ed. 2006. *Interactive Approaches to Second Language Reading*（《第二语言阅读研究的交互模式》）[M]. 北京: 世界图书出版公司北京分公司.

[135]Carroll, S. 1999. Putting "input" in its proper place. *Second Language Research*, (4), 337-388.

[136]Chin, Chee Kuen(陈之权). 2003. The use of Interactive Teaching Strategies in Teaching Chinese. [J]新加坡华文教师学会编《华文学刊》, Vol. Ⅰ,93-116.

[137]Cohen, E. G. 1994. Restructuring the Classroom: Conditions for Productive Small Groups, *Review of Educational Research, 64*, 1-35.

[138]Coopersmich, S. 1967. *The Antecedents of Self-Esteem*, San Francisco, CA: Freeman & Co.

[139]Crookes, G. & Gass, S. 1993. *Tasks in a Pedagogical Context: Integrating Theory and Practice*. Clevedon, UK: Multilingual Matters.

[140]Deci, E. & Ryan, R. 1985. *Intrinsic Motivation and Self-Determination in Human Behavior*. New York, NY: Plenum.

[141]Dörnyei, Z. 2001a. New themes and approaches in second language motivation research. *Annual Review of Applied Linguistics, 21*, 43-59.

[142]Dörnyei, Z. 2001b. *Teaching and Researching Motivation*. Essex: Pearson Education Ltd.

[143]Dörnyei, Z. 2002. The motivateional basis of language learning tasks. In P. Robinson (Ed.), *Individual Differences and Instructed Language Learning* (pp.137-58). Amsterdam: John Benjamins.

[144]Doughty, C. 2001. Cognitive Underpinnings of Focus on Form, In P. Robinson (Ed.), *Cognition and Second Language Instruction*, Cambridge: Cambridge University Press.

[145]Ellis, R. 1993. Second Language Acquisition Research: How Does It Help Language Teacher? An Interview with Rod Ellis, *ELT Journal, 47*(1).

[146]Ellis, R. 1994/1999. *The Study of Second Language Acquisition*, Oxford: Oxford University Press. 上海：上海外语教育出版社.

[147]Ellis, R. 2002. The Place of Grammar instruction in the second/foreign language curriculum, In E. Hinkel & S. Fotos (Eds.), *New Perspectives on Grammar Teaching in Second Language Classroom*, Mahwah, NJ: Lawrence Erlbaum Associates.

[148]Ellis, R. 2003. *Task−based Language Learning and Teaching*, Oxford: Oxford University Press.

[149]Estaire, S. & Zanon, J. 1998. *Planning Classwork—A Task−based Approach*. Macmillan Publishers Limited.

[150]Foley, J. 1991. A Psycholinguistic Framework for Task−Based Approaches to Language Teaching, *Applied Linguistics, 12*(1), 62−75.

[151]Grabe, W. 2004. Perspectives in applied linguistics: A North American view. *AILA Review, 17*, 105−132.

[152]Haley, M. H. & T. Y. Austin. 2006. *Content−Based Second Language Teaching and Learning: An Interactive Approach* (《基于内容的第二语言教与学——互动的思路》) [M]. 北京: 世界图书出版公司北京分公司.

[153]Higgs, T. V. & Clifford, R. 1982. The push toward communication, In T. V. Higgs (Ed.), *Curriculum, Competence, and the Foreign Language Teacher, ACTFL Foreign Language Education Series, 13*. Lincolnwood, IL: National Textbook Co.

[154]Holec, H. 1981. *Autonomy and Foreign Language Learning*, Oxford: Pergamon Press. (First published 1979, Strasbourg: Council of Europe.).

[155]Honeyfield, J. 1993. Responding to task difficulty: What is involved in adjusting the relationship between learners and learning experiences? *Tickoo*, 127−139.

[156]Hubbard, P., & Siskin, C. 2004. Another look at tutorial CALL. *ReCALL, 16* (2), 448−461.

[157]Iwashita, N., Elder, C. & McNamara, T. 2001. Can we predict task difficulty in an oral proficiency test? Exploring the potential of an information−processing approach to task design,

Language Learning, *51* (3), 301–321.

[158]Johnson, D. W. & Johnson, R. T. 1999a. *Learning Together and Alone: Cooperative Competitive, and Individualistic Learning* (5th ed.), Boston, MA: Allyn & Bacon.

[159]Johnson, D. W. & Johnson, R. T. 1999b. Making Cooperative Learning Work, *Theory to Practice, 38* (2), 67–73.

[160]Johnson, D. W., Johnson, R. T., & Smith, K. A. 1991. *Cooperative Learning: Increasing college faculty instructional productivity.* ASHE–ERIC Reports on Higher Education.

[161]Krashen, S. D. 1985. *The Input Hypothesis: Issues and Implications.* Beverly Hills, CA: Laredo Publishing Company.

[162]Krashen, S. D. 1985b. *Inquiries & Insights: Second Language Teaching Immersion & Bilingual Education Literacy.* Alemany Press.

[163]Kulik, J. & Kulik, C. L. 1979. College Teaching, In P. L. Peterson & H. J. Walberg (Eds.), *Research on Teaching: Concepts, Findings, and Implications.* Berkeley, CA: McCutcheon.

[164]Kumaravadivelu, B. 1993. The Name of the task and the task of naming: Methodological aspects of task–based pedagogy. In G. Crookes and S. M. Gass (Eds.), *Tasks in a Pedagogical Context* (pp.69–96), Cleveland, UK: Multilingual Matters.

[165]Little, D. 1991. *Learner Autonomy: Definitions, Issues and Problems.* Dublin: Authentik.

[166]Littlewood, W. 1999. Defining and Developing Autonomy in East Asian Context, Applied Linguistics, 21 (1), 65–78.

[167]Littlewood, W. 2000. 李立导读. 交际语言教学论. 北京：外语教学与研究出版社.

[168]Littlewood, W. 2004. The Task–based approach: some questions and suggestions. *ELT Journal. 58* (4), 319–326.

[169]Liu, Guo–qiang(刘国强). 2000. *Interaction and Second Language Acquisition: A Longitudinal Study of a Child's Acquisition of English as a Second Language*（《语言交流与第二语言习得：对一位儿童的英语作为第二语言习得的纵向研究》）[M]. 北京: 北京语言文化大学出版社.

[170]Loewen, S. 2005. Incidental Focus on Form and Second Language Learning. *Studies in Second Language Acquisition, 27* (3), 361–386.

[171]Long, M. H. 1981. Questions in foreigner talk discourse. *Language Learning, 31,* 135–

157.

[172]Long, M. H. 1983a. Does second language instruction make a difference: A review of the research. *TESOL Quarterly, 17,* 359–382.

[173]Long, M. H. 1983b. Native speaker/non-native speaker conversation and the negotiation of comprehensible input, *Applied Linguistics, 4,* 126–141.

[174]Long, M. H. 1985. A role for instruction in second language acquisition: Task-based language teaching. In Hyltenstam, K. & Pienemann, M. (Eds.), *Modeling and Assessing Second Language Acquisition* (pp. 77–99). Clevedon: Multilingual Matters.

[175]Long, M. H. 1991. Focus on Form: A design feature in language teaching methodology. In Debot, K., Ginsberg, R., & Kramsch, C. (Eds.), *Foreign Language Research in Crosscultural Perspectives* (pp. 39–52). Amsterdam: John Benjamins.

[176]Long, M. H. 1992. Three approaches to task-based syllabus design. *TESOL Quarterly, 26* (1), 27–56.

[177]Long, M. H. 1996. The Role of the Linguistic Environment in Second Language Acquisition, In W. Ritchie & T. Bhatia (Eds.), *Handbook of Second Language Acquisition* (pp. 413–468). San Diego, CA: Academic Press.

[178]Long, M. H. 1997. *Focus on form in task-based language teaching.* Fourth Annual Mcgraw-Hill Satellite Teleconference.

[179]Long, M. H. & Robinson, P. 1998. Focus on form: Theory, research, practice. In Doughty, C. & William, J. (Eds.), *Focus on Form in Classroom Second Language Acquisition* (pp. 15–41). Cambridge: Cambridge University Press.

[180]Loschky, L. C. 1989. The effects of negotiated interaction and premodified input on second language comprehension and retention (Occasional Papers N.16), Lukmani, Y. M. (1972), Motivation to learn and learning proficiency. *Language Learning, 22,* 261–273.

[181]Lumley, T. 1993. The notion of subskills comprehension tests: An EAP example. *Language Testing, 10* (3), 211–235.

[182]Lyster, R. 2001. Negotiation of form, recasts, and explicit correction in relation to error types and learner repair in immersion classroom, *Language Learning, 51* (Soppl.1), 265–301.

[183]Maurer, S. 1987. New knowledge about errors and new views about learners: What they mean to educators and more educators would like to know. In A. Schoenfeld (Ed.), *Cognitive sci-*

ence and mathematics education.

[184]Nation, P. 2001. *Learning Vocabulary in Another Language.* Cambridge: Cambridge University Press.

[185]Nunan, D. 1989. *Designing Tasks for the Communicative Classroom,* Cambridge: Cambridge University Press.

[186]Nunan, D. 1991. *Language Teaching Methodology—A Textbook for Teachers.* Prentice Hall.

[187]Nunan, D. 1993. Task-based syllabus design: Selecting, grading, and sequencing tasks. In Crookes, G. & Gass, S. M. (Eds.), *Tasks in a Pedagogical Context: Integrating Theory and practice* (pp. 55-68). Clevedon, Avon: Mutilingual Matters

[188]Nunan, D. 1998. Teaching grammar in context, *ELT Journal, 52* (2), 101-109.

[189]Nunan, D. 1999. *Second Language Teaching and Learning,* Boston, MA: Heinle & Heinle Publishers.

[190]Nunan, D. 2001. *Tradition and change in the ELT curriculum: Plenary presentation.* Beijing.

[191]Nunan, D. 2004. *Task-based Language Teaching.* Cambridge: Cambridge University Press.

[192]Paris, S. C. & Cross, D. R. 1983. Ordinary learning: Pragmatic connections among children's beliefs, motives, and actions. In Bisanz, J. & Kail, R. (Eds.), *Learning in Children* (pp.137-169). New York: Springer-Verlag.

[193]Pemberton, R. et al. (Eds.), 1996. Taking Control: *Autonomy in Language Learning,* Hong Kong: Hong Kong University Press.

[194]Piaget, J. 1926. *The Language and Thought of the Child,* New York, NY: Harcourt Brace.

[195]Pica, T. & Doughty, C. 1985. Input and interaction in the communicative classroom: A comparison of teacher-fronted and group activities. In S. Gass & C. Maden (Eds.), *Input in second language acquisition* (pp. 115-136). Rowley. MA: Newbury House.

[196]Prensky, M. 2001. Digital Natives, Digital Immigrants Part 1. *On the Horizon 9.5* (pp.1-6).

[197]Richard-Amato, P. A. 1996. *Making It Happen. Interaction in the Second Language Classroom: From Theory to Practice. USA:* Addison-Wesley Publishing Group.

[198]Rivers, W. M. 1987/2000. *Interactive Language Teaching*（《交互性语言教学》）

Cambridge: Cambridge University Press. 北京：人民教育出版社,外语教学与研究出版社,剑桥大学出版社.

[199]Robinson, P. 1995. Task complexity and second language narrative discourse. *Language Learning, 45* (1), 99–140, 387.

[200]Robinson, P. 2001. Task complexity, task difficulty, and task production: Exploring interactions in a componential framework. *Applied Linguistics, 22* (1), 27–57.

[201]Schinke–Liano, L. 1994. Linguistic accommodation with LEP and LD children. In J. Lantolf & G. Appel (Eds.), *Vygoskian Approaches to Second Language Learning Research* (pp. 56–68). Norwood. NJ: Ablex.

[202]Sinclair, J. M. & Coulthard, R. M. 1975. *Towards an Analysis of Discourse: The English Used by Teachers and Pupils.* Oxford: Oxford University Press.

[203]Skehan, P. 1998/1999. *A Cognitive Approach to Language Learning*, Oxford: Oxford University Press/上海：上海外语教育出版社.

[204]Skehan, P. 1999. Tasks and language performance assessment, In Bygate, M., Skehan, P. & Swain, M. (Eds.), *Researching Pedagogic Tasks: Second Language Learning, Teaching and Testing* (pp. 167–185), London: Longman.

[205]Skehan, P. & Foster, P. 1997. The influence of planning and post–task activities on accuracy and complexity in task–based learning, *Language Teaching Research, 1* (3).

[206]Skehan, P. & Foster, P. 2001. Cognition and tasks, In Robinson, P. (Ed.), *Cognition and Second Language Instruction*, Cambridge: Cambridge University Press.

[207]Slavin, R. E. 1980. Cooperative Learning, *Review of Educational Research, (1).*

[208]Slavin, R. E. 1990. *Cooperative Learning: Theory, Research and Practical.* Englewood Cliffs, NJ: Prentice–Hall.

[209]Slavin, R. E. 1994. *A Practical Guide to Cooperative Learning*, Boston, MA: Allyn & Bacon.

[210]Smith, S. 1986. Comprehension vs. Acquisition: Two Ways of Processing Input. *Applied Linguistics.* (7), 118–132.

[211]Spolsky, B. 1989. *Conditions for Second Language Learning*, Oxford: Oxford University Press.

[212]Stern, H. H. 1983/2000. *Fundamental Concepts of Language Teaching*, Oxford: Oxford University Press/上海：上海外语教育出版社.

[213]Swain, M. 1993. The output hypothesis: Just speaking and writing aren't enough. *The Canadian Modern Language Review, 50*, 158-164.

[214]Vallerand, R. 1997. Toward a hierarchical model of intrinsic and extrinsic motivation. *Advances in Experimental Social Psychology, 29*, 271-360.

[215]van Lier, L. 1996. *Interaction in the Langue Curriculum*, Pearson Education.

[216]VanPatten, B. 2003. *From input to output: A Teacher's Guide to Second Language Acquisition*. New York: McGraw Hill.

[217]Vygotsky, L. S. 1962. *Thought and Language*, Cambridge, MA: MIT Press.

[218]Waltz, J. C. 1982. *Error Correction: Techniques for the Foreign Language Classroom.* Language in Education: Theory and practice Series, 50. Washington, D.C.: Center for Applied Linguistics.

[219]Warschauer, M. 1996. *Virtual Conections: Online Activities and Projects for Networking Language Learners*. Honolulu, HI: University of Hawaii Second Language Teaching and Curriculum Center.

[220]Warschauer, M. & R. Kern. (Eds.) 2000. *Network-Based Language Teaching: Concepts and Practice*. Cambridge: Cambridge University Press.

[221]Wells, G. et al. 1981. *Learning through Interaction: The Study of Language Development*. Cambridge: Cambridge University Press.

[222]Wilkins, D. 1976. *Notional Syllabuses*, Oxford: Oxford University Press.

[223]Willis, J. 1996. *A Framework for Task-Based Learning*, London: Addison Wesley Longman Limited.

[224]Wilson, K. 1992. Discussion on two multimedia R&D projects: The Plaenque project and the Interactive Video Project of the Museum Education Consortium. In M. Giardina (Ed.), *Interactive multimedia Learning Environments* (pp. 186-96). Berlin: Springer-Verlag.

[225]Windham, C. 2005. The student's perspective, In D. Oblinger & J. Oblinger (Eds.), *Educating the Net Generation* (pp. 5.1-5.16). Boulder, Co.

[226]Wendon, A. L. 1991. *Learner Strategies for Learner Autonomy: Planning and Implementing Learner Training for Language Learners*. New York: Prentice Hall.

[227]Zimmerman, B. J. 1989. Models of self-regulated learning and academic achievement, In Zimmerman, B. & Schunk, D. (Eds.), *Self-regulated and Academic Achievement: Theory, research, and practice* (pp.1-25). New York, NY: Springer-Verlag.

[228]Zimmerman, B. J. 2000. Attaining self-regulation: a social cognitive perspective, In Boekerts, M., Pintrich, P. R. & Zeidner, M. (Eds.), *Handbook of Self-Regulation*. New York: Academic Press.

后 记

　　虽然本书只是强调了交互式语言教学方式的一个方面，实际上这一个方面教学方式的变革，牵涉到许多方面，联系着许多方面的变化，关系到教学实务，但是单纯论及一些教学操作方式，就变成了教学指导书，因此要进行一些理论探讨，因为教学活动的实施离不开理论的支持，当进行教学变革时，论证其合理性就尤为重要，这样才能更具有说服力。

　　本书的作者体会到，教学方式的变革是一项涉及许多方面的艰难的任务。"更新对外汉语的课程体系和教学途径，转变教师角色、学生角色需要更大的勇气。除了要有政策、制度和教育资源条件的可行性论证，要对教学人员进行培训、分工、协调和管理，还要设计好课堂，铸造起高效的自主学习平台，在课堂教学和自主学习之间建立常态的照应机制，最终使学校教育不但能从语言、言语方面为学生提供支持和帮助，还能帮助学生克服心理障碍、消除文化焦虑、激发学生深入汉语社区，培养从社会环境中习得汉语和中国文化的兴趣、热情和信心。"（仇鑫奕，2010：102）要变革教学方式，使交互性语言教学方式能够在汉语教学领域顺利开展，有这么多的工作需要做，不能不使我们倍感艰难。但是，真正实现"以学习者为中心"的教学理想和目标，对于我们这样的期望着汉语教学学科和事业有更大发展的教师们来说，是激动人心并且值得为之去努力奋斗的。

　　汉语教学领域的有识之士早就发现了"以学生为中心，以教师为主导"

的"双主"教育模式的弊端，明确提出了要变这种"双主"模式为"以学生为主，以教师为辅"的模式。"2001年李泉针对传统的'以学生为中心，以教师为主导'的教学原则，提出'以学生为中心'的对外汉语教学的'上位教学原则'。他认为学生是教学过程的真正主体，'是教学实践和认识活动有目的的承担者……教师实际上是作为助体而存在的，是主体实现目的过程中必要的设计者、引导者、解惑答疑者。简而言之，教师的作用就是辅助主体（学生）更好地实现教学活动所要达到的目的。''不存在主体地位之上的主导者''"教"是为"学"服务的'，'学生是内因，教师和其他条件都是外因'。要求'整个教学工作应立足学生、满足学生、适合于学生的需要；全部教学活动应调动学生、依托学生、有利于学生的发展。'（李泉，2001）"（仇鑫奕，2010：157）令人遗憾的是，在已经过去了14年的时间之后，本书作者仍然看到大量的不能贯彻这样的教学理念的现象存在于汉语教学之中，痛切地感受到了教学变革之路的坎坷和艰难。有学者针对这种情况的论述，与本书作者有相同的感受。"如何在教学中贯彻这一原则确实'是极有难度的'。不少人虽然理论上赞同这一原则，但却因为缺乏相应的操作思路，实践中只好继续走'以教师为中心'的老路。"（仇鑫奕，2010：157）因此，本书作者认为要想根本上改变"以教师为中心"的"老路"，就要另辟蹊径，找到具有对旧有的教学方式可替代的新型的教学方式，经过在教学第一线的实践中的摸索和对学习者进行问卷调查，发现交互性语言教学方式是解决问题的最佳出路，因为本书作者认为对语言教学而言，因合作的需要而产生的互动交流更为重要，交流尤以使用目的语或以使用目的语为目的/成果为佳，交互性语言教学方式正符合这样的教学理念。为了促进和推广交互性语言教学方式在汉语教学中的开展，才形成了写作本书的根本动机。

对于交互性语言教学方式，还有许多相关课题有待进一步的研究。在交互性语言教学方式带来的教学改革可以进一步深化时，还可以进行这些探索：（1）交互性语言教学方式可以有助于打破班级制的限定，进行班级之间的交互性学习和交流；（2）交互性语言教学方式使同头课的班级教学更易于安排，还可以进行不同班级之间教师的交互性活动；（3）在交互性语言教学方式中如何开展以班级为单位所进行的班级之间的讨论、辩论等。这些研究课题可以使交互性语言教学方式在更大的范围内展开。希望就此能够与同行进行交流。

　　本研究还有许多不足之处，希望得到更多的专家学者指正。

附　录

汉语口语学习调查问卷

同学：

你好！

这个调查问卷是要了解留学生学习汉语口语的情况，让老师的汉语口语教学能够提高。

你的回答跟对错没关系，希望你写出你的真正想法，我们将对你的回答完全保守秘密。

调查会用你的宝贵时间，我非常谢你的帮助。

北京师范大学汉语文化学院老师　王丕承

你的基本情况：

国家_____年级_____学习汉语时间_____

1. 你喜欢学习汉语口语吗？

A　喜欢。

因为：a 学习的内容有意思

b 可以跟中国人聊天

c 可以了解中国的情况

d 可以学习汉语知识

e 其他 _____

B 不喜欢。

因为：a 学习的内容没意思

b 不能跟中国人聊天

c 学习的内容没有用

d 其他 _____

2. 你学习汉语是为了什么？

A 学校规定

B 毕业后找份好工作

C 想了解中国文化

D 为了和中国人交流

E 想在中国旅游

F 其他_____

3. 你觉得在汉语的听、说、读、写中，哪个最为重要？原因是什么？

A 听　　　B 说　　　C 读　　　D 写

原因是_____

4. 除上课之外，你每天用多长时间来练习汉语口语？

A 15分钟　　　B 30分钟　　　C 1个小时以上

5. 你觉得自己的汉语口语水平怎么样？

A 不太好，原因是_____

B 一般，原因是_____

C 比较好，原因是_____

D 很好，原因是_____

6. 在汉语口语课上，你能听懂百分之几的内容？

A 0—20% 　　B 20%—40%　　　C 40%—60%

D 60%—80%　　F 80%—100%

7. 现在，你觉得学习汉语口语课，收获最大的方面是什么？

A 提高了汉语口语水平

B 对中国的文化和情况有更多了解

C 汉语词汇增加了

D 汉语语法知识增加了

E 其他_____

8. 在汉语口语课上，你觉得学习最难的方面是什么？

A 生词　　　　　B 句子　　　　C 课文

D 做练习　　　　E 回答问题　　　F 跟同学说汉语

G 其他_____

原因是_____

9. 你在汉语口语课上，能有很多机会说汉语吗？

A 能。原因是_____

B 不能。原因是_____

10. 你下课以后，有机会跟中国人说汉语吗？

A 有。跟我说汉语的中国人是_____

B 不能。原因是_____

11. 你认为汉语口语课中，有这些情况吗？

A 缺少练习的机会

B 我不敢开口说汉语

C 没有语言环境

D 很好，没什么问题

E 其他＿＿＿＿＿＿＿＿＿＿＿＿＿＿＿＿＿＿＿＿

12. 你觉得"角色扮演"（Role Play），对你学习汉语口语有没有帮助？

A 有帮助。 　　　　　　 B 没有帮助

C 有帮助，但是不太多 　 D 其他＿＿＿＿＿＿＿＿＿＿。

13. 你觉得"小组学习"（Group Study），对你学习汉语口语有没有帮助？

A 有帮助 　　　　　　　 B 没有帮助

C 有帮助，但是不太多 　 D 其他＿＿＿＿＿＿＿＿＿＿

14. 如果上课时有"小组学习"，你跟同学说汉语会比别的时候多吗？

A 会多。原因是＿＿＿＿＿＿＿＿＿＿＿＿＿＿＿＿＿＿＿

B 不会多。原因是＿＿＿＿＿＿＿＿＿＿＿＿＿＿＿＿＿

15. 你会不会担心在小组中跟同学对话的时候，同学说的是错的？

A 会担心。你怎么办＿＿＿＿＿＿＿＿＿＿＿＿＿＿＿＿＿

B 不会担心。原因是＿＿＿＿＿＿＿＿＿＿＿＿＿＿＿＿＿

16. 你会不会担心在小组中自己说的话是错的，没有人帮助你改正？

A 会担心。你怎么办＿＿＿＿＿＿＿＿＿＿＿＿＿＿＿＿＿

B 不会担心。原因是＿＿＿＿＿＿＿＿＿＿＿＿＿＿＿＿＿

17. 如果有同学在"小组学习"中做得比较少，你觉得怎么样？

A 好 B 不好 C 没关系 D 其他＿＿＿＿＿＿＿＿＿＿＿

18. 如果有同学在"小组学习"中做得少，或者说错了，你会帮助同学吗？

A 会帮助。原因是＿＿＿＿＿＿＿＿＿＿＿＿＿＿＿＿＿

B   不会帮助。原因是＿＿＿＿＿＿＿＿＿＿＿＿＿＿＿＿＿

19. 你觉得还可以怎么样上汉语口语课比较好？

＿＿＿＿＿＿＿＿＿＿＿＿＿＿＿＿

＿＿＿＿＿＿＿＿＿＿＿＿＿＿＿＿

＿＿＿＿＿＿＿＿＿＿＿＿＿＿＿＿

＿＿＿＿＿＿＿＿＿＿＿＿＿＿＿＿

再次感谢你的帮助！